기독교문서선교회(Christian Literature Center: 약칭 CLC)는 1941년 영국 콜체스터에서 켄 아담스에 의해 시작되었으며 국제 본부는 미국 필라델피아에 있습니다.
국제 CLC는 59개 나라에서 180개의 본부를 두고, 약 650여 명의 선교사들이 이동도서차량 40대를 이용하여 문서 보급에 힘쓰고 있으며 이메일 주문을 통해 130여 국으로 책을 공급하고 있습니다. 한국 CLC는 청교도적 복음주의 신학과 신앙서적을 출판하는 문서선교기관으로서, 한 영혼이라도 구원되길 소망하면서 주님이 오시는 그날까지 최선을 다할 것입니다.

추천사

송 태 섭 목사
수원 경원교회 담임, (사)한국교회연합 대표회장

어윈 W. 루처(Erwin W. Lutzer) 목사는 오늘 이 세상을 살아가는 크리스천들이 매일 매 순간 마주쳐야 할 다양한 문제에 대해 복음적 관점에서 해법을 제시한다. 그의 저서 『국가가 하나님을 잊을 때』(When a Nation Forgets God)는 나치 하의 독일 실상을 통해 미국 등 서구 국가가 공통으로 겪고 있는 문제를 다루었는데, 하나님을 잃어버린 인간의 허상을 적나라하게 파헤친 루처 목사의 『바벨론 교회를 바라보라!』가 역자의 오랜 기도의 결실로 국내에서 출간된다고 생각하니 벌써부터 가슴이 뛴다.

역자가 『바벨론 교회를 바라보라!』(The Church in Babylon) 가편집본을 들고 와 내게 추천사를 부탁했을 때 기꺼이 수락했다. 이 책의 서문에서도 나오듯이 오늘 이 시대를 살아가는 현대 크리스천들의 문화 전쟁에 대한 한 줄기 빛과 같은 희망을 발견하게 되었기 때문이고, 또 전작인 『국가가 하나님을 잊을 때』를 읽고 느꼈던 감동이 다시 살아나는 듯했기 때문이다.

구약성경에 등장하는 바벨론은 하나님의 이름을 망령되게 하고, 하나님의 백성 이스라엘에게 고난과 핍박을 가져다준 나라였다. 그래서 바벨론은 하나님과 하나님의 백성을 대적하는 나라와 사람들을 상징하는 말로 사용됐다.

베드로전서 5:13에 기록된 바벨론은 이렇다.

> 택하심을 함께 받은 바벨론에 있는 교회가 너희에게 문안하고 내 아들 마가도 그리하느니라(벧전 5:13).

사도 베드로는 여러 지역에 있는 교회들에 편지를 쓰면서 로마 교회 성도들도 함께 문안인사를 한다고 썼다.

그런데 로마 교회라면서 바벨론에 있는 교회라고 한 이유는 로마 제국의 핍박을 견뎌야 했던 그리스도인들이 로마 역시 구약성경에 등장하는 바벨론처럼 하나님의 심판을 받게 될 것이고, 그로 인해 역사 속에서 완전히 소멸할 것으로 생각했기 때문이다. 그래서 초기 교회 성도들이 로마를 바벨론이라 불렀던 것이다.

요한계시록에 나오는 바벨론 역시 당시 전 세계를 지배했던 로마를 상징한다. 그런 의미에서는 지금도 바벨론 제국이 계속되고 있다고 볼 수 있는데, 이는 하나님과 하나님의 백성인 교회를 국가 권력을 이용해 핍박하고, 동성애 등 문화적 우상 숭배에 빠진 시대를 상징하는 교훈인 것이다.

한국 교회와 성도들이 나가야 할 바른 방향을 새롭게 깨닫고 결단하는 기회가 되기를 바라는 마음에서 루처 목사의 이 책을 추천한다.

심 하 보 목사
은평제일교회 담임, 대한예수교장로회(예장) 총회장

저자인 시카고 무디교회 원로목사 루처 박사는 2020년 기독교문서선교회에서 출판한 『국가가 하나님을 잊을 때』를 2010년에 출판하면서 미국 문화의 위험한 변형을 경고하고 그리스도인들과 교회가 침묵하지 말고, 성경에 기초한 자녀들의 교육과 십자가를 높이라고 외쳤다. 나는 『국가가 하나님을 잊을 때』를 읽고 전율을 느끼는 감동을 받았다. 그래서 그 책의 추천사를 쓰기도 하였다.

헌데 2018년에 같은 저자가 쓴 『바벨론 교회를 바라보라!』는 미국이 이미 바벨론이 되었으며, 기독교는 이제 홈그라운드를 잃고 유배된 유대인과 같으나, 하나님이 항상 함께하심을 믿고 굳게 대처해 나갈 것을 촉구하였다. 루처 박사의 책을 읽다 보면 그 내용에 빠져들지 않을 수 없다.

우리는 어디쯤 왔을까?

존 디커슨 연구원은 "문화는 전형적인 세계사의 변화보다 더 빨리 변화하고 있다"라고 했다. 그렇다. 우리의 주변 환경은 우리가 상상하는 것 이상의 빠른 속도로 변화하고 있다. 이 상황에 빠르게 대처하지 않는 교회는 주님의 빛을 잃고 생명력을 잃고 자연 도태될 것이다.

마르크시즘의 아류인 문화막시즘은 정치적 올바름이라는 의제 뒤에 숨어 소위 진보라는 이름으로 정부 기관은 물론 국회, 사법부, 교육계 심지어 종교계에 침투하여 온 세계를 변형시키려 한다. 그들이 사용하는 언어는 사랑, 정의, 평등, 자유, 평화 그리고 차별금지다. 단어 하나하나의 자체는 아름답기 그지없다. 누가 이 언어들을 싫어할까마는, 그 언어들은 정의는 자신들의 필요에 따라 정치적으로 조작된 것이다. 국민과 그리스도인이 쉽게 속는 이유가 여기에 있다. 그리고 그것은 궁극적으로 진리를 비진리로 대체하여 하나님을 대적하고 교회를 침묵하게 하고, 결과적으로 교회의 기능을 말살하려고 한다.

그런데도 평온을 유지하며 안일을 도모하는 교회들이 너무 많은 것이 사실이다. 이들이 추구하는 정책은 성 혁명을 통한 가족의 해체는 물론 사회 갈등을 조장하여 권력을 창출하는 것이며, 진리를 비진리로 덮어 하나님을 대적하는 것이 궁극적 목적이다. 이 책은 그들의 정체를 정확하게 밝히고, 우리가 대처할 방향을 적절하게 제시한다.

만약 우리가 양심의 충돌을 느끼지 못한다면, 현실에 무관심한 사람이거나 양심이 없는 사람일 것이다. 양심의 충돌을 느끼면서 침묵한다면, 그것은 이 땅의 국민으로서 그리고 천국 시민으로서 의무와 책임을 저버리는 것일 것이다.

나치 독일 교회들은 자신들이 정부의 정책을 비판하지 않으면 안전하리라 생각했지만, 히틀러와 그의 추종자들은 멈추지 않았다. 결국, 교회는 그들의 정책을 추진하는 수단인 도구로 전락했고, 교회의 역할을 하지 못했으며, 결국, 하나님 심판의 대상이 되었다. 우리는 나치 독일 이후 독일의 부흥을 보고 터널 뒤에 빛이 왔다고 생각할지 모르지만, 오늘날 독일 교회는 빛을 잃고 예수님 없는 자유주의가 만연하고 있다.

정교분리라는 이유로 교회 내 정치적 의제에 관한 설교나 가르침을 망설일 여유가 우리에게는 없다. 교회는 세상에 있고. 목자는 당연히 양들의 위험을 경고하고 가르쳐야 한다. 교회는 그리스도의 빛을 세상에 비춰야 한다.

우리는 로마서 13:1을 익히 알고 있다.

> 각 사람은 위에 있는 권세들에 복종하라 권세는 하나님으로부터 나지 않음이 없나니 모든 권세는 다 하나님께서 정하신 바라 (롬 13:1).

그러나 골로새서 1:16의 통치자와 권세자를 포함한 만물이 그로 말미암고 그를 위하여 창조되었다는 것, 로마서 13:4에 통치자와 권세를 가진 자가 하나님의 사역자(종)로서 우리에게 선을 베풀어야 하는 존재임을 기억해야 한다. 그뿐만 아니라 에베소서 6:11은 마귀의 간계(거짓)를 능히 대적하도록 하나님의 전신 갑주를 입으라고 한다. 12절은 하나님의 전신 갑주를 입는 이유를 분명히 밝히고 있다.

> 우리의 씨름은 혈과 육을 상대하는 것이 아니요 통치자들과 권세들과 이 어둠의 세상 주관자들과 하늘에 있는 악의 영들을 상대함이다(엡 6:12).

성경은 그것이 하나님의 허락하에 일어난 일이라도 악행을 행한 통치자나 권세가 그리고 그들과 함께한 자들이 회개하지 않으면 반드시 심판하신다고 말씀한다.

> 지나쳐 그리스도의 교훈 안에 거하지 아니하는 자는 다 하나님을 모시지 못하되 교훈 안에 거하는 그 사람은 아버지와 아들을 모시느니라. 누구든지 이 교훈을 가지지 않고 너희에게 나아가거든 그를 집에 들이지도 말고 인사도 하지 말라. 그에게 인사하는 자는 그 악한 일에 참여하는 자임이라(요이 1:9-11).

만약 여러분의 집에 강도가 들었다면 어떻게 할 것인가?

만약 누군가 당신의 집 안에 있는 사람들을 꾀어내 다른 진리를 가르친다면 어떻게 할 것인가?

그것에 정치적이라는 꼬리표를 붙이고 침묵하고, 금하고 가르치지 않을 것인가?

교회는 오직 진리 안에서만 하나가 된다.

죄는 무엇인가?

과녁을 벗어난 화살이다. 바른 진리를 가르치지 않아 성도가 하나님을 대적하는 잘못된 사상을 버리지 않는다면, 결국, 사상이라는 우상에 절하도록 방치하는 것이다.

우리가 세상도 섬기고 하나님도 섬길 수 있다면 얼마나 좋을까?

그러나 그것은 불가능하다. 하나님도 당연히 용납하지 않으시지만, 대적하는 자들도 마찬가지다.

지금은 어둠의 터널 앞에 있다. 나는 이 책이 교회의 교재로 사용되고, 모든 그리스도인의 손에 들려져, 성도를 거짓 문화의 격류에서 건져 내 교회에 생명력을 되살리고 대한민국을 살리기를 바라는 간절한 마음으로 추천사를 쓴다.

김 형 민 목사
빛의자녀교회 담임, 한국침례신학대학교와 횃불트리니티신학대학원대학교 이사

목사의 영적 상태는 교회의 영적 상태이다.

어윈 W. 루처 목사의 책 『바벨론 교회를 바라보라!』를 읽으면서 내내 이 부분을 회개했다. 루처 목사의 또 다른 책 『팬데믹, 재앙 그리고 자연재해』를 읽고 추천의 글을 쓸 때도 그렇게 눈물이 쏟아지더니, 이 책도 각성을 일으키는 기대 이상이었다.

이 책은 몇천 번의 설교를 들으면, 그것이 신앙생활을 잘하는 것으로 착각해 온 교인들의 자기 기만을 파쇄한다. 이 책을 읽으면서 나 역시 이런 종류의 많은 자기 속임수에 빠져 있었음을 깨닫고, 내 영혼은 두려움으로 떨고 흐느꼈다.

특별히 다음 세대가 바벨론이라는 세상에 이미 눈이 멀고 포로로 끌려가 버렸다는 뒤늦은 후회가, 나로 새로운 결심으로 나아가게 했다. 또한, 이 책은 스마트폰과의 싸움은 마귀와의 싸움임을 깨닫게 해 주었고, 교회 교사들이 더 많은 양의 기도와 금식이 필요함을 교회에서 강조하게 되었다.

바벨론 교회는 한 번의 예배 출석으로 세상을 바꿀 수 있을 것같이 성경을 왜곡한다. 이 책은 그런 편안한 설교가 어떻게 교회의 사명을 무너뜨리는지 각 교회 강단의 상태를 점검하게 한다. 특히 이 책은 교회 건물 안에 갇혀 있는 교회로 하여금 교회 건물 밖의 세상으로 나아가 십자가의 진정한 군사가 되게 한다.

이 책이 전국에 있는 설교자와 목회자들의 필독서가 되어, 교회들이 성경적, 본래적 사명으로 돌아가기를 기도한다. 어둠의 시대에 희미한 빛으로 깜빡이는 바벨론 교회들이 강력한 예수님의 빛이 되도록, 이 책을 한국 교회와 지도자, 교회학교의 교사 그리고 기독교 단체의 봉사자, 신학대학의 교수와 제자에게 강력히 추천한다.

J. D. 그리어(J. D. Greear) 목사
서밋교회(The Summit Church) 담임, 미국 남침례회 회장

어윈 W. 루처(Erwin W. Lutzer)처럼 예언적 담대성, 성경적 충실성, 문화적 통찰력을 결합한 목회자는 거의 없다. 그의 다른 책들과 마찬가지로 나는 그것을 읽고 즐겼을 뿐만 아니라 교재로 자주 사용하기 위해 바로 곁에 두고 있다.

토니 에반스(Tony Evans) 목사
오크클리프성경협회(Oak Cliff Bible Fellowship) 회장, 담임
대안도시(The Urban Alternative) 사장

이 책은 우리가 오늘 마주쳐야 할 문화적 싸움에 대한 희망적인 빛을 발한다. 루처 목사는 성적, 이교도 문화에서 교회가 직면하는 압력, 복음을 잃을 위험과 같은 문제에 대해 말하면서 동정심과 함께 성경에 충실함을 결합했다. 그는 라오디게아의 고대 교회가 우리를 위한 메시지를 가지고 있고, 우리가 예수님을 우리 교회로 다시 초대해야 한다는 것을 보여 줌으로써 끝난다. 이 책은 분명하고 확신을 주며 우리 교회의 증언이 활성화될 방법을 알려 준다.

마크 L. 베일리(Mark L. Bailey) 박사
달라스신학교(Dallas Theological Seminary) 명예총장, 성경해설 선임교수

교회는 1세기의 반대 문화에서 예수님에 의해 설립되었다. 바벨론에 있는 교회에서 루처 목사는 21세기의 반대 문화에서 중간 과정을 수정하도록 교회에 대한 명확한 요청을 제공한다. 이 책은 기독교 신앙을 거스르는 위험한 바람을 빈틈없이 드러내고, 그리스도인과 교회 모두가 경건하지

않은 세상에서 살아남아 번창할 수 있도록 경건하고 성경적인 정보에 입각한 신념을 향해 돛을 효과적으로 재설정했다.

스킵 하이치그(Skip Heitzig) 목사
뉴멕시코 앨버커키 갈보리교회 담임
『30,000피트에서 성경』(The Bible from 30,000 Feet)의 저자

책을 읽기도 전에 복음주의적인 방어를 위한 『바벨론 교회를 바라보라!』에서 성령의 확신이 느껴졌다. 오늘날의 문화에서 우리가 어디에 있는지에 대한 명확한 시각을 제공하기 때문에 나는 내가 아는 모든 그리스도인이 이 책을 읽을 수 있기를 진심으로 바란다. 또한, 기독교 교회에 명백히 새로운 이슈를 탐색하면서 분명한 길을 보여 준다. 어윈 W. 루처는 우리가 직면한 주요 관심사를 훌륭하게 분리하고 일방적인 사회에서 줄타기 보행기의 안정성을 유지하기 위한 올바른 균형을 제공했다.

마크 히치콕(Mark Hitchcock)박사
오클라호마 에드몬드 믿음성경교회(Faith Bible Church) 담임목사
달라스신학교 성경해설 부교수

나는 어윈 W. 루처가 쓴 책을 모두 읽었고, 결코 실망한 적이 없었다. 이 시기에 매우 적절한 책이라 아니 할 수 없다. 그는 문화와 교회의 맥박에 손가락을 대고 균형 잡힌 성서적 방식으로 현자의 통찰력을 제공한다. 이 책 의 모든 페이지는 당신의 마음을 사로잡고 당신의 마음을 휘저을 것이다. 그것은 당신을 깨우치고, 경고하고, 우리를 둘러싸고 있는 바벨론의 경고음을 분별하고 견딜 수 있도록 준비할 것이다. 이 책을 읽게 되어 기쁘다. 읽어 보면 당신도 마찬가지일 것이다.

어윈 W. 루처는 35년 넘게 목사로서 섬겨왔고, 그의 사역 때문에 그리스도와 함께 걷는 일은 계속해서 도전과 변화를 받았다. 그러나 이 책에서 그의 말은 내가 그의 설교를 들은 수백 개의 설교보다 훨씬 더 강력하고 깊이 나와 마주쳤다. 이 책은 '당신을 곤경에서 벗어나게' 하지 않고, 오늘날 교회의 상태에 대한 책임을 당신 자신 이외의 다른 사람에게 전가하도록 허락하기 때문에 읽기에 불편한 책이다

메리 헬첼 로우먼(Mary Whelchel Lowman)
기독직장여성라디오선교회(The Christian Working Woman radio ministry) 회장
무디교회 여성사역회 회장

그리스도인, 특히 교회의 지도자로 종사하는 우리는 모두 메시지의 긴급성과 끊임없이 악화하는 문화에서 우리가 예수께 충실하기 위해 필요한 개인적 변화에 우리의 가슴과 마음을 열어야 한다. 그렇다, 유죄를 선고하는 것이지만, 어윈 W. 루처 목사는 우리가 어떻게 바벨론에 있어야 할 사람들이 될 수 있는지 보기 위해 큰 희망과 격려를 제공한다.

바이런 파울루스(Byron Paulus)
생명행동선교회(Life Action Ministries) C.E.O

시대를 정의할 때 성서적 통찰력, 사회적 이해, 예언적 대담성을 요구한다. 비범한 힘으로 진실을 강력히 선언할 용의가 있어야 한다. 이 책에서 어윈 W. 루처는 역사의 페이지를 돌리고 위대한 영적 각성을 낳을 힘을 가진, 깊이 관련 있는 메시지를 전달한다. 이것은 절망과 희망의 외침이자 우리나라의 정신을 위한 전투에 동참하라는 초대장이다.

죠셉 M. 스토웰 (Joseph M. Stowell) 박사
미시간주 코너스톤대학교(Cornerstone University) 총장

우리는 교회학교에서 〈나의 작은 빛〉(This Little Light of Mine)을 율동과 함께 부르곤 했다. 어윈 W. 루처는 이 중요한 책에서 이제는 교회학교 노래가 아니라 그리스도의 침투하고 승리하는 빛으로 우리 세계의 점점 더 어두워지는 곳에 그리스도인들이 참여해야 한다는 것을 상기시킨다. 그리고 더 중요한 것은, 이 참여가 어떻게 실행해야 하는지 설명하는 것이다.

나는 그가 '어둠'의 문제들에 대한 광범위한 언급에 깊은 인상을 받았고, 돌이킬 수 없었다. 그리고 그가 우리를 절망에서 빛의 권능에 의해 확고한 희망으로 그리고 그리스도 안에서 우리가 가진 궁극적 승리를 향해 어떻게 데려가는지도 감명을 받았다. 이것은 반드시 읽어야 할 책이다.

그것을 마음에 새기고 나서 당신의 세상으로 빛을 가져가라!

마이클 라이델닉(Michael RydeLnik) 박사
무디신학대학교(Moody Bible Institute) 유대학 및 성경 교수
무디성경해설 공동편집자 및 기고자

어윈 W. 루처는 우리 상황에 하나님 말씀의 빛을 비추면서 어둡고 위험한 세상에서 어떻게 살아야 하는지를 상기시킨다. "시대를 이해하고 이스라엘이 해야 할 일을 알고 있었던" 잇사갈의 한 사람처럼 명확성과 관련성, 통찰력 및 실용성을 갖춘 바벨론에 있는 교회는 예수님을 믿는 자들에게 이 어려운 시기에 어떻게 살아남고 번영하는지 그 방법을 보여 준다.

마이클 L. 브라운(Michael L. Brown)
『병든 미국을 구하자』(*Saving a Sick America*)의 저자

어윈 W. 루처는 수석 리더이자 장벽에 있는 파수꾼이다. 이 책에서 그는 타협된 미국 교회와 잃어버린 미국 세대와 마주치면서 펀치를 날리지 않는다. 목가적인 지혜와 살아 있는 믿음을 보여 준다. 당신은 그의 냉정한 말에 유죄판결을 받겠지만, 또한 거룩한 행동으로 옮겨질 것이다. 빈티지 루처가 일생의 짐을 전달한다. 이 책을 읽고 바꿔라.

리처드 랜드(Richard Land) 박사
남부복음신학교(Southern Evangelical Seminary) 총장
〈사선에서〉(*The Line of Fire*) 방송 진행자

평소처럼 어윈 W. 루처는 그리스도인들에게 우리 문화의 영적 상태에 대한 예리한 분석과 신실하게 증거하는 신자들이 요구하는 응답을 제공한다. 이 책에서 그는 우리를 괴롭히는 영적 질병에 대한 파괴적인 진단을 제공할 뿐만 아니라 우리를 덮고 있는 치명적인 고통에 맞서 우리 자신과 이웃을 예방하고 승리하는 방법에 대한 성경적, 영적 처방을 제공한다.

마이클 유세프(Michael Youssef)
베스트셀러 『감춰진 적』(*The Hidden Enemy*)의 저자

어윈 W. 루처는 21세기 교회에 도전했다. 이 교회는 그토록 슬픈 상태에 있다. 그의 경고에 주의를 기울여 주기 바란다. 이 책을 읽고 다시 읽어라. 그것은 어둡고 어두워지는 세상에서 빛나도록 격려할 것이다.

스티브 게인즈(Steve Gaines) 목사
테네시주 멤피스 벨레뷰침례교회(Bellevue Baptist Church) 담임

남침례회 61대 회장

'교회'에 대한 신약의 단어는 '부름'을 의미하는 '에클레시아'다. 이것은 그리스도인들이 이 죄 많은 세상에서 예수님을 대표하도록 '부름'을 받기 때문에 적절하다. 어윈 W. 루처의 새 책 『바벨론 교회를 바라보라!』는 성경적 세계관과 그리스도에 대한 증거를 유지하면서 우리가 사는 격동적이고 세속적인 시대를 탐색하려는 모든 사람에게 절실히 필요한 자료다.

루처 박사는 현재 논란이 되는 사회적인 주제를 주먹질하지 않고 솔직하게 성서적으로 다루면서도 따뜻하고 친절하게 다루고 있다. 이것은 매일 고대 바벨론처럼 보이는 사회에서 예수님을 위해 살기를 원하는 그리스도인에게 훌륭한 자료다.

낸시 리 데모스(Nancy Leigh DeMoss)
〈우리의 마음을 소생시키라〉(Revive Our Hearts) 진행자, 교사, 작가

구약에 나오는 하나님의 백성은 바벨론에서 유배된 자신을 발견했을 때, 그들은 잃어버린 것을 기억하며 슬퍼하고 외국 땅에서 어떻게 주님의 노래를 부를까 하고 외쳤다(시 137:1-4). 오늘날 그리스도를 믿는 자로서 우리는 종종 같은 질문을 던진다.

루처 박사는 수십 년 동안 하나님의 말씀과 목회 사역에 관한 충실한 연구를 바탕으로 그리스도를 거부하는 세상에서 그리스도를 사랑하고 공경하는 것이 의미하는 바를 이해하고 우리의 고유한 정체성과 소명으로 돌아가도록 요청한다.

바벨론 교회를 바라보라!
어둠 속에서 빛이 되라

The Church in Babylon: Heeding the Call to Be a Light in the Darkness
Written by Erwin W. Lutzer
Translated by YoungYun Mo

Copyright ©2021 Dr. Erwin W. Lutzer
Originally published in English under the title
The Church in Babylon: Heeding the Call to Be a Light in the Darkness
is book was first published in the United Satates by Moody Publishers,
820 N. LaSalle Blvd., Chicago, IL 60610.
All rights reserved.

Translated and printed by permission of by Moody Publishers.
Korean Edition Copyright © 2021 by Christian Literature Center, Seoul, Korea.

바벨론 교회를 바라보라!: 어둠 속에서 빛이 되라

2021년 7월 9일 초판 발행

| 지 은 이 | 어윈 W. 루처 |
| 옮 긴 이 | 모영윤 |

편 집	전희정
디 자 인	박성숙, 서민정
펴 낸 곳	(사)기독교문서선교회
등 록	제16-25호(1980.1.18.)
주 소	서울특별시 서초구 방배로 68
전 화	02-586-8761~3(본사) 031-942-8761(영업부)
팩 스	02-523-0131(본사) 031-942-8763(영업부)
이 메 일	clckor@gmail.com
홈페이지	www.clcbook.com
송금계좌	기업은행 073-000308-04-020 (사)기독교문서선교회
일련번호	2021-72

ISBN 978-89-341-2309-5 (03230)

이 책의 저작권은 Moody Publisher와(과) 독점 계약한 (사)기독교문서선교회가 소유합니다. 신저작
권법에 의하여 한국 내에서 보호받는 저작물이므로 무단 전재와 무단 복제를 금합니다.

바벨론 교회를 바라보라!
어둠 속에서 빛이 되라

부록_학습 안내서

어윈 W. 루처 지음 모영윤 옮김

CLC

차례

추천사
    송태섭 목사_수원 경원교회 담임, (사)한국교회연합 대표회장   1
    심하보 목사_은평제일교회 담임, 대한예수교장로회(예장) 총회장   3
    김형민 목사_빛의자녀교회 담임   7
              한국침례신학대학교와 햇불트리니티신학대학원대학교 이사
    J. D. 그리어(J. D. Greear) 목사 외 13명   8

독자에게   21

저자 서문   부르심에 귀를 기울여라   22

역자 서문   32

머리말   에드 스테처(Ed Stetzer) 박사_휘튼대학 빌리그래함센터 특별의장   36

제1장 환영! 바벨론 입성	39
제2장 도시의 빛, 하나님을 향한 마음	61
제3장 양심의 충돌	91
제4장 국가가 하나님이 될 때	115
제5장 교회, 기술 그리고 정화	137
제6장 성전환, 성 정체성 그리고 교회	163
제7장 이슬람, 이민 그리고 교회	189
제8장 성도들에게 단번에 주신 믿음 수호	208
제9장 십자가를 지고 세상으로	244
제10장 교회 문밖에 서 계신 예수님	272
제11장 바벨론에서 살아남을 교회	294

감사의 말씀   308

The Church in Babylon:
Heeding the Call to Be a Light in the Darkness

부록 학습 안내서		310
제1강	환영! 바벨론 입성	311
제2강	양심의 충돌	317
제3강	국가가 하나님이 될 때	323
제4강	교회, 기술 그리고 정화	329
제5강	성전환, 성 정체성 그리고 교회	335
제6강	이슬람, 이민 그리고 교회	341
제7강	성도들에게 단번에 주신 믿음 수호	347
제8강	십자가를 지고 세상으로	356
제9강	교회 문밖에 서 계신 예수님	361
제10강	바벨론에서 살아남을 교회	367

요한계시록 1:5-6

또 충성된 증인으로 죽은 자들 가운데에서 먼저 나시고
땅의 임금들의 머리가 되신 예수 그리스도로 말미암아
은혜와 평강이 너희에게 있기를 원하노라
우리를 사랑하사 그의 피로 우리 죄에서 우리를 해방하시고

독자에게

무디출판사 팀

무디출판사 책을 선택해 주셔서 감사드립니다. 이 책이 예수 그리스도를 개인적으로 알고 그분을 더 깊이 사랑하는 데 도움이 되기를 희망하며 기도합니다.

이 책의 구매 수익금은 '무디신학대학교'에 다니는 전 세계 학생들의 등록금을 지급하는 데 쓰입니다. 이 학생들은 그리스도를 위해 우리 세계에 더 나은 영향을 미칠 수 있는 더 좋은 준비를 하고 있습니다.

독자 여러분이 관심을 가질 수 있는 또 다른 무디 사역은 '무디 라디오'와 '무디 거리 학습'이 있습니다. 더 많은 것을 배우려면 www.moodyradio.org와 www.moody.edu/distance-learning을 방문하시기를 바랍니다.

또한, 굿레드, 페이스북, 트위터 등 소셜 네트워크에 여러 도서의 인용문을 실어 독자들이 친구들과 고무적인 대화를 서로 나눌 수 있도록 했습니다. 여기서 친구들과 좋은 말을 나누며 의미 있고 즐거운 소통을 이어 가길 바랍니다.

다시 한번 감사드리며, 독자 여러분에게 하나님의 복이 가득하기를 기도합니다!

저자 서문

부르심에 귀를 기울여라
(나의 심장으로 여러분에게)

어윈 W. 루처 목사
시카고 무디교회 원로목사

당신의 하나님은 어디에 계신가?

그것은 세상이 그리스도인들에게 묻고 있는 질문이다. 퓨리서치센터의 조사에 따르면 종교를 버리고 하나님을 포기하는 사람들이 점점 더 증가하고 있으므로 이것은 우리를 괴롭히는 질문이다. 미국 성인 인구의 약 23퍼센트는 '무교'(무신론자나 불가지론자로 자칭하거나 자신의 종교가 "특별히 아무것도 아니다"라고 말하는 사람들)라고 답한다. 그리고 그리스도인이나 다른 신앙의 일원으로 자란 미국인 5명 중 1명(18퍼센트)은 이제 종교적인 연대에 동의하지 않는다.[1]

교회를 떠난 많은 사람이 그리스도인들을 다른 사람에 관해서는 성급하게 판단하고 손가락질하지만, 정작 자기 자신에 관해서는 관대한 독선적인 사람들로 인식한다. 교회에서 그들은 험담 그리고 시기와 물질주의를 경험했지만, 이런 죄는 언급하지 않는다. 그들의 회중은 도덕적, 사회적 문제를 강조하고 정치적으로 동의하지 않는 사람들을 가차 없이 비판했다. 그들은 교회에서 멀어지면서 하나님에게서도 멀어졌다.

---

1   Michael Lipka, "Why America's 'nones' left religion behind", Pew Research Center, August 24, 2016, http://www.pewresearch.org/fact-tank/2016/08/24/why-americas-nones-left-religion-behind/.

캘리포니아 출신 35세의 한 남성은 슬프게도 그의 세대를 대표하는 방식으로 신앙에 대한 혐오감을 설명했다.

> 그리스도인들은 정치적이고, 비판적이며, 편협하고, 약하고, 종교적이며, 화를 내고 균형이 없어졌다. 기독교는 좋은 일요일 드라이브가 되었다.
> 내가 그렇게 갈망하는 삶, 살아 계신 하나님, 성령, 놀라운 예수, 사랑, 연민, 거룩은 어디에 있는가?[2]

우리는 우리 자신의 위선에 눈이 먼 것으로 인식되었다. 젊은 세대 상당수는 우리 교회에서 편안함을 느끼지 못한다. 그들은 실제로 하나님과 동행하는 진정한 신자들의 공동체 안에서의 정직한 공유를 갈망한다. 그들은 많은 교회가 너무 형식적이고, 너무 엄격하며, 미리 포장되어 있다고 생각한다.

최근에 내 친구가 교외에 있는 출석률이 좋은 한 교회를 방문했는데, 그 교회는 비우호적이고, 즐겁지 않고, 빗장이 채워져 있고, '배타적'이라는 것을 알게 되었다. 그는 다시는 돌아가지 않을 것이라고 했다.

많은 교회가 교인 사이에 아무런 문제가 없는 척하지만, 그 속을 보면 이야기는 매우 다르다. 로널드 사이더(Ronald Sider)는 그의 책 『기독교의 양심』(The Christian Conscience)에서 이렇게 말했다.

> 부도덕한 행위가 미국 기독교를 빠르게 파괴하고 있다. 대부분의 '그리스도인'은 일상적 활동을 통해 정기적으로 반역을 저지른다. 입으로는 예수님을 주님이라고 주장하지만, 행동으로는 돈, 성, 자아실현에 대한 충성을 나타낸다.[3]

---

[2] David Kinnaman and Gabe Lyons, *UnChristian—What a New Generation Really Thinks About Christianity ... and Why It Matters* (Grand Rapids: Baker, 2007), 35.
[3] Ronald J. Sider, *The Scandal of the Evangelical Conscience: Why Are Christians Living Just*

그러나 그리스도인이 어두운 문화에서 빛이 되려면, 그 자신에게 그 어둠을 더해서는 안 된다.

세상에 동화된 교회는 그 세상에서 생생한 증인이 될 수 없다. 지배적인 문화적 가치를 채택하면, 우리가 깨어지고, 탐욕스럽고 중독된 삶에 대한 대안이라고 믿을 만한 이유를 거의 제공하지 못한다. 사이더의 말을 다시 한번 인용하겠다.

> 우리가 이혼하는 것은 주님의 명령을 어기는 것이다. 우리는 인류 역사상 가장 부유한 사람들이며, 그리스도 안에 있는 수천만 명의 형제자매들이 극심한 가난 속에 살고 있다는 것을 알고 있으면서도, 우리는 그들에게 몇 푼의 돈만 주고, 대부분을 우리 지역 회중에게 전달한다. 우리가 하는 일의 극히 일부만이 다른 곳의 가난한 그리스도인들에게 전달된다. 그리스도는 하나의 새로운 다문화 신자들을 위해 돌아가셨지만, 우리는 그분의 신성을 의심하는 자유주의 그리스도인들보다 더 많은 인종차별을 드러낸다.[4]

나는 미국이 정치적, 인종적, 도덕적으로 그리고 종교적으로 양극화되어 있는 시기에 글을 쓰고 있다. 더 넓은 문화와의 공통점은 사라진 것 같다. 한편, 텔레비전에서 분노하는 사람들과 종종 폭력적인 시위를 보고, 소셜 미디어에서 독설을 읽으면서, 우리가 마피아 통치의 위험에 처해 있다고 해도 과언이 아니라고 생각한다. 누군가가 말했다, 우리는 분노에 중독된 나라다.

그러나 이 신랄한 목소리와 진심 어린 관용을 경멸하는 곳에 우리를 부르신 것은 그리스도를 대표하기 위한 것이다. 우리가 가진 메시지와 우리가 이끄는 삶이 이 사회에 스며들고 다가오는 어둠 속에서 빛의 신호탄이

Like the Rest of the World? (Grand Rapids: Baker, 2005), 12–13.

[4] Sider, *The Scandal of the Evangelical Conscience*, 50–51.

되어야 한다. 예수 그리스도의 교회는 여전히 세상에 가장 좋은 희망이다.

나는 교회를 사랑한다. 내가 시카고 무디교회(The Moody Church in Chicago)에서 36년 동안 수석목사로 일한 것은 영광이었다. 이 교회는 150년 이상 이 도시에서 지속적인 사역을 해왔다. 1980년 수석목사로 취임한 이후 많은 변화를 목격했다. 그 당시 예배 전쟁은 거의 시작되지 않았다.

예배가 어떤 형식을 취해야 하는지에 대한 일반적인 합의가 있었다. 대부분 교회에는 피아노가 있고 아마도 오르간이 있었는데 '감성적 구도자'라는 구절이 이제 막 등장했다. '신생 교회'는 아직 이름이 없었다. 지난 40년 동안 우리 사회를 변화시키고 오늘날 우리가 볼 수 있는 도덕적, 영적 혼란에 조장하는데 상호 작용하는 몇 가지 커다란 문화적 변화가 있었다.

우리는 오늘 어디에 있는가?

1. 성 혁명의 쓰라린 열매

기성세대는 1950년대와 1960년대 초의 '좋았던 지난날'이 모든 사람에게도 좋은 시절이 아니었다는 것을 쉽게 잊는다. 특히 인종차별은 만연했고, 마틴 루터 킹 주니어는 평등권을 위해 절실히 필요한 십자군 원정을 막 시작했다. 그러나 일부 '혁명'은 성 혁명과 같은 어두운 면을 가지고 있으며 이는 우리 가족, 교회, 주류 문화에 지속해서 해를 끼치는 결과를 초래했다.

내가 목사가 되었을 때, 30년 안에 우리 백악관이 대법원의 동성 커플의 결혼을 허용하는 판결을 축하하기 위해 무지개 색깔로 치장할 것이라거나, 또는 우리 사회의 많은 사람이 성경이 그렇게 강하게 죄악시하는 것을 지지하리라는 것을 아무도 예측할 수 없었을 것이다. 언론에 의해 수문이 열렸고, 사회 심지어 우리 교회까지도 그들의 성별과 나이를 결정하려는 사람들

의 결정을 비록 용납하지 못하더라도 받아들이라는 요청을 받고 있다.[5]

예를 들어, 임신한 여성이 간호사에게 자신을 나타내는 대명사를 '그녀' 대신 '그'라고 지칭하라고 강요하고, 간호사가 결국, 동정심으로 "그의 자궁경부와 혈액이 건강해 보인다"라고 말할 때 만족할 것이라고 누가 꿈이나 꿨을까?[6]

이 책의 뒷부분에서 다루게 되겠지만, 이 모든 문제와 유사한 일들은 단지 '저 밖'이 아니라 우리 교회와 가족 안에도 존재한다.

우리는 무제한의 성적 표현과 컴퓨터와 핸드폰을 통한 '다크웹'에 무제한 접근으로 감정에 상처받은 세대에게 희망과 치유를 줄 수 있는 특권을 가지고 있다. 우리 주변에는 매우 많은 결손가정과 모든 종류의 성적 혼란에 방치되고 학대받는 아이들이 있다. 고도로 성애화 된 사회는 교회(로마 초기 증인들) 시대에 새로운 것은 아니지만, 다른 변혁들은 우리에게 훨씬 더 큰 도전을 주었다.

이제 로마의 죄악이 우리 손아귀에 있다.

2. 기술 혁명

나는 기술이 우리 문화를 어떻게 변화시켰는지 목격할 만큼 충분히 오래 살았다. 내가 자란 캐나다의 농장으로 돌아가면, 우리 집 벽에 걸린 상

---

5 Emily James, "'I've gone back to being a child': Husband and father-of-seven, 52, leaves his wife and kids to live as a transgender SIX-YEAR-OLD girl named Stefonknee", *Daily Mail*, December 11, 2015, http://www.dailymail.co.uk/femail/article-3356084/Ive-gone-child-Husband-father-seven-52-leaves-wife-kids-livetransgender-SIX-YEAR-OLD-girl-named-Stefonknee.html.

6 "Trans Conference Celebrates Getting People Fired for Not Calling Men Women", *The Federalist*, March 20, 2017, http://thefederalist.com/2017/03/20/trans-conference-celebrates-getting-peoplefired-not-calling-men-women.

자에 전화기가 있는데 그것은 '파티 라인'(하나의 회선을 사용하여 두 명 이상의 가입자가 통화할 수 있게 하는 방식)이었다. 어렸을 때 우리는 이웃의 전화벨이 울릴 때 우리 수신기를 조용히 집어 들면 이웃의 대화를 엿들을 수 있다는 것을 재빨리 배웠다. 물론 우리는 이웃들이 아마 같은 게임을 하고 그 호의에 보답했을 것이라고 추측했다.

우리는 벽걸이 전화기에서 스마트 폰, 투박한 타자기에서 노트북에 이르기까지 먼 길을 왔다. 90년대 초반에 인터넷이라는 정보 고속도로에 접근할 수 있다는 말을 들었을 때, 나는 회의적이었다. 하지만 이 기술 덕분에, 오늘날 우리는 전 세계 사람들과 즉각적인 의사소통을 한다. 우리는 뉴스를 공유하고 새로운 아이디어를 배울 수 있다. 놀랍게도, 이전에 '폐쇄된 국가'의 사람들을 이제는 세계의 다른 나라들과 복음의 메시지에서 고립시키는 것이 어렵다는 것을 알게 되었다. 인터넷은 일반인들에게 목소리와 귀를 제공했다.

하지만 단점이 있다. 많은 사람이 전자 장치에 중독되어 있다. 우리는 이제 정보 고속도로를 주머니에 넣고 다닌다. 십 대들(어른들도!)은 책을 덜 읽고 비디오를 더 많이 보고 있다. 함께 식사하는 가족이 거의 없다. 아이들은 그들만의 일정, 그들 또래(소셜 미디어에서 그들을 '친구'로 등록하거나 '해제'를 마음대로 함)와 그들만의 사적인 오락거리를 가지고 있다.

우리는 테이블에 앉아 전화기에서 새로운 정보가 왔다는 '딩' 소리를 기다린다. 모든 정보와 '오락'을 쉽게 이용할 수 있는 상황에서, 우리가 진정으로 중요한 것에 초점을 맞추기 어려운 것은 당연하다. 일부 교구민들은 교회에 있는 동안에도 인터넷 서핑을 한다. 그리고 우리 주위는 음란물 쓰나미로 넘쳐나고 있다.

물론 우리는 수십 년 동안 텔레비전과 함께 살아왔다. 이 매체는 광범위한 프로그래밍으로 지속적인 성 혁명을 촉진해왔다. 수많은 쇼에서 윤리는 조롱당하고, 부도덕한 관계는 단골 메뉴이며, 동성 결혼과 깨어진 관계는 표준이다. 모든 종류의 결혼 관계와 많은 인식된 성별에 대한 국가적

지지의 흐름이 있다는 것이 놀랄 일도 아니다. 많은 토크쇼는 기괴한 것을 효과적으로 정상화하려고 노력하지만, 다양한 종류의 불법적인 성 관련 부정적인 영향에 대해 객관적으로 이야기하면 비난하고 침묵하게 만든다. 남녀 간 자연 결혼의 종말은 어둠이 아니라 빛으로 기념되었다.

우리는 기술 혁명의 부정적인 영향을 감히 무시할 수 없다. 기술은 우리에게 큰 축복과 함께 커다란 위험을 제공한다(이에 대해서는 나중에 자세히 설명한다).

3. 반기독교 혁명

한편, 교회, 특히 그리스도인들에 대한 미국인들의 태도에도 변화가 있었다. 종교의 자유가 단순히 가정된 시절이 있었다. 오늘날 종교의 자유는 세속적 의제에 따라 재정의되고 제한되며 타협되고 있다. 무디교회의 수석목사로 재직하는 몇 년 동안, 우리는 법원 안팎에서 소송을 당했다.

우리 교회 지도부가 수년 전에 했던 안수를 철회했다는 이유로 소송을 당했다. 성경적 근거에 따라 안수를 철회했지만 10년간의 법정 투쟁 끝에 패했다. 정교분리로 법원이 교회의 심의를 방해할 권리가 없었던 수십 년 전에는 들어 보지 못했던 일이다. 30-40년 전에는 미국에서 기독교에 대한 이런 적대감은 거의 알려지지 않았다.

오늘날 급진적 이슬람의 의제를 폭로하거나 성적 사회의 다양한 측면에 반대하면 편견, 증오, 편협하다고 비난한다. 기이하게도 그리스도인의 언론 자유는 관용, 자유, 사랑을 자신들의 보루로 여기며 외치는 사람들에 의해 공개적으로 비난을 받는다. 사회 문제에 대한 자신들의 견해에 의문을 제기하는 것은 증오이며, 편협하며 가치가 없다고 믿는 사람들과 대화조차 하기 힘들다. 그런 사람들은 우리가 좋은 시민으로 여겨지고 싶으면, 최소한 우리의 '구식 견해'를 우리 자신 안에만 간직해야 한다고 생각한다.

한편, 부모는 초등학교 아이들에게 가르치는 LGBTQ(레즈비언, 게이, 양성애, 성전환자, 퀴어:성 정체성이 모호함) 의제에 맞서 싸워야 한다. 한 학부모는 나에게 시카고 공립학교 선생님이 동성 결혼에 찬성하는 아이들은 교실 한쪽에 줄을 서라고 요청했고 반대하는 아이들은 다른 쪽에 줄을 서라고 했다고 말했다. 동성 결혼에 반대하는 줄에 서는 용기를 가진 소수의 아이는 그들의 신념을 지킴으로써 사실상 수치를 당했다.

학생만 그런 일을 당하는 것이 아니다. 우리 학교 시스템의 한 교사는 동성 관계를 용인하는 것만으로는 충분하지 않다는 경고를 받았다고 말했다. 그는 그런 조합을 축하해야만 했고, 그렇지 않으면 해고될지도 모른다고 했다. 많은 그리스도인이 전통적인 결혼과 성별에 대한 합리적인 이해를 옹호하는 것을 부끄럽게 여긴다. 전조등에 걸린 사슴처럼, 우리는 무엇을 해야 할지, 성경에 충실한 대가를 치를 용의가 있는지조차 잘 모른다.

우리는 수치심 때문에 침묵에 빠진다.

『강해 설교』(CLC, 2007)를 저술한 해돈 로빈슨(Haddon Robinson) 박사의 글을 요약해 본다.

> 우리 미국 그리스도인은 전에는 항상 홈그라운드의 이점을 가지고 있었다. 우리는 군중 속에 우리를 반대하는 다른 팀의 사람들이 있다는 것은 알았지만, 더 큰 경기장 관중들은 우리를 지지하거나 최소한 우리의 증언에 중립적이었다. 지금은 모든 것이 바뀌었다. 이제 우리는 적지에서 모든 게임을 한다. 소수는 우리 편이지만, 광범위한 문화는 우리에게 증오스러운 별명을 외치며 우리의 패배를 기뻐하며 관중석에 자리 잡고 있다.[7]

오늘날 나는 교회가 여러 측면에서 싸우는 동시에 세상에 희망을 주는

---

7 Biola University, "Haddon Robinson: Preaching Into the Wind—National Ministry Conference," YouTube Video, 1:50, July 9, 2012, https://www.youtube.com/watch?v=ToAI-WQNedMA.

긍정적인 사역을 유지하려고 애쓰고 있다고 본다. 나는 하나님의 백성들이 각 세대에서 다시 배워야 하는 교훈을 절실하게 배우는 교회를 본다. 우리는 진정한 거룩함 때문에 어떤 면에서는 세상에 반감을 주지만 우리의 사랑과 보살핌으로 세상에 매우 매력적인 교회가 되어야 한다.

우리는 무릎이 약하고 세속적인 생활의 시기에 용기 있는 교회가 될 필요가 있다. 우리는 우리가 설교하는 복음과 우리가 경배하는 구세주에 대한 영예가 되는 삶을 살아야 한다. 하나님은 우리를 낮추셨으므로, 우리는 으스대는 것이 아니라 겸손과 깨어짐 그리고 투명함으로 문화적 쇠퇴 안으로 침투해야 한다.

우리 교회 사람들은 세상의 심판대에 서지 않아야 한다. 그러나 우리는 너무 빈번하게 우리 문화의 죄와 실패를 공유하고 있다.

폭풍이 바다에 불었던 것은 이교도 선원들 때문이 아니라 요나 때문이었다는 것을 기억해야 한다!

우리는 너무 자주 우리 자신의 어둠을 보지 못한다.

우리는 어둠의 빛이라고 부르면서 세상을 판단하지만, 아마 우리도 똑같이 하는 것은 아닌가?

영향력 있는 가톨릭 도덕 철학자인 알라스터 매킨타이어(Alasdair MacIntyre)는 서구 문명은 그 마음을 의지할 곳을 잃었다고 한다.

> 유덕한 남녀는 전통적 덕목의 삶을 살고 싶어서 하는 사람들이 주류 사회에 지속해서 완전하게 참여하는 것이 불가능하다는 것을 알게 될 때가 오고 있었다. … [그리고 그것은] 이 사람들은 로마 문명의 몰락에 대응하여 수도원을 세운 성 베네딕트(St. Benedict)처럼 지역 사회에서 새로운 삶의 방식을 찾으려 할 것이다.[8]

---

[8] Rod Dreher, "The Benedict Option's Vision for a Christian Village", *Christianity Today*, February 17, 2017, http://www.christianitytoday.com/ct/2017/march/benedict-options-vision-for-christian-village.html.

우리의 빛을 세상이 어둠으로 인식할 때 우리는 무엇을 해야 하는가?

어떤 사람들은 뚜렷한 기독교 생활방식을 보존하는 유일한 방법은 우리 자신을 세상에서 격리하는 것이라고 제안한다. 나는 교회가 성 베네딕트가 제안한 것처럼 자신을 고립시키라고 제안하는 것이 아니다.

당신은 이 책을 읽으면서 우리 교회에서 좋은 일들도 많이 일어나는 것을 발견하게 될 것이다. 그러나 우리의 빛이 너무 빈번하게 깜박거리고 우리의 증언이 침묵한다.

우리는 오늘날 멕시코로 알려진 베라크루즈(Veracruz)를 정복하기 위해 스페인 정복자 에르난도 코르테스(Hernando Cortes)가 어떻게 부하들을 설득했는지, 그 동기에 동의할 필요는 없다. 그는 1519년에 11척의 배로 약 700명의 남자가 해안에 도착하여 하선 후 배를 파선하라는 명령을 내렸다. 남자들은 집으로 돌아갈 유일한 수단이 바닷속으로 사라지는 것을 지켜보았다.[9] 요점은 간단하다. 부름이 있었고 그 부름은 정복이었고, 그것은 되돌릴 수 없었다.

비틀거리는 세상이 절실히 필요로 하는 빛을 다시 집중시키고자 하는 이 여정에 동참해 달라고 요청한다. 우리는 어둠을 비추는 빛이 되라는 부르심에 귀를 기울일 특권이 있다. 멕시코 해안의 남자들처럼 우리도 되돌아 갈 수 없다.

> 예수께서 이르시되 손에 쟁기를 잡고 뒤를 돌아보는 자는 하나님의 나라에 합당하지 아니하니라 하시니라(눅 9:62).

---

9 Winston A. Reynolds, "The Burning Ships of Hernán Cortés", *Hispania* 42, no. 3 (September 1959), 317–24.

역자 서문

모영윤 작가

> 모든 성경은 하나님의 감동으로 된 것으로 교훈과 책망과 바르게 함과 의로 교육하기에 유익하니, 이는 하나님의 사람으로 온전하게 하며 모든 선한 일을 행할 능력을 갖추게 하려 함이라(딤후 3:16-17).

 놀이터에서 즐겁게 노는 천진난만한 아이들, 등하굣길 청소년들, 이 아이들에게 다가오는 미래는 무엇일까?
 아이들의 미래는 부모가 결정할 것이다. 그들이 선택한 문화가 그들의 미래를 제공할 것이다. 그리고 우리 이웃의 현재와 미래는 자신이 선택한 문화로 결정될 것이다.
 이미 수천 년을 통해 검증된 부패한 심성의 인본주의로 황폐해지고 영원한 심판으로 들어갈 것인가?
 창조주 하나님이 제시하신 길과 진리와 생명을 따라 죄로부터 자유를 통한 평안과 영원한 구원으로 나아갈 것인가?
 예레미야서에는 유다의 죄악에 관해 상세히 기록되었다. 그들은 하나님을 외면하고, 멀리하며, 버리고, 불순종하고 오히려 대항했으며, 알고 싶어 하거나 기억하고 싶어 하지 않았고, 알더라도 부정했으며, 모든 가증한 일을 행하려고 하나님의 성전에 들어와서는 하나님 앞에서 우리가 구원을 얻었다고 말했다.

 하나님이 새벽부터 열심히 말씀하셔도 듣지 않았고 부르셔도 대답하지 않았으며, 이방 신들을 사랑하고, 환난이 닥치면 하나님 구원하소서 하였다. 율법을 다루는 자들, 관리들, 선지자들, 목자들, 하나님의 말씀이 아닌 자기 힘으로 다스리는 제사장들과 이를 좋게 여기던 백성들의 죄를 우리에게 비춰 보자.

 과학적으로 검증되지도 않았고 종의 진화에 대한 과학적 증거도 제시하지 못하면서 과학이라 주장하는, 믿음이 없이는 받아들일 수 없는 진화론을 유물론에 결합해 과학적 무신론을 주창한 엥겔스나 마르크스의 후예들과 세속주의자들은 정치적 올바름의 기치 아래 진보라는 허울을 썼고, 이들에 편승한 그리스도인들이 있다.

 이제 사회주의자는 없다. 그들은 이미 진보로 옷 입고, 정치적 올바름의 현란한 수사로 우리를 현혹한다. 많은 그리스도인이 속는 지점이 여기다, 정치적 수사로 자유, 평등, 사랑, 평화를 외치면 매우 그럴듯하다. 더구나 성경을 인용하면 분별없이 동일시한다. 그러나 그들의 내면에 감춰진 궁극적 목적은 자의든 타의든 하나님을 대적하고 부정해 교회를 변질시키고 타락시키고 파괴하는 것이다. 이런 사상은 이미 초기 교회에서부터 있어 왔다.

 "성경에 공산주의나 사회주의, 자본주의가 없다"는 말을 들으면 그럴듯하다. 문자적으로 맞다. 그러나 그 중심 사상의 옳고 그름은 성경에 분명히 나타난다. 그 말은 비겁하거나 속이는 영이다. 그뿐만 아니라 우리는 교회 안팎 어디에서든 개인의 사적 신념에 관해 이야기해서는 안 된다는 원칙을 받아들였다. 탈근대주의가 가져온 것은 마치 개개인이 진리를 가진 신이라 할 것이다.

 어니 그루엔(Ernie Gruen) 목사는 우리에게는 자유의지가 부여된 존재로서 자신의 의사 결정에 절대적인 권한이 있지만 그에 합당한 책임을 져야 하다고 말했다. 진리는 전근대 이전 태초부터 있었고, 부정한다고 사라지는 것도 아닌데, 정작 교회에서는 시대를 분별하는 목소리를 찾아보기 어렵다. 그런 말을 하더라도 우회하므로 이해하기 어렵게 한다. 교회는 특정 정치 집단을 지지해서는 안 된다. 그렇다고 변화되는 시대에 분별을 가르치지 않는 것은 직무유기다.

라오디게아 교회 밖에서 경고하시는 주님은 쫓겨나신 것인가?

스스로 나가신 것인가?

떠나지 않으시고 문밖에서 문을 두드리시는 주님을 보라.

그리스도인은 또한 국가의 일원으로서 불가피하게 선거를 통해 정치적 행위를 한다. 그러나 이런 행위는 개인의 취향에 따라서가 아니라, 오직 성경의 말씀에 기초해야 한다. 그 정치인의 신념과 행동을 살펴야 한다.

기성 정치인이라면 악한 법안 발의에 참여했는가?

정치 신인이라면 그들의 행적이 어떠했는가를 보고 투표해야 한다. 투표 후에도 그들이 하는 입법이나 행위들을 살피고 악법을 제정하려 하면 반대해야 한다. 이것이 오늘날 민주주의에 의한 권세와 통치자를 허락하신 하나님의 뜻을 행하는 것이다. 우리가 사는 도시의 학교, 교육청, 시군구청과 의회 국회와 정부와 그 부처들과 그 기관들이 하는 일을 살피고, 그들을 위해 기도해야 한다.

지금이야말로 그리스도인들이 하나님의 전신갑주를 입어야 한다. 서서 진리로 너희 허리띠를 띠고, 의의 호심경을 붙이고, 평안의 복음이 준비한 것으로 신을 신고, 모든 것 위에 믿음의 방패를 가지고 이로써 능히 악한 자의 모든 불화살을 소멸하고, 예수 그리스도의 십자가 은혜로 구원의 투구를 쓰고, 분별하며 공격하는 최상의 무기인 성령의 검 곧 하나님의 말씀을 가져야 한다. 그렇지 않으면 삶이 다한 후에 바로 서지 못하고 회한만 가득할 것이다.

저자는 이 책의 첫 장에서 "바벨론 입성을 환영한다"고 말한다.

우리는 왜 유배되어 노예로 사는 바벨론에 온 것에 환영을 받아야 할까?

내게 어둠이 있으면 나는 드러나지 않을 것이다. 그러나 주님의 빛이 있으면 나는 깊은 어둠 속에 더욱 선명하게 드러날 것이다. 우리를 겸손하게 하시는 하나님을 볼 것이다. 연단을 통해 정금이 될 것이다.

이 책은 깨어서 주의하고 경계하는 그리스도인들에게 시대를 분별하는 눈을 뜨게 하고, 어떻게 살아야 하는지에 대한 안내를 받는 데 적절하다. 어윈 W. 루처 목사님의 60여 권의 책 중 8권의 책을 번역해 오면서 멈출 수가 없었다. 해박한 성경 지식에 기초한 그의 책들은 흥미진진해 다음 장을 기대하게 되고, 또 다른 책을 기대하게 되었다. 실망한 적이 없다.

부디 이 책이 신학교와 교회 특히 교회학교를 담당하는 분들이 채택해 그룹 학습과 훈련에 사용해서 그리스도인들을 믿음에 굳게 세우고 십자가를 지고 세상으로 들어가도록 양육하기를 소망한다. 그리고 하나님의 추천을 위해 기도드린다.

> 하나님이여 내 속에 정한 마음을 창조하시고 내 안에 정직한 영을 새롭게 하소서
> (시 51:10).

기꺼이 추천사를 써 주신 귀하신 목사님들께 마음 깊이 감사드리고, 어윈 W. 루처 목사님의 저서를 시리즈로 출판하시고 부족한 자에게 번역을 맡겨 주신 기독교문서선교회(CLC) 대표 박영호 목사님과 수고해 주신 출판사 직원 모든 분께 감사드린다. 그리고 항상 기도로 격려해 주는 사랑하는 아내에게 감사하며, 오직 우리 주 예수 그리스도께서 영광 받으시기를 간절히 소망한다.

머리말

에드 스테처(Ed Stetzer) 박사
휘튼대학 빌리그래함센터 특별의장

알라딘과 재스민이 한때 디즈니 클래식에서 마법의 양탄자를 타고 날아오르는 노래를 불렀던 것처럼 아주 새로운 세상이다. 그러나 그리스도인들은 경이로움과 흥분으로 가득한 사랑 이야기 대신, 많은 사람이 살았던 세상과는 전혀 다른 완전히 새로운 세상에서 자신을 찾는다.

미국은 수백 년 동안 우리의 문화적 규범이었던 일반적, 종교적 기풍을 잃어 가고 있다. 우리 주변 세상이 하류 문화에 속했던 세속화가 이제 주류라는 것을 인정하면서 문화는 점점 양극화되어 가고 있다. 우리가 하는 질문은 이것이다.

그리스도인들은 안방의 장점을 잃고 대중문화에서 점점 소외되는 이 새로운 세상과 어떻게 연관되어야 할까?

어떤 의미에서 해 아래 새로운 것은 없다. 우리는 항상 우리 주변의 세상과 긴장 속에서 살았다. 바울은 고린도 사람들이 신앙생활에 도움이 되도록 두 권의 긴 책을 기록했다.

선지자들은 하나님이 택하신 백성들에게 극심한 박해를 받았고, 심지어 예수님도 대중과 종교 영역에서 거부당하셨다. 전 세계적으로 하나님의 선교 운동에 대한 반대가 항상 있었으며, 일부 사람들이나 옹호할 수 있는 잘못된 거짓 설화에도 불구하고 미국은 여기에서 분리되지 않았다.

이 책에서 어윈 W. 루처는 우리가 이제 미국에 사는 진정한 그리스도인들의 결의, 헌신, 확신을 시험할 새로운 도전과 문화적 변화에 직면했다고 지적한다. 미국 문화가 성경적 가치와 점점 더 다르게 변하고 있으며, 어떤 경우에는 그들의 믿음, 가치, 태도 때문에 예수님을 믿는 사람들이 점점 소외되고 있는 것이 사실이다. 퓨리서치 자료에 따르면, 미국 사람들은 어떤 특정한 종교와 동일시하거나, 하나님을 믿고, 매일 기도하고, 교회 예배에 참석할 가능성이 작다. 이 숫자는 2000년대 초반부터 감소했다.

우리는 왜 지금 이 궤적을 보고 있는지 정직하게 열심히 살펴봐야 한다. 많은 사람이 기독교 가치의 쇠퇴가 상실될 운명이었던 문화 전쟁에서 승리하기 위해 자신을 주장하려는 반응, 분노, 분리 그리고 정치적으로 부여된 동기가 기독교 문화에 기인할 수 있다고 지적했다. 우리는 세계 최고의 뉴스를 가지고 있지만, 종종 좋은 뉴스 대신 적절한 뉴스로 그것을 전달해 왔다. 우리는 사랑하기보다 옳은 것만 선호했고, 그 과정에서 명성을 잃었다.

오늘날 그리스도인들은 적어도 세 가지 대응 방법에 직면하고 있다.

첫째, 세속 문화에 동화
둘째, 세속 문화에서 격리
셋째, 세속 문화에 참여

복음에 비추어 볼 때, 그리스도를 따르는 사람들을 위한 유일한 선택은 참여이다.

이번 가이드를 생각하면 수십 년 동안 복음에 충실한 지도자들이 떠오른다. 그중 한 명이 내 친구 어윈 W. 루처다. 나는 그가 수십 년 동안 봉사한 무디교회의 임시 목사였다. 그때 루처 목사는 사람들을 사랑하고 성경을 가르쳐 그들이 시카고 도심지에서 빠르게 변화하는 도시 환경의 문화를 항해하도록 도왔다. 이곳은 이제 캔자스가 아니다.

이처럼 루처 박사의 책은 교회가 어떻게 성경의 진리와 가치에 연계된 의미 있는 방식으로 대응하고 참여하는 동시에 세계에 긍정적인 영향을 미쳐야 하는지 그 방법을 제시하는 큰 복이 될 것이다. 수십 년 동안 변화하는 문화의 중심에 있었으며 지속해서 복음을 전파해 온 한 남자의 조언을 듣기 위해 그가 말하는 모든 것에 동의할 필요는 없다.

그는 많은 독자의 가슴에 와닿고 매우 중요하고 때로는 분열을 일으키는 문제들을 다루고 있다. 루처 목사는 가족과 문화에 엄청난 영향을 미치는 성 혁명의 영향과 기술의 비약에 이르기까지 다양한 주제를 다루고 있다.

우리는 "이곳은 우리의 땅, 우리 집"이라는 이스라엘적 생각을 버려야 한다. 대신 우리는 이곳에서 유배 중인 외국인이자 낯선 사람이라는 사실을 잊지 말아야 한다. 다른 사람의 집이다. 우리는 약속의 땅에 사는 이스라엘이 아니다. 어떤 의미에서 우리는 유배 중인 이스라엘이다. 예레미야 29:5은 우리와 같은 사람들에게 말한다. 우리는 정원을 심고, 성장하고, 번성하고, 도시의 이익을 추구하는 등의 부름을 받았다. 하지만 우리는 항상 바벨론에 있다는 것을 기억해야 한다.

어윈 W. 루처는 무디교회에서 수십 년 동안 그렇게 했다. 이제 그는 어떻게 하면 그와 같은 일을 할 수 있는지를 당신과 공유한다.

미국의 그리스도인들은 세상의 적대감을 실감하고 상처 입은 이들에게 희망을 주고, 부서진 이들을 회복시키려는 우리의 결의를 강화해야 한다는 사실을 깨달아야 한다. 이제 교회는 그 어느 때보다 그 선언에 과감하고 겸손해야 한다. 우리는 세상의 악을 대대적으로 받아들일 수는 없지만, 그것에서 격리할 수도 없다. 우리는 목적과 뜻을 가지고 세상에 참여해야 한다. 우리는 밤하늘에서 마법의 양탄자를 타지 않을 수도 있지만, 이 완전히 새로운 세상에서 시편 기자의 말은 항상 더 진실함을 상기한다.

땅과 거기에 충만한 것과 세계와 그 가운데에 사는 자들은 다 여호와의 것이로다(시 24:1).

제1장

환영! 바벨론 입성
(도착 그리고 정착)

바벨론 제국에 있는 교회(The CHurch in Babylon)!

이 네 단어는 우리를 여기 서구의 현재 문화 환경의 핵심으로 밀어 넣는다. 우리는 만연한 우상 숭배, 폭력, 거짓 종교, 고의적인 영적 실명 속에서 교회가 되도록 부름을 받았다. 우리는 성경적 권위에 도전하는 일에 열중인 성 문화 속에서 살고 있다.

왜 교회에 관한 또 다른 책이 필요할까?

교회, 사역, 방법론, 미래의 도전에 관한 많은 훌륭한 책들이 저술되었다. 독자로서 여러분은 다음과 같은 질문을 할 수 있다.

이 주제에 대해 왜 다른 책을 써야 하는가?

여기서 다른 사람들이 말하지 않는, 더 설득력이 있는 어떤 말을 할 수 있을까?

이것은 복음을 전파하는 방법이나 더 나은 방법에 관한 책이 아니다. 이 책은 더 효과적인 예배를 계획하거나 교회 지도를 간소화하는 방법에 관한 질문을 다루지 않는다. 내 마음은 다른 곳에 있다.

이제 설명해 드리겠다.

1. 예수 그리스도의 교회

교회를 생각할 때 사도 요한이 소개한 요한계시록의 일곱 교회에 마음이 끌린다.

예수님이 일곱 개의 촛대 사이를 거니시는 모습을 그려보자.

> 촛대 사이에 인자 같은 이가 발에 끌리는 옷을 입고 가슴에 금띠를 띠고, 그의 머리와 털의 희기가 흰 양털 같고 눈 같으며 그의 눈은 불꽃 같고, 그의 발은 풀무불에 단련한 빛난 주석 같고 그의 음성은 많은 물 소리와 같으며, 그의 오른손에 일곱 별이 있고 그의 입에서 좌우에 날선 검이 나오고 그 얼굴은 해가 힘있게 비치는 것 같더라 … 네가 본 것은 내 오른손의 일곱별의 비밀과 또 일곱 금 촛대라 일곱별은 일곱 교회의 사자요 일곱 촛대는 일곱 교회니라(계 1:13-16, 20).

먼저 요한은 예수님이 일곱 개의 촛대(일곱 개의 교회) 사이를 걷고 계셨다고 말하고, 그다음에 요한은 예수님이 오른손에 일곱 개의 별(일곱 교회의 천사나 '메신저')을 들고 계신다고 말한다. 예수님은 교회를 살펴보시고, 그 사이를 걷고, 그의 오른손에 교회의 지도력을 쥐고 계신다. 구원을 위해 자신을 내어 주신 예수님은 자기 백성들을 사랑하신다. 그는 우리를 살펴보시고, 이 일곱 교회처럼, 우리의 충실함에 대해 칭찬하신다.

나는 교회가 예수님을 있는 그대로 보기 위해 안대를 벗어야 한다고 말한 존 스토트(John Stott)의 말에 동의한다!

만약 그렇다면!

그분의 백성들을 구속하기 위해 십자가에서 죽으셨던 예수님은 자기 백성을 사랑하신다. 그분은 우리를 살피시고, 요한계시록의 일곱 교회처럼, 그분을 기쁘게 하는 것에 대해서는 칭찬하시고, 우리의 실패에 대해 우리를 책망하시지만, 항상 이기는 자들에게 주는 놀라운 보상의 약속으로 우리를 격려하신다. 그래서 그분은 "귀가 있는 자들아, 성령이 교회들에 하시는 말씀을 들으라"고 일곱 번 권하신다(계 2:7, 11, 17, 29; 3:6, 13, 22).

여기 내 전제가 있다.

예수님은 백성들을 사랑하시고 오른손에 들고 다니신다. 하늘과 땅의 모든 권세를 부여받은 예수님은 우리가 필요로 하는 모든 것을 우리에게 제공해 주시는데, 단순히 존재하기 위해서가 아니라 점점 짙어지는 어둠 속에서 번성하도록 하기 위해다. 우리가 '성령이 교회에 하는 말을 기꺼이 듣는다면' 우리는 준비되지 않은 미래로 가지 않을 것이다. 구원은 무료지만, 요한계시록의 일곱 교회가 발견한 것처럼, 사악한 문화 속에서 성스러운 진정한 삶을 사는 데는 대가가 따른다. 우리는 그리스도께서 제안하는 자원을 당연한 것처럼 받아들일 수 없지만, 기도하는 지혜로 그분과 그분의 말씀을 부지런히 찾아야 한다.

1) 신실한 남은 자

아직도 성경을 충실하게 가르치며 신념을 훼손하지 않은 목회자들이 많다는 점에 감사드린다. '복음연합'(The Gospel Coalition)과 같은 사역은 수천 명의 목사를 강연에 모으고 있다. 나는 이 목사들 대다수가 신앙에 충실하며 복음과 그 의미를 잘 전달하고 있다고 확신한다. 큰 교회와 작은 교회 모두 많은 충실한 성도들에 관해 말할 수 있다.

프랜시스 쉐퍼(Francis Schaeffer)가 이렇게 즐겨 말했다.

> 진정한 영적 의미에서는 작은 사람도 없고 큰 사람도 없으며, 거룩하게 구별된 사람과 그렇지 않은 사람만 있다.[1]

---

1 Francis Schaeffer, *No Little People* (Wheaton, IL: Crossway, 2003), 25.

요즘 교회의 허다한 실패를 비난하는 것이 유행이다. 어떤 사람은 내 의견에 동의하지 않겠지만, 나는 미국의 붕괴가 전적으로 교회의 잘못이라고 믿지 않는다. 물론 교회는 해야 할 모든 일을 다 하지 않았다. 분명히 우리는 우리 주변에서 볼 수 있는 도덕적, 정신적 파산에 기여했다. 그러나 반기독교적 편협한 환경과 우리의 유대-기독교 유산에 대한 의식적인 거부에 이바지한 많은 흐름이 있다.

나는 교회의 충실함이 부족하다는 말을 부인하지 않지만, 하나님의 목적과 역사 때문에 역동적인 교회조차도 바꿀 수 없는 필연성이 있다고 믿는다.

그래서 예수님은 꼭 필요한 단어를 자주 사용하셨다!

예를 하나만 들자.

> 난리와 소요의 소문을 들을 때에 두려워하지 말라 이 일이 먼저 있어야 하되 끝은 곧 되지 아니하리라(눅 21:9; 또한, 마 16:21; 24:6; 26:54을 보라).

어떤 것들은 반드시 지나가야 한다.

그러나 이것은 매우 중요하다. 예수님과 그의 추종자들은 영적, 도덕적 어둠이 하나님을 방해할 수 없다고 믿었다.

그분의 의지는 좋은 시절뿐만 아니라 교회가 가장 심하게 억압받는 나쁜 시기에도 성취될 것이다.

따라서 어떤 사건의 필연성 때문에 결코 운명론으로 우리를 붕괴시켜서는 안 되며, 오히려 역사가 결국 하나님의 손에 있다는 것을 아는 위안을 주어야 한다. 하나님은 교회가 그 시대에 이뤄야 할 목적을 가지고 계시며, 자기 백성을 사랑하시고, 우리가 문화적 흐름이나 반대 또는 회유에 상관없이 빛이 되기를 원하신다. 때로는 어둠 속에서 하나님의 빛이 가장 뚜렷하게 보인다. 모든 시대에, 그 빛은 그분의 백성들 속에 그리고 그 사람들 사이에 있는 그분의 임재 선물이다.

이 페이지에서 우리는 하나님의 인내심에 놀랄 것이고, 또한 하나님이 주신 진리를 외면하는 국가를 심판하시려는 그분의 의지에 대해서도 놀랄 것이다. 또한, 고대 이스라엘이나 신약성경에서 그렇게 아름답게 묘사된 그리스도의 신부인 당신의 백성에게 충실하기 위해 기꺼이 가신 하나님의 여정을 재발견할 것이다.

2. 구약성경의 바벨론/신약성경의 교회

우리는 구약성경의 지침을 신약성경의 교회로 옮길 때 주의해야 한다. 구약성경의 많은 관행이 적용되지 않는 시대, 근본적으로 다른 시대에 있다는 사실을 잊고 신약성경 교회에 구약에서 하나님이 이스라엘에 행하신 일을 그대로 적용해야 한다는 누군가의 주장에 나는 깜짝 놀란다. 예를 들어, 엘리야가 갈멜산 꼭대기에서 바알 선지자들과의 대결에서 승리했을 때, 그는 450명의 바알 선지자를 기손 강으로 데리고 가서 살해했다.

이 책에서 나중에 보겠지만, 신약성경은 거짓 선지자와 교사에 대해 경고하지만, 우리는 분명히 그들을 살해해야 할 것으로 예상하지 않는다!

그들은 텔레비전으로 시간을 벌고, 교회를 짓고, 이단을 홍보할 수 있다. 우리가 할 수 있는 최고의 방법은 그들을 드러내고, 우리 무리가 그들의 위험을 깨닫도록 돕는 것이다. 우리는 이제는 간통이나 동성애 그리고 부모에 대한 불복종 때문에 사람들을 돌로 치지 않는다. 우리는 서로 다른 관계와 기대를 하며 다른 시대에 살고 있다.

그러나 오늘날 우리가 직면하고 있는 문제들과 유사한 설득력 있는 구약성경의 말씀이 있다. 그것은 이스라엘이 바빌론에서 난민이 된 경험이다(엄밀히 말하면 바벨론의 유다였다). 거기서 하나님의 백성들은 다수의 이교도 문화 속에 소수 민족으로 살아야 했다. 그 율법과 성전 제사에 대한 유대인의 권리는 사라졌다. 안타깝게도 솔로몬의 아름다운 성전은 폐허로 남겨진 채 완전히 파괴되었다.

유대인들은 아브라함, 이삭, 야곱의 하나님을 전혀 배려하지 않는 이교도 우상 숭배자들 사이에서 살아남아야 했다. 1만여 명의 유대인들이 몇 주, 몇 달 동안 약 800마일을 여행하여 다른 언어를 사용하는 낯선 나라에 도착했다. 그들에게 익숙했던 사회적, 종교적, 문화적 지원은 모두 사라졌다. 그들의 후회의 눈물은 이제 추억일 뿐 이전의 특권을 회복할 수 없다.

3. 지금이 바벨론 시대

바벨론이라는 이름을 언급하면 많은 이미지가 떠오른다. 우리는 우리 자신의 문화에 대한 적절한 설명인 신비주의, 부도덕, 폭력을 생각할 수 있다. 그러나 대표적인 것은 '우상 숭배'라는 단어다. 바벨탑은 온 땅에 충만하라는 하나님의 명시적 명령에 반대하기 위해 지어졌다. 대신 사람들은 한 곳에 정착기 위해 하늘에 도달할 탑을 쌓기로 했다. 그들의 의도는 하나님보다 별을 숭배하고 하나님의 지시에 복종하기보다는 자신의 정욕을 섬기는 것이었다.

바벨론이라는 이름은 성경에서 약 260여 회 나온다. 대부분 과거의 바벨론에 대해 읽었지만, 요한계시록에서는 미래의 바벨론 몰락에 관한 설명과 예언 모두를 가지고 있다(계 14, 16, 18장 참조). 예언자 예레미야가 설교하고 글을 쓸 당시의 고대 바벨론은 오래전 세계 강국으로 세상에서 사라졌지만, 이제 새로운 바벨론 제국이 등장했다. 이 부활한 신 바벨론 제국은 최근 앗수르를 추월하여 세계 강국으로서 절정에 달했다. 그리고 하나님의 축복을 받은 예레미야는 이 바벨론 사람들이 예루살렘을 파괴하고, 유다 민족을 노예로 삼고, 솔로몬의 성전을 폐허로 만드는 것을 보기 위해 살았다. 그는 더는 울 수 없을 때까지 울었다.

바벨론 역사 전반에 걸쳐 반란이 계속되었다. 그 당시의 사람들은 그들의 아이들을 이교도 신들에게 희생의 제물로 바쳤다. 오늘날, 우리는 태어나지 않은 아이들을 사기 의식(낙태)의 제단에서 희생시킨다. 우리는 돌 우상 앞에서 절하지 않는다. 대신 돈, 권력, 섹스의 신들에게 온 마음을 다해 충성을 바친다. 하나님에 대한 우리의 헌신은 일주일에 한 번 교회에서 하는 '형식적'일 때가 너무 많다.

그리스도인들은 점점 더 적대적인 문화에서 소수다. 우리는 지리적으로 도덕적으로나 영적으로 추방자다.

> 사랑하는 자들아 거류민과 나그네 같은 너희를 권하노니 영혼을 거슬러 싸우는 육체의 정욕을 제어하라 너희가 이방인 중에서 행실을 선하게 가져 너희를 악행한다고 비방하는 자들로 하여금 너희 선한 일을 보고 오시는 날에 하나님께 영광을 돌리게 하려 함이라 (벧전 2:11-12).

추방자들은 반대에 부딪힌다. 그들은 오해를 받고, 정체성을 잃으려는 유혹을 받는다. 그리고 그리스도를 간절히 바라는 자들로서, 우리는 복음을 전하면서 육체의 정욕과 세상의 많은 유혹에 얽매이지 않도록 부름을 받았다. 감사하게도 예수님은 하나님 우편에 계시면서 우리가 세상에 있지만, 세상에 속하지 않도록 기도하신다(요 17:14-16 참조). 예레미야는 성령의 영감을 받아 우리 자신의 문화적 맥락을 분석하는 데 도움을 줄 뿐만 아니라 우리에게 하나님의 본질, 즉 그분의 세심한 공의와 자비 그리고 죄에 대한 그분의 강렬한 증오에 관한 신선한 통찰력을 제공한다.

예레미야서는 우리는 물론 하나님을 미워하는 사람들의 마음까지도 하나님과 그분의 주권의 비밀로 인도한다. 무엇보다도 우리는 하나님의 백성이 이교도 문화의 신, 자신들이 만든 신, 성적 취향의 신을 숭배하는 이교도 민족 가운데 사는 동안 하나님의 신실하심을 본다. 예레미야서가 심판의 책이라면 그것은 또한 희망의 책이기도 하다. 오늘날 우리 문화의 복잡성과 적대감에 직면했을 때 필요한 희망의 책이기도 하다.

1) 예레미야의 어려운 임무

예레미야는 하나님의 말씀이 무시되고 심지어 조롱당했던 시기에 예언했다. 몇십 년 전, 요시야의 통치 시대의 법전이 발견되었다. 그것은 성전 안의 쓰레기 더미 아래에 묻혀 있었다. 성소에는 다른 신들이 너무 많아서 잔해가 치워지고 나서야 하나님의 책이 발견되었다.

지도자들이 그 책을 읽었을 때 부흥이 일어났지만, 너무 늦었다. 일부 사람들은 회개했지만, 국가 전체는 요지부동이었다. 경건한 사람들의 희망은 오래가지 않았다. 빛이 있었지만, 어둠을 추월할 만큼 충분하지 않았다.

예레미야는 청각 장애인 시대를 살았다. 그는 울고 있는 예언자였지만 주위 사람들은 여전히 마른 눈으로 바라보고 있었다. 그는 항상 진실을 말했지만 아무도 그를 믿지 않았다. 그의 사역은 너무 미워서 구덩이에 던져졌다. 그는 낙담하여 이렇게 한탄했다.

> 여호와여 주께서 나를 권유하시므로 내가 그 권유를 받았사오며 주께서 나보다 강하사 이기셨으므로 내가 조롱거리가 되니 사람마다 종일토록 나를 조롱하나이다. 내가 말할 때마다 외치며 파멸과 멸망을 선포하므로 여호와의 말씀으로 말미암아 내가 종일토록 치욕과 모욕 거리가 됨이니이다 (렘 20:7-8).

하나님, 당신은 나를 속였습니다!

예레미야는 하나님이 그에게 평화의 말씀을 주실 것을 기대했지만 심판의 말씀만 받았다. 예레미야가 백성들에게 마음을 털어놓았을 때 그는 거짓 선지자들에 의해 중상과 조롱과 정죄를 받았다. 나라가 무너지기 시작하자 왕은 그를 불러들였지만, 이 예언자의 말을 들을 생각은 없었다. 그 나라는 하나님의 경고에 귀를 막았다. 우리나라는 유다보다 더 엄격하게 심판받을 것이다.

예레미야 시대의 사람들은 율법의 사본이 몇 개밖에 없었고, 불과 몇 사람만 읽을 수 있었고, 대부분 사람은 귀로 듣는 내용에 의존했다. 우리와 비교해 보라. 우리는 셀 수 있는 것보다 더 많은 성경 번역본을 가지고 있다. 아이패드와 스마트폰에 성경이 있다. 우리는 거의 보편적으로 글을 읽고 쓴다. 나아가 우리가 읽기에 관심이 없다면, 우리는 전자 장치와 프로그램을 이용하여 성경을 들을 수 있다.

그 나라는 하나님에게서 멀리 떠났기 때문에 하나님은 예레미야에게 이스라엘 백성을 위한 기도를 하지 말라고 거듭 말씀하신다. 듣지 않겠다고 하신다.

> 그런즉 너는 이 백성을 위하여 기도하지 말라 그들을 위하여 부르짖어 구하지 말라 내게 간구하지 말라 내가 네게서 듣지 아니하리라(렘 7:16).

유다는 돌아올 수 없는 선을 넘었다. 미국이 지금 그 시점인지 아닌지는 확신할 수 없다. 그러나 우리의 도덕적, 영적 반항은 날로 가속화되고 있다.

지금이야말로 교회가 우리를 지켜주시는 하나님의 능력과 우리를 인증해 주시는 하나님의 사랑을 보여 줄 수 있는, 얼마나 멋진 기회인가!

2) 성 문화

이 책의 뒷부분에서 우리는 우리 문화에서 성적 우상 숭배에 대해 더 구체적으로 논의할 것이다. 그러나 지금 우리는 다음과 같은 질문에 답한다. 왜 이교도 우상은 이스라엘과 유다 사람들에게 그렇게 매력적이었을까? 왜 사람들은 끊임없이 다른 신들과 영적 간음을 했을까?

역사를 연구하면 우상 숭배가 모든 종류의 성적 관용을 정당화하고 장려한다는 것을 발견하게 될 것이다. 모든 높은 산에는 신당이 세워졌고 하

나님은 이렇게 말씀하셨다

> 네가 옛적부터 네 멍에를 꺾고 네 결박을 끊으며 말하기를 나는 순종하지 아니하리라 하고 모든 높은 산 위에서와 모든 푸른 나무 아래에서 너는 몸을 굽혀 행음하도다(렘 2:20).

매춘, 동성애, 모든 형태의 변태가 행해졌고 사람들은 그것을 좋아했다. 광란은 흔한 일이었고 거짓 신들은 조용히 묵비권을 행사했다. 하나님은 불쾌하셨다.

> 너 하늘아 이 일로 말미암아 놀랄지어다 심히 떨지어다 두려워할지어다 여호와의 말씀이니라, 내 백성이 두 가지 악을 행하였나니 곧 그들이 생수의 근원 되는 나를 버린 것과 스스로 웅덩이를 판 것인데 그것은 그 물을 가두지 못할 터진 웅덩이들이니라 (렘 2:12-13).

그들이 목마른 물은 쓴맛이 나고 죄책감을 유발하며 파괴적 중독성이 있는 것으로 판명되었다. 그것은 자유를 약속하지만, 결국, 속박과 부서진 관계 그리고 끝없는 고통을 가져다주었다.

사람들은 그들의 우상이 가져온 죄책감과 수치심 그리고 망가짐에 대해 입을 다물었다. 그리고 그들은 그들을 파괴하는 것들에게서 돌아서기를 거부했다. 악의 본성은 그 결과에 일부러 눈을 감고 앞으로 뛰어드는 것이다. 더 나쁜 것은 결과가 뻔히 보이는데도, 변화하는 행동 패턴에 너무 중독되어 회개할 수 없어 보인다.

미국을 생각해 보자. 우리나라는 독이 든 우물을 마시고 있다. 만족을 약속하지만, 치명적인 갈증만 키우는 소금물처럼, 그래서 우리나라는 사람들을 공허와 절망으로 몰아넣는 성적 황무지에 빠져들었다. 이 모든 것은 우리의 양심이 우리에게 무엇을 말해도 정신적으로 정당화되어야 한다.

범퍼 스티커는 이렇게 말한다.

느끼는 대로 해라(If it feels good, do it).

이제 범퍼 스티커에 이렇게 써야 할 것이다.

느끼는 대로 믿어라(If it feels good, believe it).

주 여호와의 말씀이니라 네가 잿물로 스스로 씻으며 네가 많은 비누를 쓸지라도 네 죄악이 내 앞에 그대로 있으리니(렘 2:22).

합리화라는 세제로 억지로 양심을 깨끗하게 하려고 헛되이 노력했다. 그러나 그들의 공허함을 달래려고 스스로 만든 모든 시도는 그들의 욕망을 불태울 뿐이었다. 그들은 치료법을 모든 곳에서 찾았다. 단, 하나님을 제외한 모든 곳에서.
사람들은 죄가 자신들에게 다가오기를 기다리지도 않고 오히려 그것을 찾아 나섰다

네가 어찌 말하기를 나는 더럽혀지지 아니하였다 바알들의 뒤를 따르지 아니하였다 하겠느냐 골짜기 속에 있는 네 길을 보라 네 행한 바를 알 것이니라 발이 빠른 암낙타가 그의 길을 어지러이 달리는 것과 같았으며 너는 광야에 익숙한 들 암나귀들이 그들의 성욕이 일어나므로 헐떡거림 같았도다 그 발정기에 누가 그것을 막으리요 그것을 찾는 것들이 수고하지 아니하고 그 발정기에 만나리라(렘 2:23-24).

하나님은 사람들이 수치심을 느낄 날이 오고 있다고 말씀하셨지만, 그들은 부끄러워하지 않았다.

도둑이 붙들리면 수치를 당함 같이 이스라엘 집 곧 그들의 왕들과 지도자들과 제사장들과 선지자들이 수치를 당하였느니라(렘 2:26).

동거하는 미혼 부부들이 그 사실을 숨기려 했던 시절이 있었다. 이제는 그렇지 않다. 그들은 공개적으로 함께 살고 있고, 부끄럽지 않다고 말한다. 시대가 변했다.

일단 죄의 문을 열면 우리가 의도했던 것보다 더 멀리 가고, 우리가 머물려고 생각했던 것보다 더 오래 머물며, 우리가 치르려고 했던 것보다 더 큰 대가를 치르게 된다.

억제되지 않은 성적 욕망으로 그들의 양심은 죽었고, 유다 사람들은 결국 자녀를 몰렉 신에게 희생 제물로 바쳤다. 미국에서, 우리는 태아를 성적 자유의 제단에서 희생하고 있으며, 미국 아이들의 3분의 1이 혼외로 태어나면서 불안과 분노 그리고 잦은 학대의 세상에 던져지고 있다. 안타깝게도 이 악순환은 종종 다음세대에서 반복된다.

모든 신이 더 많은 충성을 요구한다. 우리가 선택한 신은 돈이든 명성이든 섹스든 쉽게 만족하지 못한다. 위대한 신학자 존 칼빈(John Calvin)은 인간의 마음이 우상을 만드는 공장이라고 말했다. 인간의 마음은 계속해서 우상을 만들어 내고 있다.

하나님이 당신의 교회를 통해 나타나실 수 있는 얼마나 놀라운 기회인가!

3) 많은 거짓 예언자

예레미야는 백성들이 선호하는 메시지를 전하는 당대의 거짓 예언자들과 극심한 대립을 하고 있었다. 대중들은 예레미야나 그의 메시지를 좋아하지 않았으며, 그들이 수용할 만한 메시지를 갈망했다.

거짓 선지자들은 사실상 이렇게 말했다.

> 우리에게는 더 나은 메시지가 있다. 우리는 예레미야의 부정적인 것을 좋아하지 않는다. 우리는 사람들이 받아들일 긍정적인 메시지를 제시하고 있다.

그들은 예레미야가 심판에 관해 이야기하는 한 그를 따르는 무리가 적다는 것을 알고 있었다. 많은 사람이 다른 메시지, 더 희망적인 단어를 열망했다. 그래서 예레미야를 구덩이에 던졌다. 거짓 선지자들은 항상 그들이 상상하는 일을 했다. 거짓 예언자들은 대부분 거짓 예언을 했다. 그들은 유다 민족이 하나님의 백성이므로 하나님이 그들에게 특별한 축복을 주신다고 말함으로써 듣는 자들의 자아에 호소했다.

그들은 회개 없는 축복, 경건함 없는 번영을 설교했다. 그들은 성공 신학을 가지고 있었지만, 고난 신학은 가지고 있지 않았다. 그들은 이 현세의 행복한 삶에 대해 설교했고 다가오는 세계에 대해서는 어떤 생각도 전하지 않았다.

그들의 주장은 이것이다.

> 우리는 비록 다른 신들을 섬기지만, 여호와께 계속 예배도 드리고 있다. 따라서 우리는 가장 높은 하나님의 자녀다. 우리를 우리보다 훨씬 더 사악한 사람들인 바벨론 사람들의 손에 굴욕을 당하게 하실 리가 없다.

그들의 메시지는 평화와 지속하는 번영이었지만, 그것은 암 종양 위에 붕대를 감는 것과 같다. 그들의 메시지는 다음과 같다.

"우리는 왕의 자녀처럼 사는 법을 배워야 한다."

4) 항상 기뻐만 하지 않으시는 하나님

> 그들이 내 백성의 상처를 가볍게 여기면서 말하기를 평강하다 평강하다 하나 평강이 없도다. 그들이 가증한 일을 행할 때에 부끄러워하였느냐 아니라 조금도 부끄러워 하지 않을 뿐 아니라 얼굴도 붉어지지 않았느니라 그러므로 그들이 엎드러지는 자와 함께 엎드러질 것이라 내가 그들을 벌하리니 그 때에 그들이 거꾸러지리라 여호와의 말씀이니라
> (렘 6:14-15).

이 거짓 선지자들은 사람들의 상처를 너무 가볍게 고쳤다!

그들의 관심은 어떻게 최고의 삶을 살 수 있을까 하는 게 전부였다!

예레미야는 울었지만, 그들은 울지 않았다. 거짓 선지자는 희망의 선지자였고 확신뿐인 거짓 희망이었지만 그것도 희망이었다.

하나님은 그저 축복 위에 축복을 주신다!

> 그들이 여호와를 인정하지 아니하며 말하기를 여호와께서는 계시지 아니하니 재앙이 우리에게 임하지 아니할 것이요 우리가 칼과 기근을 보지 아니할 것이며 (렘 5:12).

예레미야는 거짓 예언자들의 "하나님이 우리 민족을 선택하셨기 때문에 우리의 생활방식과 관계없이 하나님의 끝없는 은총을 기대할 수 있다"라는 일방적 강조를 거부했다.

> 이 땅에 무섭고 놀라운 일이 있도다 선지자들은 거짓을 예언하며 제사장들은 자기 권력으로 다스리며 내 백성은 그것을 좋게 여기니 마지막에는 너희가 어찌하려느냐 (렘 5:30-31).

오늘날, 우리 시대에는 너무 많은 사람이 겸손이 빠진 복음을 설교하고 있다. 대신 자기를 높이는 성취의 수단으로 제시한다. 우리는 소위 '복음 전도자들'로 넘쳐나고 있다. 그들은 우리가 '종잣돈'을 보내면 저주를 물리치고 부를 물려받을 것이며, 모든 신체적 질병에서 치유될 것이라고 말한다. 그냥 돈을 보내면 하나님은 하늘의 창을 열고 재정적, 육체적 축복의 풍성한 수확을 주실 것이라고 한다.

이 같은 거짓 예언자들은 하나님에게서 특별한 계시를 받았다고 주장한다. 이것이 바로 예레미야 시대에 거짓 예언자들이 하던 일이다.

여호와께서 내게 이르시되 선지자들이 내 이름으로 거짓 예언을 하도다. 나는 그들을 보내지 아니하였고 그들에게 명령하거나 이르지 아니하였거늘 그들이 거짓 계시와 점술과 헛된 것과 자기 마음의 거짓으로 너희에게 예언하는도다(렘 14:14).

5) 자기 기만!

사람들은 그들이 듣고 있던 것을 좋아했다. 그들은 전쟁도 기근도 없고 번영만 있을 것이라고 확신했다.
"악마가 우리의 정당한 것을 빼앗아 가지 않도록 하자.
우리는 우주의 하나님 여호와의 소유이며, 그에 따라 살게 해 주소서!"
그러나 하나님은 말씀하셨다.

내 이름으로 거짓을 예언하는 선지자들의 말에 내가 꿈을 꾸었다 꿈을 꾸었다고 말하는 것을 내가 들었노라. 거짓을 예언하는 선지자들이 언제까지 이 마음을 품겠느냐 그들은 그 마음의 간교한 것을 예언하느니라(렘 23:25-26).

주님이 이렇게 말씀하신 것도 당연하다.

만군의 여호와께서 이와 같이 말씀하시되 너희에게 예언하는 선지자들의 말을 듣지 말라 그들은 너희에게 헛된 것을 가르치나니 그들이 말한 묵시는 자기 마음으로 말미암은 것이요 여호와의 입에서 나온 것이 아니니라(렘 23:16).

6) 거짓 희망!

하나님을 말씀을 전하는 예레미야의 목소리를 들어 보자.

그들이 여호와를 인정하지 아니하며 말하기를 여호와께서는 계시지 아니하니 재앙이 우리에게 임하지 아니할 것이요 우리가 칼과 기근을 보지 아니할 것이며, 선지자들은 바람이라 말씀이 그들의 속에 있지 아니한즉 그같이 그들이 당하리라 하느니라(렘 5:12-13).

선지자들은 바람이 될 것이다!
바울은 우리가 우리 시대에도 그 같은 사기꾼들을 만나리라는 것을 알고 있었다.

그런 사람들은 거짓 사도요 속이는 일꾼이니 자기를 그리스도의 사도로 가장하는 자들이니라, 이것은 이상한 일이 아니라 사탄도 자기를 광명의 천사로 가장하나니, 그러므로 사탄의 일꾼들도 자기를 의의 일꾼으로 가장하는 것이 또한 대단한 일이 아니라 그들의 마지막은 그 행위대로 되리라(고후 11:13-15).

나는 거짓 예언자들에게 속아 넘어가는 사람들을 생각하면 가슴이 아프다. 가난한 사람들은 종종 자신에게 이렇게 말하곤 한다.
"만약 내가 믿음이 충분하다면, 이 전문가나 예언자와 같은 믿음을 가졌다면, 나는 그가 운전하는 차를 몰고 그가 입는 옷을 입을 수 있을 것이다."
이 가련한 사람들은 빈약한 자금을 보내지만, 그들이 약속한 횡재는 결코 보지 못할 것이다.
예레미야는 거짓 예언자들이 있는 그대로 노출되어야 한다고 우리에게 가르친다.

4. 성공 아닌 순종을 요구함

하나님은 예레미야가 성공했기 때문이 아니라 충실했기 때문에 기뻐하셨다. 그리고 하나님이 그의 역할을 위해 예레미야를 준비하셨듯이 하나님도 우리를 준비하셨다.

> 여호와의 말씀이 내게 임하니라 이르시되, 내가 너를 모태에 짓기 전에 너를 알았고 네가 배에서 나오기 전에 너를 성별하였고 너를 여러 나라의 선지자로 세웠노라 하시기로 (렘 1:4-5).

예레미야는 어머니의 태에서 부름을 받은 것이 아니라 어머니의 태에서 형성되기 전에 부름을 받았다. 그의 탄생과 부름의 시기는 선지자가 현장에 도착하기 오래전부터 하나님의 마음속에 있었다. 사실 하나님은 예레미야의 출생과 사명을 모두 영원 전에 계획하셨다.

그리고 하나님은 우리에 대해 같은 계획을 세우고 계신다. 우리는 예레미야와 정확히 같은 소명이 아닐지 모르지만, 하나님은 우리가 태어나기 전에 우리를 알고 계셨다. 우리는 또한 우리 역사의 시간에 그분을 대표하여 살도록 부름을 받았다. 우리는 이전 시대, 미래 시대에 태어날 수도 있었고, 아예 태어나지 않았을 수도 있었다. 우리가 지금 이 시대에 사는 이유가 있다. 예수님이 제자들에게, 또한 우리에게 이렇게 말씀하셨다.

> 너희가 나를 택한 것이 아니요 내가 너희를 택하여 세웠나니 이는 너희로 가서 열매를 맺게 하고 또 너희 열매가 항상 있게 하여 내 이름으로 아버지께 무엇을 구하든지 다 받게 하려 함이라 (요 15:16).

우리가 하나님의 부르심을 더 분명하게 들을수록, 우리는 영적 싸움에 더 많은 용기를 얻을 수 있을 것이다.

예레미야는 그가 기도하고 일했던 부흥을 보지 못했다. 하나님께 돌아가라는 그의 긴급한 요구는 대중이 아니라 몇몇 사람에게만 받아들여졌다. 우리 시대에는 전국적인 부흥을 위해 기도하는 많은 사람이 있다. 아직 보지 못했지만, 어쩌면 기도의 성취를 보게 될지도 모른다. 어느 쪽이든 우리는 충실을 기해야 한다. 이 책은 우리가 부흥을 기다리며 기도하는 동안에도 우리가 무엇을 해야 하는지에 관한 것이다. 우리의 소명에 대한 믿음이 우리의 가장 중요한 열정이 되어야 한다.

부르시는 하나님은 공급하시는 하나님이다. 하나님은 예레미야에게 그 시대의 문화에 반대하여 맞서는 데 필요한 모든 은사와 힘을 주셨고, 하늘에 계신 우리 아버지도 우리를 위해 똑같이 하셨다. 나이가 많든 적든, 기혼이든, 독신이든, 사별이든, 하나님은 우리가 이 시간에 그분을 위해 살 수 있도록 준비해 주셨다. 앞으로 살펴보겠지만, 우리는 큰 개인적 대가를 치르더라도 그리스도를 대표하는 특권을 누리며 두려움 없이 기쁨으로 살아야 한다. 하나님이 예레미야의 역할에 대해 어떻게 사전에 자격을 갖추게 하셨는지 읽어 보자.

> 그러므로 너는 네 허리를 동이고 일어나 내가 네게 명령한 바를 다 그들에게 말하라 그들 때문에 두려워하지 말라 네가 그들 앞에서 두려움을 당하지 않게 하리라 보라 내가 오늘 너를 그 온 땅과 유다 왕들과 그 지도자들과 그 제사장들과 그 땅 백성 앞에 견고한 성읍, 쇠기둥, 놋성벽이 되게 하였은즉 그들이 너를 치나 너를 이기지 못하리니 이는 내가 너와 함께 하여 너를 구원할 것임이니라 여호와의 말이니라(렘 1:17-19).

하나님은 언제 예레미야를 요새화하고 철 기둥과 청동 벽으로 만드셨는가?

이것은 예언이 아니다. 그것은 현실이었다. 예레미야는 승리를 거머쥐고, 반대를 이겨 내고, 그의 임무를 완수할 수 있는 자격을 갖추었다. 이사야처럼 그는 성공의 목록을 지적할 수 없었지만, 그런데도 그분의 부르심에 충실하며 죽었다.

예레미야의 하나님은 우리와 함께 걸으시고 그분의 약속에 충실하실 것이다. 그분은 어두운 시기에 우리와 함께하실 것이다. 우리는 우리 자신이 빛을 만들어 어둠 속을 비출 것으로 기대하지 않는다. 달은 스스로 빛을 내지 않으며 반사만 할 뿐이다.

5. 이 책의 목적

이 책의 제목은 『바벨론 교회를 바라보라!』(The Church in Babylon)이지만, 부제는 "어둠 속에서 빛이 되라"(Heeding the Call to Be a Light in the Darkness)는 것이다. 우리는 점점 더 적대적으로 변화하는 문화에 맞서 강하고, 용기 있고, 친절하고, 또한 기독교 신앙으로 예수 그리스도의 복음에 대한 증인으로서 타협하지 않기를 원한다. 바벨론의 이스라엘처럼, 우리의 도전은 문화에 의해 영적으로 파괴되지 않고 오히려 영향을 미치는 것이다.

간단히 말해서, 이 책의 목적은 세 가지 질문에 답하는 것이다.

첫째, 길을 잃은 나라, 하나님의 심판 아래 있는 것처럼 보이는 나라에서 신실함은 어떤 모습인가?

둘째, 우리가 경배하는 하나님을 대표하기 위해 교회로서 해야 할 일은 무엇인가?

다르게 말하면, 우리 주위로 다가오는 어둠과 그 때문에 오는 더 깊은 어둠에 대비하면서 그리스도께서 우리에게 어떤 지시를 내리실까?

셋째, 마지막으로 예수님은 계시록의 일곱 교회 중 다섯 교회에 회개하라고 말씀하셨다.

이것이 우리에게 보내는 그분의 메시지가 아닐까?
그분이 우리에게 회개하라고 하시는 것은 무엇인가?
우리는 어디에서 길을 잃었는가?

나는 기독교에 대한 전방위적 맹공격이 우리에게 다가옴에 따라 교회가 언론, 법원, 대학 또는 소위 복음주의 교회에 의지할 수 없을 때가 오고 있으며, 우리는 이미 거기에 있다고 믿는다. 우리는 다수의 기독교 세계 이후 소수자로서 우리 자신의 임무를 수행하는 법을 배워야만 한다. 우리는 문화에 오염되지 않고 그 문화에 참여하는 방법을 알아야만 한다.

바벨론에 있는 유다에 대한 하나님의 열정적인 초대가 오늘 우리에게 주어진다.

> 너는 가서 북을 향하여 이 말을 선포하여 이르라 여호와께서 이르시되 배역한 이스라엘아 돌아오라 나의 노한 얼굴을 너희에게로 향하지 아니하리라 나는 긍휼이 있는 자라 노를 한없이 품지 아니하느니라 여호와의 말씀이니라 너는 오직 네 죄를 자복하라 이는 네 하나님 여호와를 배반하고 네 길로 달려 이방인들에게로 나아가 모든 푸른 나무 아래로 가서 내 목소리를 듣지 아니하였음이라 여호와의 말씀이니라. 여호와의 말씀이니라 배역한 자식들아 돌아오라 나는 너희 남편임이라 내가 너희를 성읍에서 하나와 족속 중에서 둘을 택하여 너희를 시온으로 데려오겠고(렘 3:12-14).

주님은 첫사랑을 잃은 에베소 교회에 경고하셨다.

> 그러므로 어디서 떨어졌는지를 생각하고 회개하여 처음 행위를 가지라 만일 그리하지 아니하고 회개하지 아니하면 내가 네게 가서 네 촛대를 그 자리에서 옮기리라(계 2:5).

오늘 에베소를 방문하면 수세기 전에 촛대가 제거되었음을 알게 될 것이다. 레오나르드 라벤힐(Leonard Ravenhill)은 이렇게 말했다.

교회는 세상이 재생되기를 기다리고 있고, 세상은 교회가 회개하기를 기다리고 있다.[2]

회개하고 겸손한 교회는 미래를 두려워할 필요가 없다. 우리 사이를 걸으며 우리를 그의 오른손에 붙들고 계신 예수님은 우리에게 힘을 실어 주실 것이다.

> 이는 너희가 흠이 없고 순전하여 어그러지고 거스르는 세대 가운데서 하나님의 흠 없는 자녀로 세상에서 그들 가운데 빛들로 나타내며, 생명의 말씀을 밝혀 나의 달음질이 헛되지 아니하고 수고도 헛되지 아니함으로 그리스도의 날에 내가 자랑할 것이 있게 하려 함이라(빌 2:15).

우리의 오만과 독선 만이 우리의 소명을 완수하지 못하게 방해할 것이다. 앞서 언급했듯이, 우리의 빛은 달빛처럼 차용된 것이다. 오직 세상의 어둠이 우리를 쫓아내야 한다고 하는 시대에 우리 자신의 빛을 계속 태울 수 있다. 나는 아우구스티누스(Augustine)가 로마가 반달족에게 함락되었다는 말을 들었을 때, 그는 그 도시를 사랑했기 때문에 깊은 슬픔에 잠겼다고 읽었다. 그는 또한 그 죽음이 죄에 대한 심판이라고 믿었다.

사람이 무엇을 세우든, 사람은 그것을 파괴할 것이다. 하나님 나라를 건설하는 일에 착수하자.

인간이 무엇을 세우든, 인간은 파괴할 것이다. 그러니 하나님이 높이 평가하시고 그것을 위해 목숨을 주신 구주께서 힘을 주시는 교회를 건설하자.

---

[2] Leonard Ravenhill, quoted in Bryon Paulus and Bill Elliff, *OneCry: A Nationwide Call for Spiritual Awakening* (Chicago: Moody, 2014), 34.

또 내가 네게 이르노니 너는 베드로라 내가 이 반석 위에 내 교회를 세우리니 음부의 권세가 이기지 못하리라(마 16:18).

사람에게는 불가능해 보이는 것도 하나님은 가능하다.

제2장

도시의 빛, 하나님을 향한 마음
(적지에서 하나님 찾기)

교회는 마치 배가 바다에 있는 것처럼 세상에 있어야 한다. 그러나 물이 배 안으로 스며들기 시작하면 배는 곤경에 처하게 된다. 찬송가 〈나 같은 죄인 살리신〉(Amazing Grace)의 작가 존 뉴턴(John Newton)은 폭풍 속에서 침몰하는 배에 대해 뭔가를 알고 있었다. 그는 1748년 그가 타고 있던 배가 무서운 폭풍을 만났을 때 두려움에 압도되어 개종했다. 나중에 성공회 성직자로 성임된 후, 뉴턴은 교회 내 불화를 보고 다음과 같이 논평했다.

배가 새고, 반란이 일어나 승선하는 동료들을 분열시키면 현명한 사람이 이렇게 말하곤 했다.

> 우리 훌륭한 친구들, 우리가 싸우는 사이 배 안에 물이 점점 차오르고 있어. 토론을 멈추고 펌프로 가는 게 좋겠어.[1]

나는 이제 그리스도인들이 모여서 하찮은 일을 제쳐두고 펌프장에서 만날 때라고 믿는다!

---

1 John Newton, *The Works of John Newton: Volume 1* (Edinburgh: Banner of Truth Publications, 2015), 75.

바벨론에서 흘러온 많은 물이 우리 배에 스며들었다!

그리스도인들이 적절한 안전장치 없이 이교도 문화 속에서 살면 위험이 따른다. 문화는 우리를 집어삼킬 수 있다. 그러나 나는 예수님의 기도에서 발견되는 위임명령은 오늘날에도 여전히 적용된다고 믿는다.

> 내가 비옵는 것은 그들을 세상에서 데려가시기(구출하기)를 위함이 아니요 다만 악에 빠지지 않게 보전하시기를 위함이니이다 (요 17:15).

우리는 위험에도 불구하고 세상에서 자신을 고립시키기보다는 거룩한 증인이 되도록 요청받았다. 에드 스테처 목사는 이렇게 말했다.

> 왕의 일을 하려면 우리가 어떤 면에서는 세상 안에 살면서, 다른 면에서는 반역해야 한다. 하나님은 두 가지 다를 위해 우리를 부르셨다.[2]

우리가 세상에 사는 것은 전쟁에 참여하는 것과 같으며 전쟁에는 사상자가 발생한다.

유대인들은 그들의 땅과 성전을 잃었고, 그들의 종교, 땅, 문화를 위한 싸움에서 패했다. 게다가 그들은 훨씬 더 많은 것을 잃었다. 바벨론 사람들의 수호신 므로닥은 환호했다.

그러나 고난 가운데 겸손해진 이 징벌받은 유대인들은 하나님을 대표하도록 바벨론으로 불려 갔다!

우리는 하나님이 그들에게 무엇을 기대했는지 알면 놀랄 것이다.

유대인들은 예루살렘이라는 중요한 도시를 떠나 다른 영향력 있는 도시, 바벨론에서 살았다. 그들은 선택의 여지가 없었다. B.C. 605년 바벨론 군

---

[2] Ed Stetzer, *Subversive Kingdom—Living as Agents of Gospel Transformation* (Nashville: B&H, 2012), 220.

대가 휩쓸어 수천 명의 사람을 붙잡아 바벨론 포로로 데려갔다. 이 첫 번째 강제 이주에서 그들은 유다의 가장 영특한 최고의 인재들을 선택해 바벨론의 의제를 진전시키도록 했다. 그들 중에는 다니엘과 그의 친구들도 있었다.

그리고 약 8년 후 바벨론 사람들은 이스라엘로 다시 돌아왔고, 이번에는 남은 모든 사람 대부분을 사로잡아 강제로 이주시켰다. 솔로몬이 지은 아름답고 값비싼 성전은 완전히 철거되었고, 예레미야는 그곳에서 모든 것을 목격해야 했다. 그는 울어야 할 충분 이유가 있었다.

일부 유대인들은 예루살렘이 포위되었을 때 죽었고, 다른 유대인들은 기아로 죽었다. 아이들은 영양실조에 시달렸고, 아기들은 모유 부족으로 굶주렸다. 살아남아 바벨론으로 끌려간 사람 중에는 위험한 여행 중 죽은 친척들도 있었다. 마침내 살아남은 사람들은 예루살렘에서 800마일 떨어진 현대 도시 바그다드에서 약 60마일 떨어진 바벨론에 정착했다.

예레미야는 그의 고통에 대한 개인적 심경을 이렇게 기록했다.

> 내 눈이 눈물에 상하며 내 창자가 끊어지며 내 간이 땅에 쏟아졌으니 이는 딸 내 백성이 패망하여 어린 자녀와 젖 먹는 아이들이 성읍 길거리에 기절함이로다(애가 2:11).

1. 건물이 아닌 마음

오늘 이스라엘을 방문해서 솔로몬의 성전을 둘러볼 수 있다면 정말 멋지지 않을까? 바벨론 사람들이나 군대가 파괴하지 않았다면 이 강력한 구조는 여전히 서 있을 것이다. 하나님의 영광을 간직하고 있었지만, 하나님은 이 위대한 성전이 잔혹한 이교도 병사들에 의해 온전히 드러나도록 기꺼이 허락하셨다. 그분의 백성들을 겸손하게 만들고 회개로 이끄는 데 필요한 것이라면 그럴 만한 가치가 있었다.

수세기 후 헤롯왕의 지시로 두 번째 거대한 석조 성전 단지가 지어졌다. B.C. 20년경에 시작되어 서기 64년에 완공된 이 성전은 예수님이 방문하신 곳이다. 그러나 예수님은 감람산에 앉으셔서 이 성전도 멸망될 것이라고 예언하셨다.

> 대답하여 이르시되 너희가 이 모든 것을 보지 못하느냐 내가 진실로 너희에게 이르노니 돌 하나도 돌 위에 남지 않고 다 무너뜨려지리라 (마 24:2).

성전이 완공된 지 불과 6년 후인 A.D. 70년에 로마인들이 와서 성전 돌들을 하나하나 부숴뜨렸다. 군대가 그것을 파괴하지 않았다면 그것은 오늘날에도 서 있을 것이다. 사실상 하나님은 다시 말씀하신다.

> 너희의 마음이 없다면 너희의 아름다운 예배당은 내게 아무 의미가 없다!

워싱턴 디시를 생각해 보라. 거의 모든 정부 건물에 성경과 유대-기독교 세계관을 존중하는 사람들이 미국을 설립했기 때문에 성경 구절이 새겨져 있다. 물론 오늘날 이런 성경적 언급은 우리의 나라의 종교적 뿌리를 깨끗이 제거하고 싶어 하는 세속주의자들에게 당혹스러운 일이다.

더 중요한 것은, 우리 교회 건물은 하나님께 예배하고 교우들과 만나는 장소로는 유용하지만 하나님께는 거의 중요하지 않다는 것이다. 그는 다른 곳을 보신다.

> 여호와의 눈은 온 땅을 두루 감찰하사 전심으로 자기에게 향하는 자들을 위하여 능력을 베푸시나니 이 일은 왕이 망령되이 행하였은즉 이 후부터는 왕에게 전쟁이 있으리이다 하매 (대하 16:9).

에드 스테처가 설명한 것처럼 교회는 건물이 아니다.

> 많은 그리스도인이 하나님의 왕국에 관해 조금이라도 믿는다면, 그것을 거의 성처럼 보이게 하는 높이 솟은 첨탑이 있는 교회 자체로 생각한다. 그러나 교회는 하나님의 왕국 일에 분명히 불가분의 관계에 있지만, 하나님의 왕국 자체는 교회 건물과 같은 방식으로 나타나지 않는다. 평범한 눈으로는 볼 수 없다.[3]

우리 교회 건물에 대해 하나님께 감사드린다. 그러나 우리 마음이 그리스도의 참된 거처라는 사실을 절대 잊지 말자. 하나님은 손으로 지은 성전이 아니라 그분의 백성 가운데 거하신다. 그렇다. 성전은 유대인 생활에서 매우 중요했지만, 바벨론에서 하나님은 그분의 임재가 있는 곳이 항상 참된 성전이 될 것이라고 말씀하셨다. 하나님은 적지에서 그들을 만나실 것이다.

2. 바벨론 도착

바벨론에 도착한 유대인들을 상상해 보라. 예루살렘에 있는 가족들은 다시는 그 친척들을 볼 수 없다는 것을 알고 있었다. 그들의 집과 소지품은 영원히 사라졌다. 바벨론에서는 아마도 집이나 임시 시설에서 함께 모였을 것이다. 종교적으로, 경제적으로, 감정적으로 궁핍한 유대인들은 생소한 새로운 환경으로 들어갔다.

요약하자면, 바벨론에서 유대인들은 자신의 땅, 왕, 성전이라는 세 가지 정체성의 상징을 잃었다.[4] 그들이 도착하자마자 그들은 바벨론 신들에

---

[3] Ed Stetzer, *Subversive Kingdom—Living as Agents of Gospel Transformation* (Nashville: B&H, 2012), 12.

[4] Lee Beach, *The Church in Exile—Living in Hope After Christendom* (Downers Grove, IL:

게 둘러싸여 있었다. 다산의 여신, 성스러운 매춘부, 성적 자유의 여신 이스타르가 있었다. 그리고 태양, 농업, 천둥의 신인 바알이 있었다. 이 이방 신들은 십계명을 전혀 몰랐다. 이 비인격적인 신들은 모든 형태의 성적 변태에 관대했으며, 따라서 바벨론 사람들의 생활방식을 용인했다.

유대인들은 이제 바벨론 사람들을 섬겨야 했다. 그들은 새로운 언어를 배우고, 생계를 유지하고, 음식을 사야 하며, 가능한 한 이웃과 평화롭게 지내야 했다. 그리고 하나님은 그들이 하나님을 존중하는 생활방식과 개인적 거룩함을 유지하기를 기대하셨다.

1) 같은 나라, 다른 문화

유대인들과 달리 우리의 국가는 바뀌지 않았다. 그러나 그리스도인들의 눈에는 특히 지난 수십 년 동안 우리 문화의 핵심 가치가 급격히 바뀐 것 같다.

일반적으로 미국은 대부분 그리스도인으로 확인된 유럽인에 의해 건국되었다. 로버트 P. 존스(Robert P. Jones)는 그의 저서 『백인 기독교 미국의 종말』(The End of White Christian America)에서 우리 선조들이 우리의 법을 썼고, 우리의 정치 구조를 구축하고, 우리나라를 형성하는 데 도움이 되는 핵심 가치를 확립했다고 설명한다. 프랜시스 쉐퍼는 이것을 "유대교와 기독교의 합의"라고 말했다. 존스는 미국 역사에서 이 "탁월한 문화적 힘"이 원래 "공유된 미학, 역사적 틀, 도덕적 어휘"를 제공했지만 백인 기독교 미국(White Christian America)은 사망했다고 설명한다.[5]

오늘날 많은 그리스도인에게 이 나라는 불과 몇 세대 전과는 다르게 보인다. 우리는 통합과 인종 평등에 관한 진보에 박수를 보내지만, 다른 변

InverVarsity, 2015), 53.

5 Robert P. Jones, *The End of White Christian America* (New York: Simon and Schuster, 2016), 1–2.

화들은 골치 아픈 일이다. 존스는 이렇게 말한다.

> 백인 기독교 미국의 부고로 책을 시작하며, 이 그룹의 '종말'의 원인은 '환경적 요인과 내부적 요인'의 결합으로 결정되었다. 이는 젊은 회원들의 많은 수가 증가하면서 종교적 불만과 함께 국가의 주요 인구 통계학적 변화에서 비롯된 합병증이다. 이는 '여성기독교협회'(Women's Christian Association)에 젊은 회원들의 수가 증가하면서 종교에서 탈퇴, 변화하는 문화 환경에서 그들의 지속적인 연관성을 의심하는 것이다.[6]

이 집단의 신뢰도는 20세기의 마지막 수십 년 동안 당파 정치에 빠져들었을 때 손상되었다. 그는 또한 이렇게 말했다.

> 생애 말기에 백인 기독교 미국은 LGBT(레즈비언, 게이, 양성애자, 성전환자) 권리와 같은 문제를 적절하게 해결하기 위해 고군분투했다. 이 권리는 젊은 회원뿐만 아니라 전체적으로 젊은 미국인에게 특히 중요했다.[7]

그러나 나는 "백인 미국"의 죽음에 대해 걱정하지 않는다. 우리의 인종적 다양성은 힘이며, 그것은 교회들에 천국의 다양성을 보여 줄 기회를 제공한다(계 5:9-10). 아직 갈 길이 멀지만, 교회는 다문화주의, 인종적 화해, 난민들에게 점점 더 의도적으로 접근하고 있다.

내가 걱정하는 것은 '미국 그리스도인'의 죽음이다. 미국을 설립한 많은 성경적 가치는 이제는 우리의 법이나 삶을 형성하는 데 허용되지 않는다. 좀 더 구체적인 방법으로 그리스도인들은 바벨론의 유대인들과 동일시 할 수 있다. 대신 우리의 문화는 종교적 분열, 교회에 대한 광범위한 불만, 성

---

6   Jones, *The End of White Christian America*, 1.
7   Jones, *The End of White Christian America*, 3.

적인 태도 변화, 도덕적 및 영적 상대주의에 따라 형성되고 있다. 여기에 우리 정당의 '정치적 올바름'과 '종교'가 어리석은 행동을 추가함으로써 그리스도인의 눈에 미국이 매일 다르게 보이는 것은 당연하다.

그러나 우리는 세속화된 텔레비전의 가치, 쾌락주의, 동성애의 권력과 영향력, 종교적 적대감, 인종적 증오, 정치적 논쟁, 개인의 권리 고양의 가치를 고수하는 이 더 큰 문화 안에서 목격하도록 부름을 받았다. 무디교회 근처를 걸을 때 어떤 남자의 티셔츠에 새겨진 단어는 그 가치관을 완벽하게 표현했다.

> 그냥 나를 숭배하라.
> 그러면 우리는 서로 잘 지낼 것이다!

복음주의자로서 우리는 끊임없이 변화하는 미국에 의해 널리 받아들여진 문화적 흐름과는 맞지 않는 소수자임을 알게 되는 경우가 너무 많다. 복음주의 가정과 교회에서 자란 많은 아이가 더욱 자유로운 정치적 의제와 함께 더욱 포괄적인 신학을 선택하고 있으므로 미래 예측이 쉽다. 어떤 사람들은 동의하지 않겠지만, 나는 존 디커슨(John Dickerson) 연구원이 말한 "교회의 회원과 자금 그리고 영향력이 감소하고 있다"라는 말이 옳다고 본다.[8] 그렇다면 우리 앞에 놓인 문제는 다음과 같다.

우리는 종종 우리의 가치와 기독교적 헌신을 경멸하는 문화에서 믿음을 어떻게 공유할 것인가?

바벨론 사람들의 손에 맡겨진 유대인들은 어떻게 정체성을 유지하고 하나님께 예배를 계속할 수 있었을까?

유대인들은 자신들이 바벨론 문화에 영향을 미칠 가능성은 거의 없지만, 바벨론 사람들이 그들에게 영향을 미칠 가능성이 훨씬 더 크다는 것을 우

---

[8] John S. Dickerson, *The Great Evangelical Recession* (Grand Rapids: Baker, 2013), 22ff.

려했을 것이다.

유대인들은 살아남았고 우리도 살아남을 수 있지만, 쉽지 않을 것이고 위험도 클 것이다. 러셀 무어(Russell Moore)는 이렇게 말했다.

> 우리의 부름은 이웃과 친구, 시민으로서의 소명에서 벗어나지 않으면서도 복음의 특색을 보존하는 그리스도인, 즉 '연계된 소외'다.[9]

포획자들의 생각에 유대인들은 자신들을 변호해 줄 수 없다고 증명된 나약한 하나님을 믿고 있었다. 바벨론 사람들 마음속에 여호와는 그들의 주요 신 므로닥에게 졌다.

만약 누군가 당신의 하나님을 패배자로 간주한다면 당신은 어떤 느낌일까?

바벨론 사람들은 여호와의 빛이 어둠이라고 믿었다.

3. 유대인들이 직면한 선택

예레미야애가에 따르면 유대인들은 '환란과 핍박'의 대상이 되었다(애 1:3). 낙담, 절망, 우울증이 흔했다.

그들은 어떻게 반응했을까?

1) 고립

유대인들의 첫 번째 선택은 바벨론 문화에서 자신을 철저하게 고립시키

---

9   Russell Moore, *Onward: Engaging the Culture without Losing the Gospel* (Nashville: B&H, 2015), 8.

고 그들의 포획자들을 비난하는 것이었다.

누가 그들을 비난할 수 있겠는가?

그들의 분노는 그들과 그들의 가족이 이 무자비한 살인자들에게 가혹하게 당했기 때문에 정당화될 것이다.

바벨론 병사들은 유대인 아기들을 바위에 던지고, 여자들을 강간하며, 사람들을 사슬로 묶기를 좋아했다. 설상가상으로 포획자들은 실향민 유대인들에게 시온의 노래를 부르게 했고, 그들을 조롱했다.

유대인들이 이 공격적인 요청에 대해 어떻게 느꼈는지 읽어 보자.

> 우리가 바벨론의 여러 강변 거기에 앉아서
>
> 시온을 기억하며 울었도다
>
> 그 중의 버드나무에 우리가
>
> 우리의 수금을 걸었나니
>
> 이는 우리를 사로잡은 자가 거기서
>
> 우리에게 노래를 청하며
>
> 우리를 황폐하게 한 자가 기쁨을 청하고
>
> 자기들을 위하여 시온의 노래 중 하나를 노래하라 함이로다
>
> 우리가 이방 땅에서
>
> 어찌 여호와의 노래를 부를까
>
> 예루살렘아 내가 너를 잊을진대
>
> 내 오른손이 그의 재주를 잊을지로다
>
> 내가 예루살렘을 기억하지 아니하거나
>
> 내가 가장 즐거워하는 것보다 더 즐거워하지 아니할진대
>
> 내 혀가 내 입천장에 붙을지로다(시 137:1-6).

난민들의 절망과 분노를 반영한 이 시편 기자는 여기서 끝내지 않는다. 그는 사로잡힌 자들의 악에 대해 갚을 수 있기를 기도한다.

> 멸망할 딸 바벨론아 네가 우리에게 행한 대로 네게 갚는 자가 복이 있으리라 네 어린 것들을 바위에 메어치는 자는 복이 있으로다(시 137:8-9).

당신에게는 그저 이렇게 들릴 것이다.
"당신들은 우리 아기들을 바위에 던졌고, 우리는 당신들에게 갚을 날을 갈망한다!"

그런 태도로 일부 유대인들은 생존에 필수적인 것을 제외하고는 모든 사회적 참여에서 물러났다. 그들은 개인적으로, 집에서 그리고 마음속으로 신앙을 유지했다. 그들은 바벨론 신들에 대해 아무 말도 하지 않았다. 그들은 자신의 신앙에 대해 침묵했다. 그들은 너무 부끄럽고 화가 났기 때문에 '패배한 하나님' 여호와께 헌신할 수 없었다. 그들은 하나님이 어떻게 그들의 조상들을 애굽에서 인도해 내시고 그들에게 가나안 땅을 주셨는지에 대해 침묵할 수밖에 없었다. 만약 그들이 말을 한다면 자비 없는 심판을 설교할 것이다.

우리 문화의 일부 그리스도인들은 손가락을 흔들면서 죄인에게 파멸을 선포한다. 그들은 '자기 나라를 강탈한' 사람들, 즉 학교에서 가르치는 자유주의, 폭력과 성적 타락으로 가득 찬 미디어 그리고 우리의 신앙 전통과 가치를 훼손하는 입법을 지속해서 추진하는 정치인들에게 분노한다.

그렇다, 우리의 문화가 파괴되는 것을 볼 때 '의로운 분노'를 가질 수 있지만, 우리의 분노가 우리 기독교 증언에 부어지면 세상이 이미 우리에 대해 가지고 있는 부정적인 고정 관념을 부추기게 된다. 그렇다. 우리는 세상의 죄를 폭로하라는 부름을 받았지만, 구원과 겸손과 연민으로 그렇게 해야 한다. 용기를 가지고 눈물로.

분노와 책망은 아무것도 바꾸지 못한다. 사실, 그것은 우리 좌파 친구들을 그리스도인에 대한 증오심에 더욱 깊이 빠져들게 한다. 더욱이 이런 행동은 우리 주님이 보여 주신 것과 다르다.

> 욕을 당하시되 맞대어 욕하지 아니하시고 고난을 당하시되 위협하지 아니하시고 오직 공의로 심판하시는 이에게 부탁하시며(벧전 2:23).

분노, 복수, 보복은 주님의 방식이 아니다. 이 책의 뒷부분에서 살펴보겠지만, 그렇다고 침묵도 비겁함도 주님의 방식은 아니다.

2) 동화

첫 번째 옵션이 고립이었다면 두 번째 선택은 동화였다. 즉, 일부 유대인들은 문화의 흐름에 따라 표류하며 파도를 일으키지 않고 주변 사람들과 구별되지 않는 삶을 살았다.

영적 동화는 항상 저항이 가장 낮은 길이다. 그것은 가장 자연스럽고 비겁한 삶의 방식이다. 그것은 우리가 사랑한다고 말하는 하나님의 방향으로 고개만 끄덕이면서, 세상이 제공하는 모든 것을 얻는 우리의 자연스러운 경향을 이용하도록 허용한다.

4. 하나님에게서 온 말씀

하나님은 우리에게 세 번째 옵션을 주셨다. 이것은 '오염 없는 침투'라고 부를 수 있다. 예레미야는 예루살렘에 머물렀지만, 하나님의 계시는 그치지 않았다. 예레미야는 유배자들이 바벨론에서 어떻게 처신해야 하는지에 대한 하나님의 말씀을 듣자마자 난민들에게 하나님의 지시를 전했다. 그들은 하나님이 우리를 위해 준비되지 않은 미래로 그들을 인도하지 않으시리라는 것을 알게 될 것이다.

하나님이 이 유대인들을 바벨론으로 보내셨다고 말씀하셨다(렘 29:7, 20). 이것에 대해 생각해 보라.

유대인들은 자신들의 타락에 대한 심판으로 바벨론으로 보내졌지만, 이제 그곳에서 살면서, 그들은 자신들의 고난을 이용, 악한 바벨론 백성들에게 하나님의 은혜의 증인들이 되어야 했다! 그들은 자신들을 하나님이 그곳에 보내신 하나님의 대사로 보아야 했다.

용기를 내라. 비록 수적 우세에도 불구하고, 우리 문화에서 소외당하는 수치를 경험했지만, 교회는 여전히 그리스도를 대표하도록 세상으로 보내졌다.

우리는 이 불운한 행성이 가진 최고의 희망의 증인이다!

우리 교회는 그리스도가 우리를 세상에 보냈다고 믿지 않으면 결코 효과적이지 않을 것이다.

주님은 다음과 같이 기도하셨다!

> 아버지께서 나를 세상에 보내신 것 같이 나도 그들을 세상에 보내었고(요 17:18).

우리는 끊임없이 변화하는 문화에 순응하지 않는 순례자이지만, 교회의 머리이신 예수 그리스도에 의해 보내졌다. 교회는 현재의 도덕적 붕괴와 완전한 혼란 가운데 마지막 보루이다.

낯선 나라에 있을 때 우리는 무엇을 해야 할까?

하나님은 이교도 문화에서 살아가는 방법을 알도록 다섯 가지 지침을 주셨다.

> 만군의 여호와 이스라엘의 하나님께서 예루살렘에서 바벨론으로 사로잡혀 가게 한 모든 포로에게 이와같이 말씀하시니라 너희는 집을 짓고 거기에 살며 텃밭을 만들고 그 열매를 먹으라 아내를 맞이하여 자녀를 낳으며 너희 아들이 아내를 맞이하며 너희 딸이 남편을 맞아 그들로 자녀를 낳게 하여 너희가 거기에서 번성하고 줄어들지 아니하게 하라 너희는 내가 사로잡혀 가게 한 그 성읍의 평안을 구하고 그를 위하여 여호와께 기도하라 이는 그 성읍이 평안함으로 너희도 평안할 것임이라 만군의 여호와 이스라엘의 하나님께

서 이와 같이 말하노라 너희 중에 있는 선지자들에게와 점쟁이에게 미혹되지 말며 너희가 꾼 꿈도 곧이 듣고 믿지 말라(렘 29:4-8).

1) 바벨론에 정착하라

집을 짓고 이웃들과 연결하라!
너희는 70년 동안 그 땅에 있을 것이기 때문에 텐트에서 살지 마라!
이 지침에는 "너희는 포획자의 언어를 배워라"가 함축되어 있다!
예언대로, 거짓 예언자들이 나타났다. 그들은 거의 800마일 여정에서 살아남았다. 그리고 그들은 거짓 메시지를 가지고 있어서, 그들의 체류가 매우 짧을 것이라고 확신했다. 요약하면 이렇다.

> 하나님이 우리를 여기에서 빨리 구원해 주실 것이다. 하나님은 우리가 이교도들과 함께 있는 것을 잠시도 허락하지 않을 것이다(렘 28:12-17; 29:29-32 참조).

다시 한번 거짓 선생들이 사람들의 상처를 너무 가볍게 치유하고 있었다. 그러나 하나님은 너희가 생각하는 것만큼 쉽게 벗어나지 못한다고 말씀하셨다.

> 싸구려 약속을 받아들이지 마라. 그것은 어려울 것이다. 거기에 임시변통은 없을 것이므로 농작물을 심고 집 짓기를 바란다.

나는 "미국을 회복하는 방법"이라는 주제의 회의에서 연설 요청을 받았다.
다시 말해서, 우리는 어떻게 동성 결혼, 낙태권, 공립학교들의 아동 세뇌를 되돌리고 헌법을 존중하는 판사를 세울 수 있는가?

나는 빠른 해결책이 없다고 말하면서 시작했다. 우리는 원래의 가치와 향수를 불러일으키는 '좋은 옛날'로 돌아가지 못할 수도 있다. 우리의 임무는 유대-기독교 합의의 침식을 회복할 수 없더라도 충실하게 행하는 것이다. 우리는 복음과 그 의미를 위한 긴 싸움에 적응해야 한다. 변화는 한 번에 한 사람씩 그리고 한 가족, 하나의 공동체에서 일어난다. 쉬운 일이 아니다.

하나님은 우리에게 장기적인 관점을 취하라고 말씀하신다. 오늘날 우리의 과제는 이 나라 사람들과의 통합에 타협하지 않고, 우리가 세상에 흡수되지 않도록 안전장치를 세우고 유지하는 것이다. 우리는 인간의 욕구를 갈고 닦으라는 부름 그리고 혼란스럽고 중독된 세상에서 사는 위험을 피해 멀리 떨어진 안전하게 울타리로 둘러싸인 노스다코타(North Dakota) 언덕에 정착하라는 부름을 받지 않았다. 예수님은 위험한 세상에 살기 위해 오셨고 우리는 그분의 모범을 따라야 한다.

하나님은 우리에게 성공하라고 부르신 것이 아니라 순종하라고 부르셨다는 것을 기억해야 한다.

바벨론에 있을 때 강한 가족을 만들어라.

오직 강한 가정만이 바벨론의 문화적 폭풍을 견딜 수 있다.

> 아내를 맞이하여 자녀를 낳으며 너희 아들이 아내를 맞이하며 너희 딸이 남편을 맞아 그들로 자녀를 낳게 하여 너희가 거기에서 번성하고 줄어들지 아니하게 하라(렘 29:6).

한 설교자는 이렇게 말했다.

"하나님은 젊은 여성들이 젊은 남성들을 만날 수 있도록 싱글 파티를 열어 주시고, 너희는 결혼하고 가족을 갖게 될 것이라고 말씀하셨다."

이교도 환경에서 어떻게 아이들을 키울 수 있을까?

유대교에는 가정을 책임지는 강한 아버지들이 있었다. 아버지는 유월절 의식에서 가족을 이끌었다. 아버지는 자녀들에게 하나님의 말씀을 가르치는 임무를 맡았다. 그리고 하나님은 그분의 말씀에 근거한 강한 아버지들과 함께 이 가족들이 이교도 환경에서 살아남을 수 있다는 것을 알고 계셨다.

강한 가족이 있다면 하나님은 미래를 위한 씨앗을 가지실 것이며(구약 시대에 이해된 바와 같이) 그분의 복음 메시지는 번성할 것이다. 하나님은 미래 세대가 고향으로 돌아가 그분의 일을 계속할 자녀들이 필요하셨다. 그래서 하나님은 "이교도 문화 속에 가족을 두라"라고 하셨다. 고맙게도 그들의 자녀들은 아마도 바벨론 학교에 다닐 필요가 없었을 것이다. 그러나 나는 아이들이 거리에서 들은 것이 그들을 오염시켰을 것이라고 상상할 수 있다.

미국에서는 많은 공립학교가 아이들에게 바벨론의 가치를 가르치고, 그들을 혼란스럽게 하고, 부모와 교회가 심어 준 도덕과 신념에 의문을 제기하게 만드는 데 성공할 수 있다. 나는 오늘의 부모들은 자녀들에게 초등학생 때부터 성에 대한 불경건한 견해를 점점 더 강요하는 공립학교 교육에 대한 출구 전략이 필요하다는 신학자 리차드 알버트 몰러 주니어(Richard Albert Mohler Jr.)의 의견에 동의한다.[10]

일부 가정에서는 재택 교육이나 신앙에 기반을 둔 사립학교와 같은 대안 교육은 실행 가능한 선택이 아니다. 그러나 자녀가 다니는 학교와 관계없이, 부모(특히 아버지)는 자녀 교육에 대해 하나님이 부여한 책임을 다해야 한다. 부모들은 만약 자녀들이 세속적인 교사들에 의해 세뇌되고 있다면 개입해야 한다. 어떤 대가를 치르더라도, 부모들은 학교가 그들의 아이들을 성적으로 만드는 것을 허용해서는 안 된다.

가족에 초점을 맞춘 교육 분석가 칸디 쿠쉬만(Candi Cushman)은 "전통적인 공립학교에 다니는 아이들을 가진 부모들의 한 가지 선택은 적극적이

---

[10] Al Mohler Jr., *Culture Shift—The Battle for the Moral Heart of America* (Colorado Springs: Multnomah, 2008), 53.

어야 한다"라고 말했다. 예를 들어, 학부모들은 교과과정이나 수업계획의 열람을 요청할 수 있다. 또한, 부모를 위한 '권리장전'은 엄마와 아빠가 자녀를 위한 '효과적인 옹호자'가 되도록 돕는 귀중한 자원을 제공한다.[11]

달라스에 있는 오크 클리프 바이블 펠로우쉽(Oak Cliff Bible Fellowship)의 목사인 내 친구 토니 에반스(Tony Evans)는 아이들이 학교에서 집으로 돌아오면, 그와 그의 아내 로이스가 학교에서 무슨 일이 일어났는지, 무엇을 배웠는지, 어떤 가치관이 전달되었는지를 물어보며 시간을 보내고 '재교육'을 했다고 말했다. 그런 다음 그들은 가족의 기독교 세계관에 비추어 부정확성을 바로잡고 명확하게 가르쳤다.

바벨론에서도 똑같은 모습을 상상할 수 있다. 자녀들이 거리에서 놀거나 시장에서 집으로 돌아왔을 때, 아버지는 하루 동안 듣고 본 것에 관해 물어본 다음 이교도 문화의 거짓말을 인식하는 방법에 대해 가르치고, 왜 그들의 충성이 항상 여호와의 것이어야 하는지 강조했을 것이다.

하나님은 기본적으로 아버지들에게 말씀하셨다.

> 내가 대가족을 너에게 맡길 것이며, 너희는 비록 제사할 성전과 희생의 제사는 없지만 나는 너희와 함께할 것이다. 그리고 네가 나를 고수하고 내 얼굴을 찾으면 하나님의 영광을 위해 자녀를 양육하는 데 필요한 지혜를 주겠다.

혼란스러운 세상에서 가족을 양육하는 열쇠는 항상 하나님께 양육의 지혜를 구하는 것이다. 이교도 문화 속에서 가정의 성장과 번영을 돕지 않는 교회들은 모든 사회 제도 중에서 가장 중요한 것을 강화해야 한다는, 하나님이 부여하신 책임에서 실패하고 있다. 우리는 이혼한 사람들, 미혼 부모, 임신한 십 대 그리고 노숙자 등 모든 종류의 가족을 도와야 한다. 우리 가

---

11 Jim Daly, "Education Options for Christian Families", *DalyFocus* (blog), April 13, 2016, http://jimdaly.focusonthefamily.com/educational-options-christian-families/.

족의 해체는 사회 전체의 붕괴를 의미한다. 우리는 희생적인 가르침과 동정심을 가지고 다른 사람들과 함께 걷도록 부름을 받았다.

문화를 되찾기 위한 빠른 해결책은 없다. 한 번에 한 가정이다.

2) 바벨론 도시 생활 참여

좋은 이웃이 되어라.

> 너희는 내가 사로잡혀 가게 한 그 성읍의 평안을 구하고 그를 위하여 여호와께 기도하라 이는 그 성읍이 평안함으로 너희도 평안할 것임이라(렘 29:7).

샬롬이라는 단어는 종종 '복지'나 '평화'로 번역되지만, 실제로는 더 큰 의미를 지닌다. 평화가 무엇인지에 대한 전체론적 관점이다. 그것은 번영, 온전함, 축복 또는 호의를 가리킬 수 있다. 하나님이 오늘 시카고에 사는 우리에게 이렇게 말씀하실 것이다.

"종이 되어라. 길에 쌓인 눈을 삽으로 치워라!

환대를 보여 줘라. 관계를 구축하라. 세금을 내라."

시카고의 일부 성도들에게 하나님은 "시의회 의원이 되거나, 가난한 사람들을 위한 식품 저장실을 만들어라."

우리는 도시에 투자해야 한다.

왜냐하면, "그 평화를 통해 당신의 평화를 찾을 것"이기 때문이다.

밀물이 들어오면 모든 배가 뜬다. 그러므로 당신이 도시를 축복하겠다는 결의와 의로 도시에 스며들 때 축복이 다시 임할 것이다. 여러분 자신의 복지가 시의 복지와 연결될 것이다.

3) 바벨론에 사는 동안 기도!

거짓 신을 숭배하는 이웃을 위해 기도하라.

> 너희는 내가 사로잡혀 가게 한 그 성읍의 평안을 구하고 그를 위하여 여호와께 기도하라 이는 그 성읍이 평안함으로 너희도 평안할 것임이라(렘 29:7).

이것은 이스라엘 백성들에게 충격이었을 것이다.

하나님은 진심이신가?
잔혹한 군인들이 가족을 파괴하고 부모와 친척들을 죽인 이 나라를 위해, 바벨론을 위해 정말 기도해야 하는가?
우리나라를 강탈한 사람들을 위해 기도하라고?
그들의 안녕을 위해 기도하라고?
그들이 평화를 위해 기도하라고?

고통 덕분에 이 유대인들은 마음에서 독선이 뽑히고, 하나님이 그들의 잔인한 적들에게 축복을 내리시도록 기도할 준비가 되어 있었다. 절망은 성공과 번영이 결코 이룰 수 없는 일을 할 것이다. 시카고는 폭력 도시로 알려져 있는데, 그 도시는 살인율이 내려가지 않을 것이다. 사실, 우리가 뉴스에서 듣는 것은 우리 도시나 가정에서 일어나는 모든 학대, 마약 중독, 알코올 중독을 반영하지도 않은 빙산의 일각이다.

많은 교회가 "시카고를 위해 기도하라"라는 단체에 참가한다. 다양한 교회의 수십 명의 회원이 한 해에 적어도 세 번은 모여 우리를 대신하고 시카고를 대신하여 하나님을 찾고 그들의 필요를 대신한다. 우리는 종종 그 도시 77개 지역의 이웃을 위해 기도한다. 우리는 경제적으로나 인종적으로 도시를 위해 기도하지만, 주로 도시의 큰 영적 필요를 위해 기도한다. 우리는 도시의 평화를 위해 기도한다. 일부 회의론자들은 하나님이 우리의 기도에 응답하지 않는 것 같다고 지적한다.

그러나 우리는 시카고의 평화를 위해 계속 기도하고 있다. 우리가 전혀 기도하지 않았다면 얼마나 더 나빠졌을지 모른다. 지역 사회 활동과 봉사 활동에서 도시의 복음화를 믿는 교회를 하나로 묶는 조치가 취해지고 있다. 우리는 왕들과 우리에 대한 권위를 가진 사람들을 위해 기도해야 한다. 시장, 노인 그리고 물론 우리의 국가 지도자들을 위해 기도해야 한다. 진정한 평화는 그리스도의 복음을 통해서만 이뤄진다.

하나님은 유대인들에게 말씀하셨다.

> 바벨론을 위해 기도하라. 지도자들을 위해 기도하고, 심지어 적들을 위해 기도하라.

4) 하나님 약속을 기억하라

낙관적으로 되어라.

> 여호와께서 이와 같이 말씀하시니라 바벨론에서 칠십 년이 차면 내가 너희를 돌보고 나의 선한 말을 너희에게 성취하여 너희를 이곳으로 돌아오게 하리라 여호와의 말씀이니라 너희를 향한 나의 생각을 내가 아나니 평안이요 재앙이 아니니라 너희에게 미래와 희망을 주는 것이니라. 너희가 내게 부르짖으며 내게 와서 기도하면 내가 너희들의 기도를 들을 것이요. 너희가 온 마음으로 나를 구하면 나를 찾을 것이요 나를 만나리라 (렘 29:10-13).

이것은 당신의 집에 교패나 달겠다는 약속이 아니다. 이 말씀의 맥락에서 그것은 이스라엘의 미래에 대한 구체적인 언급이다. 하나님은 "70년 후에 내가 너희에게 오고 너희는 예루살렘으로 돌아갈 것이며 나는 너희에게 미래와 희망을 약속한다"라고 말씀하고 계신다.

잠시 생각해 보자. 당신이 바벨론에서 40세라고 가정해 보자. 당신은 800마일의 힘든 여정에서 살아남았고, 믿음을 잃지 않고 바벨론 문화에서 살기 위해 최선을 다했다. 이제 70년 후에 예루살렘으로 돌아갈 수 있다는 말을 듣는다. "그 약속은 감사하지만 나는 여기서 죽을 것이다"라고 생각할 것이다. 그리고 물론, 당신은 바벨론에서 죽을 것이고 가족 대부분과 친척들도 죽을 것이다.

앞으로 건너뛰어 보자.

바벨론에서 부모가 죽은 후 그 1세대의 자녀들이 귀환했지만, 그동안 그들은 히브리어를 구사할 능력을 잃었다. 그들은 바벨론의 언어 아카디아어를 사용하고 있었다. 이 때문에 70년 후 그들이 돌아왔을 때, 율법 책은 그들을 위해 해석되어야만 했다(느 8:1-8).

하지만 바벨론에서 죽은 사람들은 어떻게 됐을까?

그들은 이 생애에서 예루살렘을 보지 못하겠지만 앞으로 약속된 축복을 물려받으리라는 것을 알고 믿음으로 죽을 수 있었다. 예를 들어 아브라함은 약속한 것을 받지 못한 채 믿음으로 죽었지만, 언젠가는 하나님의 약속이 완전히 이행되는 것을 보게 될 것이다(히 11:39-40).

우리는 우리의 생애에 예수님의 재림을 보지 못할 수도 있지만 우리는 믿음으로 죽는다.

> 복스러운 소망과 우리의 크신 하나님 구주 예수 그리스도의 영광이 나타나심을 기다리게 하셨으니(딛 2:13).

하나님의 마지막 경기를 절대 잃어버리지 마라.

5. 미국을 위한 교훈

이스라엘 역사는 우리에게 어떤 교훈을 주는가?

1) 절망의 축복

어느 토요일 아침 나는 혈액검사를 받았다. 그날 저녁 주치의는 나에게 전화를 걸어 즉시 응급실로 가라고 재촉했다. 내 검사 결과 수치는 너무 엉망이었다. 그는 내가 위기에 처해 있다고 경고했지만, 그 순간 나는 기분이 좋았다. 나는 집에서 밤을 보내고 다음날 아침 설교까지 했다. 그날 오후가 되자 나는 주치의가 옳았다는 것을 알았다. 아내 레베카는 나의 담낭 수술을 위해 응급실로 데려갔다. 나는 교훈을 얻었다. 비록 당분간은, 당신이 꽤 괜찮다고 느끼더라도 지금이 위기일 수 있다.

미국의 복음주의 교회는 위기에 처했지만, 많은 사람은 그렇게 느끼지 않는다. 그러나 우리는 우리가 도덕적 다수인 척하기를 멈추고 문화 전쟁에서 지고 있다는 사실을 인정해야 한다.

낙태, 동성 결혼, 성 노예, 포르노, 성전환주의, 학교에서의 노골적인 성교육의 수문이 열렸다. 세속주의의 억제되지 않는 성적 우상 숭배가 전투에서 승리한 것처럼 보인다. 성경의 하나님은 이교도의 신들에게 시간을 내주셨다. 세상은 우리를 감사도 존경도 없이 바라본다. 우리는 그들의 눈에 편협한 하나님, 신빙성이 떨어져 보이는 과거의 하나님을 대표한다. 세속주의자들은 우리의 패배를 축하하고 있다.

바벨론 사람들이 하나님은 '패자'라는 사실을 유대인들에게 끊임없이 상기시켰던 것처럼, 우리는 교회의 약점을 기뻐하는 세속주의자들에게 조롱당한다. 그러나 유대인들을 유배시켰다고 말씀하신 하나님은 우리들의 '구식' 견해에 대해 침묵하기를 바라는 세상으로 우리를 보내신다. 미국 보수당 (The American Conservative)의 수석 편집장인 로드 드레어(Rod Dreher)는 말했다.

좌파 문화, 즉 미국의 주류는 전후 평화 속에서 살 생각이 없다. 그것은 무슨 일이 일어나고 있는지 이해하지 못하는 무지한 그리스도인들의 도움을 받아 가혹하고 가차 없는 점령으로 앞으로 나아가고 있다.[12]

우리는 문화 전쟁에서 졌다. 승자들은 전리품에 침을 흘리고 있다. 그러나 우리는 하나님이 유대인들을 무작위적인 운명에 버리지 않으셨다는 것을 기억하고, 예수님도 우리 자신의 어리석음 때문에 우리를 버리지 않으셨다는 것을 기억해야 한다. 예수님은 우리에게 이렇게 약속하셨다.

> 내가 너희에게 분부한 모든 것을 가르쳐 지키게 하라 볼지어다 내가 세상 끝날까지 너희와 항상 함께 있으리라 하시니라(마 28:20).

일시적인 승리와 패배가 모든 것을 말해 주지는 않는다. 이 이야기의 승자와 패자가 누구인지는 예수님이 영원히 정착하기 위해 돌아오실 그때 가려질 것이다.

바벨론, 미국, 중동, 중국 ─ 하나님은 인본주의, 이슬람교 또는 미국 좌파의 위협을 받지 않으신다. 우리가 그분을 찾으면 그분은 우리를 인도하실 것이다. 우리가 그분의 보살핌을 믿을 때, 하나님이 우리가 아직 해야 할 일이 있다고 하신다면, 우리를 영구적으로 패배시킬 수 있는 악마와 사탄의 조합은 결코 없다.

끔찍한 고통은 유대인들을 절망에 빠뜨렸다. 그들을 그들의 우상에게서 기꺼이 돌이키게 하려면 국가를 파괴해야 했다. 하나님은 필사적인 사람들, 절망적인 사람들만이 그분을 찾는다는 것을 알고 계시며 우리는 이에 동의해야 한다. 하나님은 교회인 우리를 낮추셨고 우리의 약점과 타협과 죄를 드러내셨다. 때로는 황폐함만이 절박함을 가져다준다.

---

12 Rod Dreher, "The Idea of a Christian Village", *Christianity Today* March 2017, 36.

인정받지 못하는 자존심과 자만심의 원인은 기도하지 않는 것이다. 누군가 말했듯이 "기도하지 않는 것은 우리의 독립 선언이다."[13] 기도가 부족하다는 것은 겸손이 부족하다는 신호다. 기도하지 않으면 미디어, 학교, 심지어 가정에서도 악의 공격에 맞서 무기력해지는 것은 당연하다. 우리는 허다한 죄를 회개해야 한다. 아마도 그중에서 가장 먼저는 기도하지 않는 죄일 것이다.

여기 미국에서 기도가 절실히 필요한데도 정기적으로 예정된 기도회를 하는 복음주의 교회는 거의 없다. 내가 대형교회 목사에게 기도회가 있느냐고 물었을 때, 그는 "아니오"라고 했다. 나는 다음과 같은 질문을 했다. "정기적인 기도회 일정을 잡으려면 얼마나 상황이 나빠져야만 할까?" 그는 나에게 분명한 대답을 하지 않았다.

무슨 일이 일어날 것인가?

2) 신성한 주권의 격려

우리의 하나님은 패배자인가?

우리 하나님이 미국 문화의 신들에게 지고 있다고 비관적으로 믿는다면 우리는 하나님을 예배할 수 없다.

하나님과 므로닥 사이의 갈등으로 돌아가 보자.

바벨론 사람에게 물어보자.

"누가 이겼습니까?"

그러면 그들은 자신 있게 므로닥이라고 말할 것이다. 그 증거는 반박할 수 없는 것처럼 보인다. 약해진 유대인들이 바벨론 사람들을 섬기도록 강요당하는 저택에서 움츠러드는 것을 보라.

---

13 Daniel Henderson, "Don't Feel Like Praying?", Strategic Renewal, 2014, http://www.strategicrenewal.com/2014/11/10/dont-feel-likepraying/.

그러나 착각하지 마라. 여호와는 자신의 백성이 패했을 때도 승리하셨다!

유대인의 하나님은 바벨론 군대를 그분의 손에 쥐고 계셨다. 그들은 그분의 명시적인 허락과 지시 없이는 예루살렘으로 이동할 수 없었다. 하나님은 자기 백성이 패배할 때도 여전히 책임자이시다. 그분은 자기 백성이 거짓말할 때도 거기에 계신다. 그분은 자기 백성이 조롱당할 때도 거기 계신다. 그분은 자기 백성이 순교할 때도 거기 계신다. 마틴 루터는 "마귀조차도 하나님의 마귀"라고 말했다.

유대인들은 하나님의 예언대로 예루살렘으로 돌아왔다. 수세기 후에 또 다른 약속이 성취되었다. 세상에 그분의 평화를 바칠 메시아가 베들레헴에서 태어나셨다.

> 평안을 너희에게 끼치노니 곧 나의 평안을 너희에게 주노라 내가 너희에게 주는 것은 세상이 주는 것과 같지 아니하니라 너희는 마음에 근심하지도 말고 두려워하지도 말라 (요 14:27).

결론: 하나님의 주권에 대한 확신은 예배의 원동력이 된다. 시편 기자가 썼듯이 패배 중에도 하나님을 보는 사람만이 항상 하나님을 찬양할 수 있다.

> 내가 여호와를 항상 송축함이여 내 입술로 항상 주를 찬양하리다. 내 영혼이 여호와를 자랑하리니 곤고한 자들이 이를 듣고 기뻐하리로다. 나와 함께 여호와를 광대하시다 하며 함께 그의 이름을 높이세!(시 34:1-3).

패배한 유대인들도 하나님을 찬양하고 경배할 수 있다!

3) 합리적인 위험의 보상 (예루살렘, 바벨론, 시카고)

바벨론에 사는 것은 위험하다. 복음주의자인 우리는 바벨론을 구속하기보다는 종종 도망쳤다. 우리는 우리 도시의 평안을 찾는 데 좋은 실적이 없다. 우리는 주변의 명백한 필요에도 불구하고 스스로 고립시켰거나 바벨론에서 완전히 도망쳤다.

D. L. 무디(D. L. Moody)는 시카고를 향한 마음을 품고 있었고 위험을 감수했다. 그는 말했다.

> 도시는 영향력의 중심이다. 물은 언덕 아래로 흐르는데 미국에서 가장 높은 언덕은 대도시이다. 우리가 그들을 휘저을 수 있다면 우리는 온 나라를 휘저을 것이다.[14]

그는 길거리에서 거칠어진 아이들을 맞이할 장소가 필요했기 때문에 1864년에 무디교회(The Moody Church)를 설립했다. 그 당시의 교회들은 그가 소란스럽고 안절부절못하며 더러운 아이들을 교회에 데려오는 것에 감사하지 않았다. 겸손하게 무디교회가 설립되었고 나중에 '무디신학대학교'(Moody Bible Institute)가 설립되었다. 지난 150년 동안 시카고 심장부에 있는 교회와 학교의 영향은 헤아릴 수 없다. 무디는 "하나님이 당신의 파트너라면 계획을 크게 세우라"라고 말하곤 했다.[15]

D. L. 무디는 이미 오래전에 떠났지만, 하나님은 도시에서 그의 유산을 이어 가는 새로운 세대를 키우셨다. 우리 선수 중 한 명인 도니타 트래비스(Donnita Travis)는 무디교회를 통해 악명 높은 주택 프로젝트 학생들의 숙제를 돕기 위해 자원했다. 아이들에 대한 사랑에 사로잡힌 그녀는 시카고의 고

---

[14] Paul Dwight Moody and Arthur Percy Fitt, *The Shorter Life of D.L. Moody* (Chicago: The Bible Institute Colportage Association, 1900), 79.

[15] D. L. Moody, http://www.azquotes.com/quote/523866.

위험 도심 지역의 아이들이 예수님이 약속한 풍부한 삶을 경험할 수 있도록 돕고자 통전적 방과 후 프로그램을 시작하게 되었다(요 10:10).

2001년에 그녀는 아이들을 위해 '바이더핸드클럽'(By The Hand Club For Kids)이라는 단체를 설립했다.[16] 16명의 학생을 대상으로 시작한 이 사역은 가장 자원이 부족하고 범죄가 많은 네 지역에서 거의 1,400명의 어린이를 돕는 단체로 성장했다.

도니타는 수백 명의 자원봉사자 및 유급 직원과 함께 단체명처럼 아이들이 대학을 졸업할 때까지 그들과 함께 손잡고 걷는다. 바이더핸드(By The Hand)는 아동 발달에 대한 전체론적 접근을 취하며, 어린이의 영과 마음 그리고 몸을 돌본다. 각각의 아이들은 상담과 과외를 받는다. 교육은 매우 성공적이어서 바이더핸드 학생들의 82퍼센트가 고등학교를 졸업했다. 그리고 고등학교 졸업생의 88퍼센트가 대학이나 기술 학교에 등록했는데, 이는 시카고 공립학교의 40퍼센트에 달한다. 많은 사람이 그리스도를 그들의 구세주와 주님으로 믿게 되었다.

몇 년 전 시카고의 다른 77개 지역보다 살인 사건이 더 많다고 알려진 가필드 파크에 사는 브라이언 드예(Brian Dye)와 그의 아내 하이디(Heidi)의 이야기를 나눈다.

수년 동안 브라이언은 미국 전역의 도시에서 온 수천 명의 청년을 훈련하고 준비하여 자신의 공동체에서 제자를 만드는 '유산 회의'(Legacy Conferences)를 계획하는 데 관여했다. 이와 함께 드예는 시카고의 각 지역에 직업을 가진 목사들이 이끄는 가정교회를 세우는 것이 사명인 '유산기독교협회'(Legacy Christian Fellowship)를 이끌고 있다.[17]

전 사역의 전략은 다음과 같이 간단히 말할 수 있다.

평생 교육!

---

16 By The Hand Club For Kids, bythehand.org.
17 The Legacy, legacychristianfellowship.org.

브라이언과 하이디의 집에서 점심을 먹으며 그들은 나에게 친자식은 없지만 수십 명의 '자녀들'이 몇 년 동안 그들과 함께 살고 있다고 말했다(약 150-175명). 그들의 집에는 무려 여덟 명의 손님을 위한 방이 있다. 현재 이웃에서 온 여섯 명의 청년들이 그들과 함께 살고 있는데, 모두 각기 다른 영적 성장 단계에 있다.

드예 부부는 가족이 없는 사람들, 중독에 시달리는 사람들, 학대를 경험한 사람들과 함께해 왔다. 내가 그곳에 있을 때, 20대 젊은이는 나에게 드예가 없었다면 그는 오래전에 죽었을 것이라고 말했다. 그는 이렇게 말했다.

"나는 죄를 너무 사랑했기 때문에 아직 구원받지 못해서 자원했습니다."

드예는 죄를 사랑했지만, 그 모습 그대로 그리스도를 찾아와서 하나님을 위해 살아가며 하나님 왕국을 위해 변화를 만들어 온 사람들에 관한 이야기를 했다.

나는 드예에게 도둑질이 문제가 되지 않는지 물었다. 그러자 그는 이렇게 대답했다.

"어느 크리스마스에 우리가 집을 비운 사이 텔레비전과 컴퓨터를 도난당했습니다. 그래서 이 물건들을 다시 구매하지 않기로 했습니다. 우리 집에서 훔칠 만한 물건은 거의 없을 것입니다."

동네에 무작위 폭력에 대한 정기적인 보고가 있지만, 그들은 여름 동안 친구와 함께 현관에 앉아 지나가는 모든 사람을 환영한다. 내게 가장 깊은 인상을 준 것은 그들이 봉사에 대한 대가로 아무것도 할 수 없는 사람들과 함께 '삶을 살아가는' 기쁨이 분명하다는 것이다.

바벨론의 많은 유대인이 이교도 이웃에게 비슷한 사역을 했을 것이라고 생각한다. 다른 사람들의 필요를 사심 없이 충족시키는 것, 즉 그들의 죄를 들추지 않고 더 나은 길을 보여 주며 사람들을 사랑하는 것은 언제나 우리의 믿음을 나누는 가장 중요한 문이 될 것이다.

이곳 시카고에는 수십 명의 충실한 목사들이 가장 궁핍하고 범죄가 많은 동네에서 생명의 삶을 살아가며 사역하고, 지역 사회에 희망을 주고 있다. 시카고에서 복음을 가장 절실하게 필요로 하는 지역에서 신뢰할 만한 복음의 증인들이 그분의 충실한 종으로 살아가고 있다는 것을 알리게 되어 기쁘다.

그들은 큰 위험도 있지만, 큰 보상도 있다고 말한다.

6. 마을 광장에 심긴 십자가

20세기 스코틀랜드 성직자 조지 맥레오드(George MacLeod)가 그리스도의 십자가를 어디에 심어야 하는지 상기시켜 주는 이 도전의 글을 읽어 보자. 우리는 멀리서 세상을 바꿀 수 없다.

> 나는 교회의 첨탑은 물론 시장의 중심에 십자가가 다시 세워져야 한다고 주장한다. 나는 예수님이 성당의 두 촛불 사이에 있는 십자가에 못 박히신 것이 아니라 두 강도의 십자가 사이에서 십자가에 못 박히셨다는 주장을 되찾고 있다. 마을 쓰레기 더미, 히브리어와 라틴어와 그리스어로 예수님의 칭호를 써야 했던 국제 교차로, 냉소주의자들이 비꼬는 말을 하는 곳, 도둑들은 저주하고 군인들은 도박하는 곳, 그곳이 교인들이 있어야 할 곳이며, 교회의 정신을 나타내야 할 곳이기 때문이다.[18]

거기에 빠른 해결책은 없다. 우리는 아름다운 교회에서 예배를 드릴 수 있다. 우리는 영광스러운 찬양과 훌륭한 설교를 할 수 있다. 하지만 예수

---

[18] Ron Ferguson, *George MacLeod: Founder of the Iona Community* (Glasgow: Wild Goose Publications, 1990), 265.

님은 평생의 훈련을 모델로 삼으셨다. 그리고 우리는 진실한 증인을 통해 복음을 들어야 하는 사람들 사이에서 살지 않는 한 이 세상 도시와 마을에 영향을 미치지 못할 것이다. 세상을 이기는 것은 모인 교회뿐 아니라, 희망이 부족한 세상에 예수님의 아름다움을 보여 줄 흩어진 교회다. 우리가 안전하게 놀기만 하면 우리의 영향은 미미할 것이다. 예수님은 그렇게 하지 않으셨고 우리도 그래서는 안 된다.

예수님은 이렇게 기도하셨다.

> 내가 아버지의 말씀을 그들에게 주었사오매 세상이 그들을 미워하였사오니 이는 내가 세상에 속하지 아니함 같이 그들도 세상에 속하지 아니함으로 인함이니이다. 내가 비옵는 것은 그들을 세상에서 데려가시기를 위함이 아니요 다만 악에 빠지지 않게 보전하시기를 위함이니이다(요 17:14-15).

교회는 바벨론 밖이 아니라 바벨론 안에 있어야 한다!

제3장

양심의 충돌
(적대적 환경에서 믿음 지키기)

오래된 격언은 사실이다.

하나님은 당신을 보호할 수 없는 곳에 두지 않으실 것이다!

그의 군대가 유대인 아기들을 바위에 던진 이교도 느부갓네살왕을 위해 일하도록 징집된 다니엘보다 더 많은 것을 증명할 사람은 아무도 없다. 신비주의에 빠져서 자기를 섬기는 사람들이 모두 같은 훈련을 받기를 원했던 사람, 바로 그 왕의 안녕을 위해 일했다. 다니엘과 그의 친구들을 설명할 방법은 이것 외에는 없다. 그들은 개인적으로 하나님의 존재가 악의 존재보다 더 강력하다는 것을 증명해야만 했다.

다니엘과 그의 세 친구는 하나님이 한 나라를 심판하실 때 의인이 악인과 함께 고난받는다는 것을 상기시킨다. 이 네 사람(다른 사람들도 많았을 것이다)은 하나님을 향한 마음이 있었으며, 하나님의 뜻에 순종했다. 그러나 바벨론 사람들이 왔을 때, 이 독실한 사람들은 새로 도착한 모든 난민처럼 세속 문화를 경험했다.

이 네 사람은 깊은 신앙을 가지고 있었다. 그러나 그들은 우리에게 다음과 같은 질문을 던진다.

우리는 우리의 신앙을 타협하지 않고 얼마나 깊이 우리 문화에 참여할 수 있을까?

우리는 어디에 선을 그어야 할까?

이것들은 헌신적인 그리스도인들의 질문이며 교회는 몇 가지 대답할 준비가 되어 있어야 한다. 적어도 우리의 지도적 원리의 원칙을 찾아야 한다.

독실한 유대인과 그리스도인은 종종 세상 법을 어기는 사람이었다. 모세 시대에 사내아이를 죽이는 것을 거부했던 산파부터, 복음 전파에 반대하는 명령에 복종하기를 거부한 사도에 이르기까지 경건한 사람들은 종종 하나님께 순종할 것인가 인간에게 순종할 것인가 중에서 선택해야 했다. 그러나 때로는 그 해답은 명확하지 않다. 러셀 무어가 말했듯이 "문화에 마찰이 없는 기독교는 죽어가는 기독교다."[1]

문화와 갈등에는 여러 종류가 있다.

때로는 주법이나 연방법 때문에 갈등이 발생한다. 미국 그리스도인들은 이 경기장에서 많은 질문과 씨름해야 했다. 최근에 기독교 기업들이 낙태에 자금을 대고 피임약이나 낙태약을 보조하는 국가 건강 관리 프로그램에 참여해야 하는지에 관한 논쟁이 있었다.

나는 또한 신앙을 이유로 동성 커플에게 케이크를 구워 주거나 꽃을 제공하거나 결혼 사진을 찍어 줘서는 안 된다는 깊은 확신이 있는 제빵사들과 플로리스트, 사진 작가 등 수많은 예를 생각한다. 그들은 그런 행위가 동성애 생활양식에 대한 지지를 나타낸다고 생각해서 분명한 성서적 가르침에 따라 동성애 행위에 반대했다. 그러나 그들은 그들의 신앙을 지켰다는 이유로 순응하라는 압력을 받았거나 엄중한 처벌을 받았다.

신앙 때문에 동성 결혼을 위해 케이크를 굽는 것을 거부한 제빵사 잭 필립스(Jack Phillips)에게 유리한 판결을 내린 2018년 6월 마스터피스 케이크숍(Masterpiece Cakeshop) 사건에 대한 대법원의 판결에 감사한다. 하지만 이 판결

---

[1] Russell Moore, *Onward: Engaging the Culture without Losing the Gospel* (Nashville: B&H, 2015), 8.

은 곧 도전받을 것이다. 이것은 단지 일시적인 작은 승리일 뿐이다.

우리는 또한 직장에서의 갈등을 발견한다. 우리 교회에 출석하는 선생님에게서 이메일을 받았는데, 선생님은 학생들이 개인적으로 선호하는 대명사로 전화를 걸어야 한다는 말을 들었다고 한다. 예를 들어, 생물학적 남학생이 소녀로 식별되었으므로 교실에서 '그녀'로 불러야 한다. 집에서는 버트(Bert)일지 모르지만, 학교에서는 버니스(Bernice)다. 그러나 이 교사는 교장에게서 버트의 부모는 아들이 학교에서 버니스(그녀)라는 것을 모르므로 학부모/교사 회의에서는 '그녀'가 아닌 '그'로 지칭해야 한다고 들었다. 부모는 아들이 성전환자라는 것을 알 권리가 없었다. 이제 질문이나 갈등은 다음과 같다.

기독교 교사가 이 기만적인 게임을 해야 할까?

직원들이 그들의 종교적 신념에 대해 침묵해야 한다고 주장하는 직장 규칙들이 있다. 성경은 책상에서 금지되었고, 직원들은 다른 직원들에게 불쾌감을 줄 수 있으므로 십자가를 장신구로 착용할 수 없다는 말을 듣는다. 우리 군 목사들은 특히 특정 서비스 요원들을 불쾌하게 할 수 있는, 특히 성행위와 관련된 성경적 신념을 공유할 자유가 없다는 말을 들었다.

물론 양심의 갈등을 초래하는 개인적 가정 문제도 있다. 예를 들어, 나는 두 명의 어머니에게서 이메일을 받았다. 한 사람은 컬트에 속한 여성과 결혼하는 아들의 결혼식에 가야 할지를 묻고 있었다. 설상가상으로 신부의 아버지는 컬트의 저명한 지도자이며 높은 권위를 가지고 있었다.

다른 어머니는 딸이 동성 상대와 결혼하려고 하는데, 그녀의 가족이 결혼식에 참석해야 하는지에 대해 의견이 분분하다. 어떤 사람들은 참석해야 한다고 주장한다. 딸과의 관계를 잃지 않도록 참석해야 한다는 것이다. 다른 가족들은 결혼식에 참석하는 것이 승인의 표시이기 때문에 참석해서는 안 된다고 한다.

이 가족들은 어떻게 해야 할까?

1. 우리의 입장은 무엇인가?

이교도 문화에서 양심의 충돌에 어떻게 대응할 것인가?

앞 장에서 한 가지 방법은 그런 문화에 끝까지 반대하는 것이라는 것을 배웠다. 우리는 그 사람들에게 우리의 도덕적 영역에서 벗어나라고 독선적으로 외칠 수 있다. 우리는 심지어 분노한 복음주의자들이 될 수도 있다. 우리의 자유를 빼앗기고, 부패한 정치인들 때문에 화가 나고, 헌법을 심각하게 받아들이기보다는 그들 자신의 편견에 따라 입법하는 판사들 때문에 화가 나 있기 때문이다. 요컨대, 우리는 화가 날 수 있다. 우리의 문화는, 좋든 싫든 우리를 불필요하게 강제적으로 비윤리적인 구석으로 몰아넣기 때문이다.

물론 우리는 문화에 반대해야 하지만, 반드시 예수님을 잃지 않는 방식으로 해야 한다. 우리는 구원의 마음가짐으로 문화에 대항해야 한다. 우리는 문화를 이해하며, 우리 세상에서 무슨 일이 일어나고 있는지 인지하고, 양심이 허락하는 한 그것을 받아들여야겠지만, 그다음에 선을 긋고 "더는 아니다"라고 말해야 한다.

또는, 우리는 문화에 동화되고 조화를 이룰 수 있다. 우리는 모두 살아야만 하며 '우리가 반대하는 것'이 절대로 알려져서는 안 된다고 주장하면서 그 흐름을 따라갈 수 있다. 우리는 사랑과 가족의 이익을 위해 또는 우리의 활동을 위해 불가피하다거나, 세상을 긍정적으로 선택한 다른 사람들을 가리키면서 그런 추종을 정당화할 수 있다. 비겁은 억압적인 문화에서 매우 편리하다.

흥미롭게도, 하나님은 다니엘과 그의 세 친구에게 이교도의 주변 환경과 거리를 두라고 말씀하지 않으셨다. 하나님은 오히려 그것에 참여할 것을 요청하셨다. 우리가 이미 배운 대로 그들의 목표는 '도시의 평화'를 찾는 것이었다. 하나님은 그들에게 선을 그을 지점에 대한 지혜를 주셨고, 결국, 그들은 목숨을 걸고 하나님을 향한 충성심을 증명해야 했다. 하지만 지금은 이교도 정부와 협력하고 도와야 했다.

그들은 우리가 성숙하여 선을 그어야 할 지점을 안다면 악한 사람을 섬길 수도 있다고 가르친다!

모든 사람이 그런 섬세한 임무를 처리할 수 있는 것은 아니지만, 그들은 느부갓네살을 진정한 하나님께 소개할 필요가 있다는 것을 알고 있었다.

2. 문화적 감수성 훈련

바벨론 사람들은 자신들이 포로로 잡은 이 불운한 이민자들을 이용할 수 있다는 것을 알고 있었다. 그들은 문화를 신속하게 배우고 왕의 조언자가 될 수 있는 네 명의 히브리 청년을 발견했다.

> 왕이 환관장 아스부나스에게 말하여 이스라엘 자손 중에서 왕족과 귀족 몇 사람, 곧 흠이 없고 용모가 아름다우며 모든 지혜를 통찰하며 지식에 통달하며 학문에 익숙하여 왕궁에 설 만한 소년을 데려오게 하였고 그들에게 갈대아 사람의 학문과 언어를 가르치게 하였고(단 1:3-4).

즉, 그들은 느부갓네살을 섬기기 위해 바벨론 문화에 몰입해야 했다!

모든 면에서 왕은 자신의 정부에서 자신과 함께 일하도록 선택된 사람들에게 높은 기준을 세웠다. 그는 매일 자신이 먹고 마시는 음식과 포도주 일부분을 그들에게 할당했다.

> 또 왕이 지정하여 그들에게 왕의 음식과 그가 마시는 포도주에서 날마다 쓸 것을 주어 삼 년을 기르게 하였으니 그 후에 그들은 왕 앞에 서게 될 것이더라 그들 가운데는 유다 자손 곧 다니엘과 하나냐와 미사엘과 아사랴가 있었더니(단 1:5-6).

그들은 3년 동안 아카디아어를 배우고 바벨론의 종교적, 정치적 문화를 이해하게 되었다.

느부갓네살은 함께 일하기에는 사려 깊은 왕이 아니었다. 그의 정복에서 그는 잔학 행위를 차례로 승인했다. 그러나 그는 영리하고 현명한 히브리인들을 그의 궁전에 고용할 수 있는 좋은 감각을 지니고 있었다. 왕의 지시에 따라 그의 신하들은 중요한 정치적, 사회적 임무를 맡기기 위해 청년들을 준비시켰다.

네 청년은 왕의 제안을 받아들였다. 그들은 자문 위치에서 왕을 기꺼이 도왔다. 그들은 3년 동안 느부갓네살의 궁전에서 교육을 받았다. 그들은 바벨론의 문학과 관습을 익혔다. 그것들은 성 문화, 삶의 의미, 바빌로니아 신화에서 발견되는 모든 '지혜'에 관한 다양한 종류의 이교도 사상으로 넘쳐났다. 그들의 의도는 그들이 이교 왕국에 도움을 주고, 미래의 봉사를 위해 믿고 맡길 수 있도록 그들을 세뇌하는 것이었다. 기본적으로 그들은 바벨론 의례의 전문가가 되었다.

래리 오스본(Larry Osborne)은 자신의 저서 『바벨론에서 번영』(*Thriving in Babylon*)에서 이렇게 썼다.

> 바벨론은 악마의 영향으로도 유명했다. 국가가 후원하는 종교는 사탄적이었다. 고등 교육의 핵심 교과과정에는 많은 양의 점성술과 신비주의가 포함되었다.[2]

그러나 다니엘과 세 청년은 신앙을 잃지 않고 이교도의 세뇌를 견뎌냈다. 그들은 이것이 해결되리라는 것을 알고 있었지만 가능할 것이다. 우리는 그들이 문화에 오염되지 않고 어떻게 신앙을 실천할 수 있었는지 더 많

---

2   Larry Osborne, *Thriving in Babylon—Why Hope, Humility, and Wisdom Matter in a Godless Culture* (Colorado Springs: David C. Cook, 2015), 39.

은 것을 알았으면 좋겠지만, 어쨌든 그들은 성공했다.

1) 계속되는 세뇌

왕은 하나님의 본성을 반영한 유대인 이름 대신 이교도 신의 이름으로 바꾸기로 했다. 그래서 느부갓네살은 환관장에게 그들의 이름을 바꾸도록 했다. '하나님은 나의 재판관'이라는 뜻의 "다니엘"은 '벨의 왕자'를 의미하는 "벨드사살"(단 1:7)로 개명했다. 벨은 악마의 신 므로닥의 칭호였다. 당신의 이름이 "사탄의 왕자"로 바뀌는 것과 같다. 같은 방식으로 다른 사람들의 이름도 바뀌었고 각각은 당시의 종교 문화를 반영했다. 이 네 친구는 이교도 국가를 축복하고 도시의 평화를 찾기 위해 그들의 개명을 감수했다.

한 가지 다른 메모. 나는 오스본의 말에 동의한다. 오스본은 이 네 남자가 거세라는 굴욕과 고뇌를 겪으며 고통을 겪었다고 쓰고 있다. 명시적으로 기록되지는 않았지만, 그렇게 믿는 두 가지 이유가 있다.

첫째, 왕의 오른팔은 '환관장'이었고(단 1:3), 이것은 그와 함께 봉사한 사람들이 내시라는 것을 의미한다. 결국, 왕은 많은 아름다운 여성들의 하렘을 가지고 있었고, 그의 궁전에서 봉사하는 남자들이 그들과 연루되는 것을 막기 위해 거세가 일상적으로 행해졌다.

둘째, 이 남성들의 아내나 그들의 족보나 자손에 대한 언급이 없다. 유대 문화에서 결혼과 족보의 중요성을 알면, 그것이 문서로 만들어지지 않았다는 사실은 놀라운 것이다.[3]

---

3   Osborne, *Thriving in Babylon*, 41.

이 사람들은 느부갓네살을 증오할 만한 충분한 이유가 있었다. 그는 잔인했으며, 자유를 빼앗고 그 사람들의 믿음에 대한 헌신을 무너뜨렸기 때문이다. 그러나 사실상 하나님은 "내가 너희들이 있는 곳에서 너희를 나의 증인으로 임명한 데 대해 화내지 마라"라고 말씀하셨다.

생각해 보라.

증오를 극복하고 적을 섬겨라?

우리는 이 사람들이 바벨론에서 자신을 발견했을 때 얼마나 많은 꿈이 사라졌는지 모른다. 사랑하는 가족에 대한 꿈과 예루살렘에 집을 갖는 꿈을 잃었다. 하나님은 대가를 치르더라도 그들의 꿈을 그분께 충실하겠다는 꿈으로 바꾸실 것이다.

3. 선을 그어라

그러나 이교도 문화에 대한 그들의 양보에는 한계가 있었다.

> 다니엘은 뜻을 정하여 왕의 음식과 그가 마시는 포도주로 자기를 더럽히지 아니하리라 하고 자기를 더럽히지 아니하도록 환관장에게 구하니(단 1:8).

얼마나 위험한 선언인가?

내가 몇 년 전에 외웠던 킹 제임스 번역본에는 "다니엘은 마음속으로 작정했다"라고 쓰여 있다.

무디교회의 인턴 중 한 명은 시카고의 유혹 속에서 자신의 삶을 순수하게 유지할 수 있었던 것은 "다니엘이 자신을 더럽히지 않기 위해 그의 마음속에서 작정했다"라는 진술 덕분이라고 내게 말했다. 그는 마음속으로 자신을 더럽히지 않겠다고 결심했다.

음식에 대한 이 네 청소년이 그은 선 중 하나는 앞에 놓인 '왕의 음식'을 먹지 않겠다는 것이다. 흥미롭게도 우리는 그들이 왜 왕의 음식을 용납할 수 없었는지 정확히 알지 못한다. 그러나 우리는 음식이 정결하지 않았다고 확신할 수 있다. 우상에게도 제공되었을 것이다. 그것은 아마도 다니엘이 연관되기를 원하지 않았던 '유복한 삶'을 의미했을 수도 있다. 어쨌든 다니엘은 '여기에 선을 긋고' 환관장에게 "이 음식은 먹지 않겠다. 그리고 나는 왕의 포도주를 마시고 싶지 않다"라고 말했다.

다니엘과 그의 친구들이 대가를 치르더라도 자신의 신념을 지켰다는 사실을 인식하기 위해 왜 그들이 음식을 거부했는지에 대한 이유를 정확히 알 필요는 없다. 양심의 문제는 문화에 따라 다를 수 있지만, 우리 각자는 문화가 우리의 가치를 바꾸지 못하도록 마음속으로 목표를 정해야 한다.

다니엘은 음식을 거절만 한 게 아니라 다른 대안을 제시하는 지혜를 가지고 있었다는 점을 기억해야 한다. 그는 왕의 의도가 그들의 건강이라는 것을 알고 있었기 때문에 다니엘은 사실상 이렇게 말했다.

"열흘 동안 채식만 하겠다. 그리고 우리가 왕의 음식을 먹는 모든 사람만큼 건강하지 않다면, 당신이 옳다는 것을 인정할 것이다."

환관장은 그 시험에 동의했다. 열흘이 지나자 네 명의 유대인 소년들의 얼굴은 빛났고, 왕의 음식을 먹은 소년들보다 더 건강했다(단 1:12-16 참조).

다니엘이 선을 그은 유일한 장소는 결코 이것만이 아니다!

그 후 우리는 그가 다리오라는 새로운 왕의 조언자가 되었다는 것을 알게 된다. 왕의 동료 중 일부는 다니엘과 그의 하나님을 싫어했기 때문에 그들은 왕에게 다니엘을 함정에 빠뜨릴 칙령을 내리라고 부추겼다. 하나님의 축복을 받은 왕, 그가 왜 이 새로운 법령을 강요받았는지 이해하지 못했을 것이다. 그것은 사실상 이렇게 기록되었다.

왕 이외의 다른 신에게 기도하는 자는 사자굴에 던져져야 한다(단 6:7).

다니엘은 겁먹지 않았다. 그는 창문을 열고 예루살렘을 향해 계속 기도했다. 그는 하루에 세 번 하나님께 무릎을 꿇고 기도했고 왕에게 기도하는 것을 거부했다. 그는 사자 굴에 던져졌지만, 사자의 입은 닫혔고 아무리 배고프더라도 다니엘을 건드리지 않았다. 그는 무사히 석방되었다(단 6장 참조).

다니엘은 천사에 의해 사자들한테서 구출되리라는 것을 알고 있었는가? 절대 그렇지 않다!

우리는 그가 갈기갈기 찢기리라 예상했다고 추측할 수 있다. 몇 세기가 지나면 그리스도인들은 로마의 사자들에게 던져질 것이다. 그들은 그렇게 운이 좋지 않았다. 하나님께 충실하기 위해 기적을 경험할 필요가 없다는 증거다.

다니엘의 신념은 확고했다. 그는 함께 살 수 있다고 약속했지만 어떤 문제는 타협할 수 없었다.

"나는 왕을 도울 수 있고 왕에게 조언할 수는 있지만, 여호와에 대한 믿음을 타협하지 않을 것이다."

그것은 모두 결단의 문제다.

나는 우리가 신비주의 교육으로 주입된 다니엘과 그의 친구들처럼 구출될 것이라는 인상을 주고 싶지 않다. 나의 요점은 우리가 하나님이 우리를 심으시는 곳에서 우리를 지키시겠다는 하나님의 약속을 결코 과소평가해서는 안 된다는 것이다. 이교도 사회에서는 여러분이 양심적으로 연관될 수 있는 것이 많다. 그러나 역시 우리가 멀리해야 할 것이 많다. 그 선이 모든 사람에게 같은 위치에 그려지지 않을 수도 있다. 하나님이 우리를 위해 어디에 그어야 할지 알 수 있는 지혜를 주시기를 바란다.

4. 믿음을 잃는 대학생들

왜 그렇게 많은 젊은이가 이 네 명의 히브리인이 성공한 곳에서 실패하는가?
평생 교회에 참석하고 성경 구절을 외우고 찬송을 부르던 많은 대학생이 두 번째 학기가 끝나고 이제는 복음을 믿지 않는다고 말하는 이유는 무엇인가?
60-80퍼센트의 기독교 청년들이 대학으로 진학하면서 신앙에 대한 불신을 갖게 되는 이유는 무엇일까?[4]

세 가지 이유가 떠오른다.

첫째, 삶에서 받은 거절로 하나님께 분노하고 실망했기 때문이다.
최근에 나는 하나님에 대해 의심한다는 젊은 여성과 이야기를 나누었는데, 그녀는 그 당시 불가지론자였다. 나는 그녀의 지적 질문에 맞서기보다는 그녀의 이야기를 들을 수 있느냐고 물었다. 알고 보니 하나님에 대한 그녀의 의심은 자라면서 경험한 거절로 인한 실망과 분노에서 비롯되었다. 그녀의 의심이 솔직한 한, 하나님이 그녀의 욕구를 충족시켜 줄 수 있다는 것을 그녀와 공유할 수 있어서 기뻤다. 나는 의심은 종종 지적 논쟁보다는 감정적인 투쟁에 바탕을 두고 있다는 것을 배웠다. 하나님이 우리의 필요를 충족시키지 못하시리라 생각되면, 우리는 의심하기 시작한다. 무신론은 종종 하나님에 대한 분노와 실망에 뿌리를 두고 있다.
둘째, 도덕적 압박, 동료의 압력, 결혼 외의 성적 관계에 빠져 죄책감과 실패에서 어떻게 회복해야 할지 모르기 때문이다.

---

[4] Michael F. Haverluck, "Ministries tackle 70% rate of college students leaving faith", One News Now, August 13, 2017, https://www.onenewsnow.com/church/2017/08/13/ministries-tackle-70-rateof-college-students-leaving-faith.

그래서 그들은 집에 편지를 쓰고 부모들에게 그들이 '무신론자'가 되었기 때문에 더는 교회에 참석하지 않겠다고 말한다.

'기독학생연합'(Inter-Varsity Christian Fellowship)에서 오랜 경력이 있는 한 여성은 대학의 압박감이 너무 커서 젊은 기독인들이 신앙심을 잃고 부도덕에 빠지고, 그러고 나서 왜 신앙을 포기하는지 온갖 지적 이유를 발견하게 된다는 것에 대해 "의문의 여지 없이 동의한다"라고 말했다. 그들은 공동 기숙사와 도덕적으로 타락한 '연례 섹스 주간'에 대해 준비가 되어 있지 않으며, 마치 그런 행동에 심각한 결과가 따르지 않을 것처럼 모든 형태의 성적 표현을 장려하는 친구나 교수와 함께한다. 나는 대부분의 대학생이 그들의 믿음에 따라 말하지 않는 것은, 그렇게 말하면 조롱당하기 때문이라고 들었다.

1) 수치에 침묵

그렇다고 지적 논증이 중요하지 않다는 것은 아니다. 기독교에 대한 이런 공격과 싸울 수 있는 좋은 해답이 있다. 하지만 죄책감과 중독에 시달려 당신의 세계관이 산산조각 나면 지적 질문은 생활방식을 변명하는 역할을 한다. 100년 전, 마틴 루터(Martin Luther)의 동료 필리프 멜란히톤(Philip Melanchthon)은 분명한 통찰력을 제공했다.

> 가슴이 사랑하는 것을 의지가 선택하고, 마음이 정당화한다.[5]

젊은이들이 믿음을 잃는 **셋째** 이유가 있다.
교회에서 그들을 가르치지만 훈련은 하지 않기 때문이다.

---

5   Ashley Null, "The Power of Unconditional Love in the Anglican Reformation" in *Reformation Anglicanism: A Vision for Today's Global Communion*, Ashley Null and John W. Yates III, eds.(Wheaton, IL: Crossway, 2017), 55.

우리는 진리를 말하고 듣는 것으로 충분하다고 생각한다. 우리는 그들이 '예수를 구주로 영접'한다면 그들이 많은 대학에서 접하게 될 성적 포화와 진화론적이며 반기독교적 편견에 대항할 준비가 되었다고 생각한다.

훈련은 학생들의 광범위한 피드백을 통해 자신의 신념을 이해하고 명확하게 표현할 수 있도록 실제 상황을 반영해야 한다. 훈련에 포함되어야 할 주제는 성경의 신뢰성, 진화에 대한 창조론의 장점, 윤리, 성, 개인적 가치에 대한 기독교 세계관의 합리성이다. 훈련이란 세속적인 대학 교육의 문화적, 도덕적 폭풍을 실제로 견뎌 낸 사람들과 교류함으로써 피훈련자들이 미래를 예상하는 것을 의미한다. 현실적인 훈련이 없다면, 우리 학생들은 그들이 곧 받게 될 세뇌로 눈이 멀게 된다.

그리고 그들은 대학에서의 첫 몇 주가 그들이 취할 생활방식의 방향을 거의 확실히 결정할 것이라고 이야기할 필요가 있다. 학교에서 다른 그리스도인들을 찾지 않거나, 압력을 견디는 데 필요한 결의로 충만한 복음에 힘입은 교회를 찾지 못하면, 그들은 휩쓸려 가거나 심지어 신앙에서 벗어날 수도 있다. 학교 초기에 그들은 그리스도인임을 스스로 밝히고, 그에 따라 초래될 결과에 대해 영적으로나 정신적으로 준비해야 한다.

일주일에 한 번 30분간 청년 목사나 선생님의 설교를 듣는 것으로 우리 젊은이들이 대학에서 마주칠 영적 갈등에 대비하기는 어렵다. 나는 "우리는 마른 땅에서 수영 수업을 하려고 노력하고 있다"라고 말한 사람의 말에 동의한다.

이 히브리 청소년들이 이교도 환경에서 어떻게 신앙을 유지할 수 있었는지는 거의 언급되지 않았지만, 그들이 함께 교제를 나눴을 것이라고 상상할 수 있다. 나는 그들이 기도를 위해 모이고 그들의 업무 환경에서 매일 직면한 협박에 대해 논의하는 것을 상상할 수 있다. 그리고 그들은 하나님과의 교제에서 서로를 격려했을 것이다.

5. 우리의 문화적 도전

우리가 선을 그어야 할 곳을 알기 위해 고군분투하고 있을 때, 따라야 할 몇 가지 원칙이 있다.

1) 므로닥이 아니라 하나님을 보라

지난 장에서 소개한 주제로 돌아가 보면 하나님과 므로닥의 사이의 갈등이 바로 그 지점이다.

느부갓네살은 므로닥이 기도에 응답했다고 확신했다. 그가 유명한 신전을 헌납했을 때 왕은 이렇게 기도했다.

> 자비로운 므로닥이여, 내가 지은 집이 영원히 지속하기를, 그 화려함에 만족할 수 있기를 바랍니다. … 그리고 그곳에서 온 인류에게서 가져온 모든 지역 왕들의 공물을 받으십시오.[6]

왕의 기도에 대한 응답으로 보이는 그의 승리한 군대가 예루살렘을 떠날 때 그들은 유대인들과 함께 하나님 성전의 그릇을 가져갔다.

> 주께서 유다 왕 여호야김과 하나님의 전 그릇 얼마를 그의 손에 넘기시매 그가 그것을 가지고 시날 땅 자기 신들의 신전에 가져다가 그 신들의 보물 창고에 두었더라(단 1:2).

다니엘과 그의 친구들은 왕에게 조언하기 위해 매일 신전에 들어갔고, 그들은 예루살렘 성전에서 가져온 그릇들을 지나갔다. 대중에게 이것은

---

6 Joshua J. Mark, "Nebuchadnezzar II", *Ancient History Encyclopedia*, July 20, 2010, https://www.ancient.eu/Nebuchadnezzar_II/.

므로닥이 하나님을 이겼음을 시각적으로 보여 주는 것이었다.

잠시 멈추고 생각해 보자.

이 구절을 종합해 보겠다. 하나님은 유대인들을 적의 손에 넘기셨다. 그리고 하나님은 다니엘에게 호의를 베푸셨다. 그리고 우리는 계속해서 다음 구절을 읽는다.

> 하나님이 이 네 소년에게 학문을 주시고 모든 서적을 깨닫게 하시고 지혜를 주셨으니 다니엘은 또 모든 환상과 꿈을 깨달아 알더라(단 1:17).

분명히 하나님의 허락 없이는 아무 일도 일어나지 않았다.

여호와께서 모든 총성을 울리셨다!

물론, 우리는 므로닥이 실제로 이기지 않았다는 것을 안다. 다니엘의 책이 어떻게 시작되는지 주목하라. 여호와께서 여호야김과 성전 그릇의 일부를 느부갓네살에게 넘기셨다(단 1:2).

"주님이 주신" 다음 단계에 주목하라.

> 그리고 하나님은 다니엘에게 호의를 베푸셨다(단 1:9).

에드 스테처의 말을 인용하겠다.

> 세상이 일으킨 위법의 반란은 불법이다. 물론 반란이 현실처럼 느껴지지만, 하나님이 여전히 모든 것의 지배자라는 현실을 바꾸지는 않는다. 사람들은 반란이 성공했다고 생각할지 모르지만, 예수님이 여전히 주권자라는 사실을 완전히 피해 가지 못한다.[7]

---

[7] Ed Stetzer, *Subversive Kingdom—Living as Agents of Gospel Transformation* (Nashville: B&H Publishing, 2012), 5.

하나님은 국제적인 주권을 가지고 계신다. 그분은 열방의 하나님이시지만 개인적으로도 주권적이시다. 실제로 하나님은 우리 머리털도 세신다. 만약 우리가 좌절 속에 오직 므로닥만 본다면, 당연히 낙담할 것이다. 사탄이 이긴다고 하더라도 그것은 오직 하나님의 주권적 천명에 따른 것임을 확신한다. 악마의 승리는 일시적이고, 우리의 패배는 하나님의 주권적 허락일 뿐이다. 사탄은 지옥 불 속에서 더 큰 고통을 받게 된다. 사탄의 승리로 보이지만, 실제로는 거대하고 분명하고 영원한 패배다.

우리의 실패 때문에 또는 하나님의 숨겨진 목적 때문에 우리는 하나님의 신성한 뜻에 따라 이곳에 있다(어떤 사람들은 그것을 그분의 관용적 의지라고 부르고 싶어 할지도 모른다). 그러므로 우리는 자신감과 승리에 대해 혼란에 빠질 수 있다. 겸손과 회개로 하나님을 찾는다면, 우리는 그의 호의를 믿을 수 있다. 우리는 수치심에 고개를 숙이는 것이 아니라 승리의 고개를 들 것이다.

므로닥은 패배자다. 왕이신 예수님이 통치하신다.

하나님은 우리가 폭풍우가 몰아치는 바다를 건널 때도 우리의 작은 배의 경도와 위도를 알고 계신다. 하나님은 모든 배를 구성하는 판재의 강도를 알고 계신다. 그는 바람의 궤적과 속도를 알고 계신다. 우리는 우리 사회에 우려되는 상황이 너무 많으므로, 할 수 있는 한 최선을 다해 문화와 조화를 이뤄야 한다고 절대로 말해서는 안 된다.

또한, 우리는 문화에서 빗겨나 그것이 당연한 것처럼 운명에 맡겨서도 안 된다. 우리의 고난에서 하나님을 분리하지 말고 오히려 그 안에서 하나님을 바라보자.

그분의 백성을 위한 하나님의 약속은 여전히 유효하다!

> 그러나 너희는 택하신 족속이요 왕 같은 제사장들이요 거룩한 나라 그의 소유가 된 백성이니 이는 너희를 어두운 데서 불러내어 그의 기이한 빛에 들어가게 하신 이의 아름다운 덕을 선포하게 하려 하심이라 (벧전 2:9).

사악한 왕의 방에서도 이 네 명의 히브리인들은 자신을 하나님의 대리인으로 보았다. 예수님은 우리에게 말씀하셨다.

너희는 세상의 빛이라 산 위에 있는 동네가 숨겨지지 못할 것이요(마 5:14).

하나님이 우리의 책임자라는 것에 감사하자. 기쁨의 예배는 우리의 첫 번째 책임과 특권이다.

2) 우리는 '참여'와 '수용'을 구별해야 한다

이 네 명의 유대인들은 악한 통치자와 연관될 수 있고, 심지어 그들은 그의 악행에 가담하지 않으면서 그를 도울 수도 있다. 하나님은 이 네 사람에게 양심의 문제를 해결하는 데 필요한 지혜를 주셨다. 왕의 음식을 먹으라는 요구에 그들은 아니라고 말했다. 그들은 왕의 의도를 정확하게 읽고 또한 효과적인 대체 식단, 어쩌면 더 나은 제안을 했다.

때때로 우리가 양심의 갈등이 있을 때 우리가 제시할 대안이 있는지 자문해야 한다. 학부모는 자녀가 학교에서 성 교육 수업에 참여하도록 하는 것에 대한 합리적인 대안을 제안할 수 있다. 많은 사람에게 친숙한 이름, 스튜어트 브리스코(Stuart Briscoe-그와 그의 아내 질은 전 세계의 선교사들을 격려하고 있다)는 그가 영국에 있을 때 은행에서 일하면서 관리자가 직원들에게 무엇을 원했는지를 이야기했다. 기본적으로 부정직했다. 실제로 그것은 고객의 돈을 훔치는 것이었다.

브리스코는 자신의 신념을 유지하면서 매니저에게 물었다.

"당신이 내가 당신을 위해 훔치길 원한다면, 내게 기회가 있을 때 당신의 것을 훔치지 않을 것이라는 확신의 근거는 무엇인가?"

매니저는 그 대답에 수긍했고 브리스코의 정직함이 옳다는 것을 받아들였다. 때때로 우리는 관계를 깨뜨리지 않고 신념을 유지할 수 있다.

그리스도인 의사는 낙태주의자와 교제할 수 있다. 그것은 낙태를 용인하는 것과 같지 않다. 교사는 성적 문제에 대해 동의하지 않는 동료와 교제할 수 있다. 그리스도인 교사가 분명히 할 수 없는 것은 성경과 반대되는 생각을 가르치는 것이다.

바울은 우리가 명백한 고의적인 죄 속에 사는 그리스도인들과 교제해서는 안 된다고 말했지만, 회심하지 않은 세상의 성적으로 부도덕한 사람들이나 탐욕스러운 사기꾼 또는 우상 숭배자들과의 교제를 금하지 않으며, 그러기 위해서는 세상에 나가야 할 것이라고 분명히 말했다(고전 5:9-10).

우리가 '좋은 사람들'과만 교제하겠다고 말한다면 우리의 영향력은 매우 작아질 것이다. 우리는 모두 우정을 넓히면서 선을 그을 곳을 결정해야 한다.

우정, 예. 수용, 아니요.

결정해야 할 때 우리가 의지할 수 있는 약속은 다음과 같다.

> 너희 중에 누구든지 지혜가 부족하거든 모든 사람에게 후히 주시고 꾸짖지 아니하시는 하나님께 구하라 그리하면 주시리라(약 1:5).

우리의 딜레마가 하나님께 도움과 지혜를 요청하는 또 다른 이유가 되어야 한다.

당신의 기준선은 어디에 있는가?

3) 양심의 위도 식별

성경에는 어떤 상황에도 항상 잘못된 것들과 어떤 상황에서도 항상 옳은 것들이 나열되어 있다. 그리고 그 중간에 우리가 정중하게 동의해서는 안 되는 것들이 있다.

딸의 동성 결혼식에 참석해야 할까?

결론을 내리기 전에 신중하게 생각해 보자. 그리스도인들은 이 문제에 대해 정당한 의견 차이가 있을 수 있다. 사도 바울은 양심의 충돌에 대해 로마서 14장 한 장을 썼다. 어떤 그리스도인들은 양심의 가책 없이 우상의 제물인 고기를 먹을 수 있지만 다른 그리스도인들은 이것이 표면적으로는 이교도와의 타협이라고 확신했다.

요약하자면 바울은 사실상 이렇게 말한다.

> 아무도 이 문제에 대해 다른 사람을 위해 금지할 수 없으므로 자신에게 약간의 공간을 제공하자. 이 점에서 한 사람의 양심은 다른 사람보다 민감하다. 서로를 성급하게 판단하지 마라(특히 롬 14:10-13절 참조).

"딸의 동성 결혼식에 참석할 수 없다. 나는 그녀에게 나의 신념을 설명하고 나의 지속적인 사랑을 그녀에게 확신시킬 것이다."

또는 "나는 이 죄악의 결합에 동의하기 때문이 아니라, 그녀가 내 자식이고, 내가 그녀의 행동에 동의하지 않음에도 불구하고 그녀에 대한 나의 사랑을 보여 주고 싶어서 참석할 것이다"라고 말하는 부모를 존중하자.

많은 사람이 케이크를 굽거나 결혼식 사진 작가가 되는 것은 동성 결혼에 대한 승인과 기쁨을 나타내는 수용 행위이며, 심지어 축하 행위라고 주장할 것이다(이것은 내 생각이다). 그리스도인이 동성 커플에게 이런 서비스를 제공하는 것에 동의하든 동의하지 않든, 이것은 양심의 문제로 남아야 하며, 마침내 우리 중 누구도 최종적으로 결정하지 않아야 한다.

우리는 반드시 이 세대에게 사랑과 진리가 충돌하지 않는다는 것을 설명해야 한다. 양심에 선을 긋고 "나는 이것을 거절한다"라고 말하더라도 진리에 따른 양심은 매우 사랑스러울 수 있음을 설명해야 한다.

내 개인적 신념이 무엇이든 간에, 그것은 항상 진리를 근간으로 하는 사랑으로 나타내야 한다. 심지어 내가 내 신념의 타협을 거부할 때도 마찬가지다. 그리고 우리는 "믿음에서 나오지 않는 것은 죄다"(롬 14:23)라는 것을 기억해야 한다. 대중문화와는 달리 사랑하기 때문에 거절할 수 있다.

> 의심하고 먹는 자는 정죄되었나니 이는 믿음을 따라 하지 아니하였기 때문이라 믿음을 따라 하지 아니하는 것은 다 죄니라(롬 14:23).

우리가 해서는 안 되는 일, 그곳이 우리가 선을 그어야 할 지점이다. 세상이 우리에게 하라 말라 해서는 안 된다. 문화 엘리트들은 우리가 '사랑'한다면 그들이 원하는 대로 해야 한다고 말한다. 그러나 우리는 변덕스러운 문화 흐름이 아닌 하나님의 말씀에서 사랑과 공의를 도출해야 한다.

4) 깊은 개인적 신념

오늘날 우리는 다니엘의 군대가 필요하다.
마틴 루터도 비슷한 결심을 했었다. 그는 단언했다.

> 나는 여기에 서 있으며 다른 것을 할 수 없다. 양심에 어긋나는 것은 옳지도 안전하지도 않다.

루터는 자기의 뜻 때문에 목숨을 잃을 수 있다고 믿었음에도 그렇게 말했다. 그의 선언의 결과로 황제 찰스 5세는 사실상 이렇게 말했다.

> 루터를 발견한 사람은 누구든 보복 없이 그를 죽일 수 있다.

하나님은 루터의 목숨을 살려주셨지만, 그는 자기의 암살을 예상하며 여생을 살았다.
우리는 젊은이들에게 깊은 신념을 갖도록 가르쳐야 한다.

제3장 양심의 충돌(적대적 환경에서 믿음 지키기)　111

"나는 더럽혀지기를 거부한다. 나와 다른 사람들을 존중하겠지만, 실패나 퇴학을 당하더라도 또는 더 나은 학교 점수를 얻기 위해 믿음을 타협하는 것을 거부한다. 나는 매일 받는 성적 압박감에 더럽혀지지 않을 것이다."

내 아내 레베카와 나는 동독이 공산주의의 지배 아래 베를린 장벽 뒤에 있을 때 동독을 여행했다. 그곳의 한 목사는 공산주의자들이 사람들에게 이렇게 경고했다고 말했다.

"만약 당신이 교회에 출석하면 당신의 자녀는 대학에 갈 수도 없으며, 어떤 승진도 할 수 없고, 가장 낮은 임금을 받는 일자리를 얻게 될 것이다."

대부분의 사람이 압력을 받고 자녀와 가족을 생각했다. 그들은 "그게 생계이며 내 아이들에게 좋은 교육을 제공한다면 우리는 항복하고 국가에 복종할 것이다"라고 말했다. 한 연구에 따르면 동독 지역에 사는 사람 중 13퍼센트만이 하나님을 항상 신뢰했다고 말했다.[8]

그러나 용기 있는 그리스도인들이 있었다.

"우리는 다른 그리스도인들과의 교제를 멈추지 않을 것이다. 우리는 교회에 갈 것이다. 우리는 하나님을 믿고 공산주의자들의 협박에 굴복하지 않을 것이다."

공산주의자들은 약속을 지켰다. 그리스도인들은 소외되었고, 가장 낮은 보수를 받는 직업을 받았고, 그들의 아이들은 좋은 교육을 받지 못했다. 아시다시피, 일부 공산주의 국가에서는 그리스도인들을 투옥, 고문, 또는 사형에 처했다.

100년 후, 사실 지금부터 100년도 채 안 되는 세월이 흐른 지금, 어느 가족이 가장 올바른 결정을 내렸을까?

8　*Spiegel Online*, "Only the Old Embrace God in Former East Germany", April 19, 2012, http://www.spiegel.de/international/zeitgeist/report-shows-highest-percentage-of-atheists-in-formereast-germany-a-828526.html.

협박을 거부한 사람들이 아닌가?

부모로서, 나는 내 아이들이 그들의 친구들과 당국에 의해 외면당하는 것이 얼마나 어려운지 이해가 간다. 먹을 것을 찾아 헤매는 가족들의 고난은 상상조차 할 수 없다. 그러나 하나님을 믿는 사람들은 하나님이 신실하시고, 그들의 필요를 충족시키시고, 가장 중요한 것은 그들의 박해를 견뎌낼 수 있는 은총을 준다는 것을 알게 되었다.

그러나 그들은 어떤 대가를 치르더라도 신실함으로써 하나님께 영광을 돌리지 않았을까?

5) 근본적인 순종에 전념

하나님이 유대인들을 바벨론으로 데려오신 두 가지 목적이 있었다.

첫째, 하나님이 우상 숭배를 얼마나 싫어하는지 가르쳐 그들을 겸손하게 만드시는 것이었다.

둘째, 하나님은 약속을 지키시는 분으로 계시될 수 있도록 그들을 바벨론 사람들에게 빛으로 데려오셨다.

하나님은 약속을 지키셨다. 70년 후에 유대인들은 예루살렘으로 돌아갔다. 그들에게 '미래와 희망'을 주셨다. 하나님은 뜻은 이것이다.

"내가 너를 멸하려는 것이 아니라 너를 단련하려고 여기로 데려왔다. 너희를 버리지 않았다. 겸손하기를 바란다."

이것이 또한 오늘날 우리 교회에 대한 하나님의 뜻이라고 할 수 있지 않을까?

견고한 모든 것이 사분오열하고 있다. 매일 뉴스에서 새로운 도미노가 쓰러진다. 문제는 우리가 무엇을 해야 하는가다. 하나님이 이렇게 말씀하시는 것 같다.

"나는 너희를 겸손하게 만들고 있다. 나는 너희가 최후의 승리를 거둘 기회를 얻도록 너희가 패배하도록 하겠다."

한편, 우리는 그분의 증인이 되도록 부름을 받았다.

교회와 문화에 대한 이해로 유명한 팀 켈러(Timothy J. Keller) 목사는 우리가 단지 우리 문화에 집중할 것이 아니라 우리 자신에게 집중해야 한다고 경고한다. 우리는 세상의 실패보다 우리 자신의 실패를 더 명확하게 보아야 한다. 그는 다음과 같이 말한다.

> 그리스도인들은 새로운 이교도의 다원적 상황 앞에 겸손해야 한다. 유배자들과 마찬가지로 이런 상황은 대부분 우리 자신의 실패 때문이다. 교회는 단순히 믿음의 사악한 적들 때문에 특권을 잃은 것이 아니다. 우리는 우리의 교만, 위선, 권력에 대한 사랑, 편견, 편협함, 진리를 고수하지 못하는 것에 대한 하나님 심판의 일부로서 우리의 지위를 잃었다. 이것이 하나님이 사람들에게 관심을 두게 하는 방법이다.

다음에 팀 켈러는 우리 모두가 들어야 할 책망을 덧붙인다.

> 우리는 우리 주변의 불신 문화보다, 은혜롭고 겸손한 회개 속에 우리 자신에게 훨씬 더 엄격해야 한다. 그것은 추방자들과 우리에게 중요한 교훈이었다. 우리의 첫 번째 반응은 회개여야 한다. 우리는 교회의 증언이 약하기 때문에 그리스도를 믿지 못하는 사람들을 매우 깊이 이해해야 한다. 오늘날 우리 문화에서 일어나고 있는 많은 일은 우리가 기꺼이 인정하려는 것보다 우리가 더 크게 잘못했기 때문에 일어났을지도 모른다.[9]

---

9 Tim Keller, "Exiles in a Foreign Land", from *Living in a Pluralistic Society* (Bible study),(New York: Redeemer Presbyterian Church, 2006) http://s3.amazonaws.com/churchplantmedia-cms/chatham_community_church_pittsboro_nc/engage-seriesdiscussion-guide.pdf.

예수님은 연약한 몸으로 십자가에 못 박히셨다. 그는 유대인 공동체와 사람들이 멸시하는 지도자와 동일시되는 것이 너무 두려웠던 자신의 추종자들의 추방자로 돌아가셨다. 그러나 씨앗은 땅에 떨어져 놀라운 열매를 맺었다. 마찬가지로 오늘날 교회인 우리는 문화에 약하다. 우리는 때로는 그럴듯한 이유로, 때로는 그렇지 않은 이유로 경멸당한다. 문제는, 우리가 우리의 약점을 기꺼이 인정하고, 하나님을 찾으며 복음을 위해 사는 대가를 치를 용의가 있느냐는 것이다. 하나님은 우리가 패배하고 있는 것처럼 보일지라도 우리가 그분을 대표하기를 원하신다.

우리의 연약함이 하나님의 권능을 제한하지 않는다. 만약 우리의 무력함을 알고 하나님을 찾는다면 그분의 힘은 우리의 약점 때문에 완벽할 것이다. 비록 우리가 지는 것처럼 보일 때도 이길 수 있다.

"내가 여기에 서 있나이다. 내가 할 수 있는 일이 없습니다. 하나님 도와주세요."

제4장

국가가 하나님이 될 때
(타협 대신 굳게 서기)

카이사르(가이사)는 종종 우리의 충성을 얻기 위해 하나님과 경쟁한다. 이상적인 조건에서 국가의 책임은 시민들을 보호하고 그들이 번영할 수 있도록 하는 법을 제정하는 것이다. 그러나 국가는 종종 개인의 자유와 어긋나는 법으로 과민하게 대처한다. 국가가 하나님에게서 표류하여, 종교의 자유를 침해하고 하나님 구실을 함에 따라 압력을 가중시킨다.

미국에 관해 이야기하기 전에, 역사를 다시 살펴보자. 예수님이 손에 동전을 들고 "가이사의 것은 가이사에게, 하나님의 것은 하나님께 바쳐라" (마 22:21)라고 말씀하셨을 때, 우리에게는 두 가지 책임이 존재한다. 하나는 하나님께, 하나는 국가에. 이상적인 상황에서는 양쪽에 우리의 책임을 다할 수 있다.

그러나 이 둘 사이의 갈등은 2,000년 교회 역사의 주요 주제였다.

로마 정부는 국가의 통일이 종교적 합의에 달려 있다고 확신했다.

"시저는 나의 주인이다."

이렇게 말하기를 거부한다면, 이는 국가에 대한 불성실한 행위, 즉 반역 행위였다. 시저는 충성을 위해 하나님과 경쟁했고, 시저에게 절하지 않은 많은 사람이 처형되었다.

콘스탄티누스가 로마 제국을 '기독교화'한 후(이 과정은 A.D. 314년) 신발은 다른 발에 있었다. 그리스도인들은 이제 이교도들과 같은 이데올로기를 실행하고 있었다. 이제 기독교로 개종하는 것을 거부하는 것이 불법이 되었다. 그러나 그리스도인들조차 이 '기독교 국가'의 통치 아래 고통을 겪었다. 도나투스파(Donatists)라는 그리스도인들은 교회가 국가와 분리되어야 한다고 믿고 자유를 주장했다.

수년간의 갈등 끝에 도나투스파의 신자들은 박해를 받고 이단으로 간주 살해되었다. 여러 가지 이유로 신학자이자 철학자로 존경받는 아우구스티누스는 히포의 주교로서, "하나님은 교회에 두 개의 검을 주셨다"라고 말했다. 하나님 말씀의 검과 강철의 검, 후자의 칼은 종종 이단자로 여겨지는 사람들에게 사용되었다.

A.D. 800년 크리스마스에 교황 덕에 왕관을 쓴 샤를마뉴는 유아 세례를 받지 않은 자녀의 모든 부모를 사형에 처해야 한다고 선언했다. 그것은 신학의 문제가 아니었다. 가톨릭교회는 유아 세례를 기독교 통일의 상징으로 보았다. 그것은 신성로마 제국의 구성원들에게 합법성을 부여한 의식이었다. 유아 세례는 아이를 그리스도인으로 만든 의식일 뿐만 아니라 제국의 시민이 되는 의식이었다. 그래서 부모들은 그들의 아이들에게 세례를 주어야 했고, 그렇지 않으면 사형에 처해졌다. 국가가 하나님이 되었다.

공산주의와 파시즘(전체주의 독재)은 종교의 자유가 국가의 규율에 종속된, 더 현대적인 정권의 예다. 이런 상황에서 교회가 존재하려면 국가의 법규를 따라야 한다. 주 정부는 가정에서 자녀들이 재택학습을 할 수 없다고 말할 수 있으며 목회자에게는 강단에서 말할 수 있는 것과 할 수 없는 것이 있다고 할 수 있다. 우리는 모두 그런 나라에서 그리스도인들이 종교적 표현의 자유를 거부당했다는 것을 알고 있으며, 수년 동안 많은 사람이 투옥, 사회에서의 소외, 심지어 죽음까지 그들의 신념에 대한 많은 대가를 치렀다.

미국은 달랐다. 한 나라가 통일될 수 있다는 것은 공통 종교가 아니라 헌법에 따라 발견되었다. 따라서 우리는 '교회와 국가'를 분리한다. 이것은 국가가 종교적 관습을 방해하지 않는다는 것을 의미했다. 모든 사람이 속해야 할 국가 교회는 없을 것이다. 고용이나 미국 시민권을 얻기 위한 조건으로 정해진 종교는 없다.

이와 함께 언론의 자유 같은 중요한 권리가 존재한다. 불행히도, "나는 당신이 말하는 것에 동의하지 않지만, 그것을 말할 권리를 지키기 위해 죽을 때까지 싸울 것이다"라는 격언은 이제 적용되지 않는다. 퓨리서치 연구에 따르면, 밀레니얼 세대의 40퍼센트는 사람들이 소수 집단이 불쾌감을 느끼는 말을 공개적으로 하지 못하도록 정부가 막아야 한다고 생각한다.[1]

바울이 에베소서 4:15에서 우리에게 권고한 것처럼, 우리는 그리스도인으로서 사랑으로 진리를 말해야 한다는 점을 분명히 한다. 물론 우리는 분노나 불친절함에서 나오는 말을 해서는 안 된다. 그러나 이것에 대해 생각해 보자. 정부가 일부 그룹이 불쾌하다고 생각하는 발언을 제한할 수 있다는 맥락에서 복음을 나누는 것 역시 잠재적으로 그런 제한에 속할 수 있다.

일부 사람들은 수정헌법 1조에 따라 보호되는 언론의 자유가 다른 사람들이 그들을 불쾌하게 하는 말을 하도록 허용할 수 있다고 우려한다. 대학생들은 종종 동의하지 않는 캠퍼스 연사에게 항의할 것이고, 그들 중 많은 학생이 소리를 지르거나 심지어 폭력에 의존함으로써 연사를 침묵하도록 하는 것이 허용된다고 믿는다.[2]

---

1 Jacob Poushter, "40% of Millennials OK with limiting speech offensive to minorities", Pew Research Center, November 20, 2015, http://www.pewresearch.org/fact-tank/2015/11/20/40-of-millennials-ok-with-limiting-speech-offensive-to-minorities/.
2 John Villasenor, "Views among college students regarding the First Amendment: Results from a new survey", *Brookings* (blog), September 18, 2017, https://www.brookings.edu/blog/fixgov/2017/09/18/views-among-college-students-regarding-the-first-amendmentresults-from-a-new-survey/.

여기에 아이러니가 있다. 그들에게 동의하지 않는 사람들의 자유를 거부할 준비가 되어 있는 검열자들은 우리 문화에서 '관용'으로 인식되는 반면, 다른 견해를 표현하는 사람들은 '불관용'이라고 한다. 다시 말해 좌파의 철학을 말하는 것은 설교 관용이지만, 반대되는 견해를 제시하는 용기 있는 사람에게는 편협하다며 허용하지 않는다. 수정헌법 제1조 때문에 언론의 자유를 법적으로 제한하기가 어렵다. 미국에서 언론의 자유를 제한하는 가장 좋은 방법은 특히 성적인, 현재의 '문화적 주류'에 반대를 표명하는 사람들을 공개적으로 수치스럽게 하는 것이라고 말하는 사람들이 있다. 수치심은 침묵하게 만든다.

유럽과 캐나다에서 제정된 "증오 발언법"(Hate Propaganda)은 일부를 정당하게 보호했지만, 이슬람과 같은 특정 집단이나 종교의 행동과 교리에 반하는 사람의 자유를 제한했다. 캐나다 의회는 201 대 91로 '이슬람 공포증'을 비난하는 발의안 103(Motion 103, M-103)[3]을 통과시켰으며, 그 의미

---

3 다음은 역자 주이다.

발의안 103(Motion 103, M-103)
2017년 미시소거 에린 밀스 지역의 캐나다 하원의원 이크라 칼리드(Iqra Khalid, 1985년 파키스탄 펀잡주 바하왈푸르 출신)에 의해 제42차 캐나다 의회에 발의된 동의안으로 전문은 다음과 같다.

(a) 대중의 증오와 공포를 진정시킬 필요성을 인식해야 한다.
(b) 이슬람 혐오증 및 모든 형태의 조직적 인종차별과 종교적 차별을 비난하고 하원의 청원 e-411과 그에 의해 제기된 문제에 주목해야 한다.
(c) 캐나다 유산상임위원회가 정부가 어떻게 할 수 있는지에 관한 연구를 수행하도록 요청한다.
   (i) 캐나다에서 이슬람 혐오증을 포함한 조직적 인종차별과 종교적 차별을 줄이거나 없애기 위한 정부 차원의 접근 방식을 개발하는 동시에 증거 기반 정책 결정을 통해 총체적 대응으로 지역 사회 중심의 초점을 보장한다.
   (ii) 자료를 수집해 증오 범죄 보고서를 맥락화하고 영향을 받는 지역 사회에 대한 요구 사항 평가를 수행하며, 위원회는 보고서에 있는 경우 이 동의를 채택한 후 달력 일 기준으로 240일 이내에 하원에 결과 및 권장 사항을 제출해야 한다. 위원회는 캐나다 권리 및 자유 헌장을 포함하여 헌법에 명시되어 있는 권리와 자유를 더 잘 반영하기 위해 정부가 할 수 있는 권고를 해야 한다.

는 정의하지 않았지만, 이 법안의 발의에 따라 타 종교는 보호되지 않는다.[4] 이는 이슬람(심지어 급진적 이슬람까지도)을 비난하는 사람에 대해서는 비난이나 기소에서 면책되지 않는다는 것을 의미한다. M-103의 옹호자들은 이것이 '구속력이 없으며' 따라서 언론의 자유에 대한 위협이 아니라고 말한다.

그러나 여러 해 동안 캐나다는 "증오 발언법"을 가지고 있었다. 형법 318조, 319조, 320조는 다양한 적용이 가능한 '증오 선전'을 금지하고 있다. 예를 들어, 마크 하딩(Mark Harding) 목사는 이 범죄로 기소되어 유죄판결을 받았다. 그는 자신의 지역 학교에서 이슬람의 진흥을 반대했기 때문이다. 기독교, 힌두교 또는 불교에 주는 특권 없이 집행유예 2년의 선고를 받았고, 그는 무슬림 이맘에게 300시간 이상의 세뇌 교육을 받아야 했다.[5]

우리가 자유를 잃을 때 비정상적인 변화가 초래될 수 있다. 헤이스팅스 대학(Hastings University)이 '기독교법학회'(Christian Legal Society) 지도자들에게 일정한 신념과 행동을 고수하도록 요구할 수는 없지만, 차별 없이 모든 학생에게 개방해야 하다고 주장했을 때, 기독교법학회와 마르티네즈(Martinez) 사이에 법적 소송이 발생했다. 이것은 무신론자가 '기독교법학회'의 회장이 될 수도 있다는 것을 의미한다.

하원 청원 e-411
극소수 극단주의자들이 이슬람교를 대변한다고 주장하면서 테러 활동을 벌였고, 그 결과 캐나다에서 반무슬림 정서가 눈에 띄게 떠오르는 구실로 사용되었다. 이 폭력적인 사람들은 이슬람교의 가치나 가르침을 어떤 식으로든 반영하지 않는다. 사실 그들은 이슬람교를 잘못 표현하고 있다. 우리는 그들의 모든 활동을 절대적으로 거부한다. 그들은 종교, 신념 및 무슬림이 세계의 모든 사람과 평화롭게 공존하려는 욕망을 절대로 대표하지 않는다. 캐나다 시민과 거주자인 우리는 하원에 우리와 함께 극단주의자들이 이슬람교를 대표하지 않는다는 것을 인식하고 모든 형태의 이슬람 혐오증을 비난할 것을 요청한다.

[4] "Vote No. 237", Parliament of Canada, March 23, 2017, http://www.ourcommons.ca/Parliamentarians/en/votes/42/1/237/.

[5] Art Moore, "Punishment Includes Islam Indoctrination: Canadian to resume hate-crimes sentence under Muslim direction", WND, October 31, 2002, http://www.wnd.com/2002/10/15738/.

대학 측의 이런 행동은 결사의 자유와 종교의 자유를 부정하는 것이다. 대학의 학생 집단이 지도자에 대한 종교적, 정치적, 도덕적 요구 사항을 가질 수 없다는 생각은 상식에 어긋나고, 그것은 그런 집단의 설립 목적을 무너뜨린다.[6]

오늘날 언론의 자유에 대한 우리의 가장 큰 위협 중 하나는 성적 지향과 성 정체성을 법적으로 보호하자는 제안이다. 소위 성적 지향성 및 성 정체성(SOGIS-Sexual Orientation and Gender Identity)이라고 불리는 이 제안들은 "헌법적으로 보호되는 양심과 언론의 자유와 시민의 사생활권과 존엄성을 침해하며, 시민이 공공 광장에서 그런 믿음을 실천하고자 할 때, 진정성 있고 깊이 있는 종교적 신념에 대하여 상당한 법적, 재정적 책임을 부과하려는 것이다."[7]

기독교 서점이나 기업의 고용주들은 지방정부의 지침을 충족시키기 위해 LGBTQ 직원을 고용해야 할 것이다.

미국에서 종교의 자유는 예전 같지 않다!

최근 이스라엘 여행에서 우리는 로마 군대에 대항하여 900명 이상의 유대인이 사망한 마사다를 방문했다. 우리는 이 도전적인 유대인들이 로마 동전을 가져다가 시저의 이미지 위에 '메노라'와 같은 자신의 유대인 상징을 새겼다는 것을 알게 되었다. 그들은 중요한 말을 남겼다.

"하나님에 대한 우리의 충성은 시저에 대한 충성을 능가한다."

그리고 그들은 그 믿음에 따라 죽었다.

나는 그런 결과에도 불구하고 교회 회원들이 국가의 무거운 짐을 견디고 하나님께만 순종할 수 있도록 준비시키는 것이 교회의 책임이라고 믿

---

[6] Christian Legal Soc. Chapter of Univ. of Cal., *Hastings College of Law v. Martinez* (No. 08-1371), Cornell University of Law School, https://www.law.cornell.edu/supct/html/08-1371.ZS.html.

[7] "Protecting Conscience & Privacy Against the Heavy Hand of Government", Alliance Defending Freedom.

는다. 우리는 마음을 가질 수 있다. 하나님의 백성은 이미 이전에 이런 침입을 경험했다. 사실 대부분의 교회 역사를 통틀어 신자들은 항상 하나님과 카이사르 중 하나를 선택해야 했다. 초기 교회는 박해를 피하게 해 달라고 기도하지 않았고, 오히려 박해가 왔을 때 그리스도를 옹호하는 담대함과 인내를 위해 기도했다. 이제 우리를 격려할 예시를 보자.

1. 느부갓네살, 우상, 하나님

유대인들이 바벨론에 도착했을 때 그들은 오직 하나님이 그들에게 부여한 특권을 빼앗은 강력한 나라에서 살도록 강요받았다. 마지막 장에서 우리는 다니엘이 사드락, 메삭, 아벳느고와 함께 바벨론 정부에서 일하면서 청렴하게 하나님의 은총을 받으며 바벨론을 섬겼다는 것을 본다. 그것은 그들의 믿음이 심각한 위기에 부딪히기 전이었다.

느부갓네살왕은 금빛 머리를 가진 신상의 꿈을 꾸었다. 왕은 그 꿈을 해석하기 위해 다니엘을 불렀다. 그는 금 머리는 느부갓네살이라고 말했다. 신상의 다른 신체 부위 곧 가슴, 몸통, 다리, 발은 앞으로 일어날 다른 왕국을 대표했다. 그것은 역사상 가장 위대한 예몽 중 하나였으며, 사실로 판명되었다(단 2장 참조).

느부갓네살은 이 이미지를 마음속에서 지울 수가 없었다. 그는 두라 평지에 높이가 27.5미터 지름 2.75미터 되는 금 신상을 세우기로 했다. 그리고 마침내 아주 극적인 사건이 일어났다.

1) 종교적 실천에 관한 새로운 법

바벨론의 모든 주민은 높은 신상 아래 서기 위해 평원으로 끌려갔다. 그리고 왕은 새로운 법을 선포했다.

선포하는 자가 크게 외쳐 이르되 백성들과 나라들과 각 언어로 말하는 자들아 왕이 너희 무리에게 명하시나니, 너희는 나팔과 피리와 수금과 삼현금과 양금과 생황과 및 모든 악기 소리를 들을 때에 엎드리어 느부갓네살왕이 세운 금 신상에게 절하라 (단 3:4-5).

느부갓네살은 '신의 입법자'가 되었고, 그의 새로운 법에 불복종한 결과는 처참했다.

그 신상 앞에 절하지 않는 사람들은 불타는 풀무불에 산 채로 던져질 예정이었다!

악단의 연주가 시작되었으며, 수천 명의 사람이 신호에 따라 절을 했다. 하지만 세 명의 남자가 여전히 서 있었다(그날 다니엘이 어디에 있었는지는 모르지만, 만약 그가 그곳에 있었다면, 그는 틀림없이 반항하여 친구들과 함께했을 것이다).

이 '고집 센' 세 젊은 유대인들에 분개한 사람이 왕에게 그들이 신상에 절하는 것을 거부했다고 고변했다. 그들의 거부에 분노한 왕은 그들에게 개인적 대화를 요청했다. 우리 시대의 언어로 그의 말을 의역하겠다.

아마도 너희는 메모를 받지 못한 것 같다. 음악이 시작될 때 모두가 신상에 절을 해야 한다. 아마도 이해하지 못했을 수도 있으니 두 번째 기회를 주겠다. 우리는 다시 실행할 것이며 나는 너희가 따르기를 기대한다 (단 3:13-15 참조).

그들의 대답은 망설임이 없었다.

사드락과 메삭과 아벳느고가 왕에게 대답하여 이르되 느부갓네살이여 우리가 이 일에 대해 왕에게 대답할 필요가 없나이다. 왕이여 우리가 섬기는 하나님이 계시다면 우리를 맹렬히 타는 풀무 불 가운데에서 능히 건져내시겠고 왕의 손에서도 건져내시리이다. 그렇게 하지 아니하실지라도 왕이여 우리가 왕의 신들을 섬기지도 아니하고 왕이 세우신 금 신상에게 절하지도 아니할 줄을 아옵소서(단 3:16-18).

이것은 모든 성경에서 발견되는 가장 위대한 믿음의 표현 중 하나다.
"우리는 하나님이 우리를 구하실 것이라고 믿지만, 그분이 구하지 않으신다고 하더라도, 우리는 당신의 신상 앞에 절하지 않을 것이다. 그러나 우리는 오직 하늘의 하나님 앞에서만 절을 할 것이다!"

느부갓네살은 분노했다.

느부갓네살이 분이 가득하여 사드락과 메삭과 아벳느고를 향하여 얼굴빛을 바꾸고 명령하여 이르되 그 풀무불을 뜨겁게 하기를 평소보다 칠 배나 뜨겁게 하라 하고(단 3:19).

그리고는 힘센 군인들에게 세 사람을 묶어 불타는 풀무불에 던지라고 명령했다. 우리는 그 군인들이 즉시 불탔다는 것을 본다.

그러자 그 사람들을 겉옷과 속옷과 모자와 다른 옷을 입은 채 결박하여 맹렬히 타는 풀무불 가운데에 던졌더라(단 3:21).

여기에서 우리는 느부갓네살의 사악한 마음을 엿볼 수 있다. 이 세 사람은 그의 충실한 조언자들이었다. 그들은 그의 엄격한 세뇌 프로그램에서 살아남았다. 그들은 진실하게 봉사했다. 분명히 그들의 신앙은 죽음으로 처벌되어서는 안 된다. 하지만 그런 관용은 있을 수 없었다.

세 명의 유대인을 풀무불에 던진 남자들은 즉시 불길에 휩싸였다.

그러나 느부갓네살은 놀랍게도 묶였던 세 사람이 불 속에서 아무렇지도 않게 돌아다니고 있는 것을 보았다!

더구나 그 안에는 세 사람 외에 한 사람이 더 있었다. 그는 믿을 수 없었다.

우리가 세 사람을 불 속에 묶어두지 않았는가?
그러나 나는 네 명의 남자가 불 한가운데서 걷고 있는 것을 보았고, 그들은 다치지 않았다. 넷째의 모습은 신들의 아들과 같다(단 3:24-25).

2. 우리에게 향한 질문

사드락과 메삭과 아벳느고는 어떻게 자신의 신념에 충실할 용기를 가지고 있었을까?

그들은 물론 자신들이 구출되기를 바라는 희망을 표했지만, 또한 잿더미로 변할 준비가 되어 있었다.

"우리를 불 속에 던져넣더라도, 우리는 하나님을 부정하지는 않을 것이다!"

그들의 용기는 어디에서 온 것인가?

1) 하나님의 약속을 믿음

사드락, 메삭, 아벳느고는 하나님의 약속을 믿었다. 우리는 그들이 예언자 이사야에 대해 얼마나 정확하게 알고 있었는지 모르지만, 그들은 하나님이 이스라엘에 하신 말씀을 분명히 알고 있었을 것이다.

> 야곱아 너를 창조하신 여호와께서 지금 말씀하시느니라 이스라엘아 너를 지으신 이가 말씀하시느니라 너는 두려워하지 말라 내가 너를 구속하였고 내가 너를 지명하여 불렀나니 너는 내 것이라. 네가 물 가운데로 지날 때에 내가 너와 함께 할 것이라 강을 건널 때에 물이 너를 침몰하지 못할 것이며 네가 불 가운데로 지날 때에 타지도 아니할 것이요 불꽃이 너를 사르지도 못하리니, 대저 나는 여호와 네 하나님이요 이스라엘의 거룩한 이요 네 구원자임이라 내가 애굽을 너의 속량물로, 구스와 스바를 너를 대신하여 주었노라(사 43:1-3).

물론 그들은 이 약속을 그들의 구원에 대한 확신으로 해석하지 않을 만큼 현명했을 것이다. 많은 순교자가 화형당했다. 이사야에서 발견된 이 약속은 이스라엘 민족이 영원한 존재라는 사실을 확인하는 것이었다. 모든 사람이 불 가운데에서 구출된다는 약속이 아니다. 그러나 그들은 이 정도까지 알고 있었다. 구출 여부와 관계없이 그들은 하나님의 임재를 믿었다.

아마도 이 세 남자는 예루살렘의 회당에서 들은 시편 73편을 기억했을 것이다.

> 내가 항상 주와 함께하니 주께서 내 오른손을 붙드셨나이다. 주의 교훈으로 나를 인도하시고 후에는 영광으로 나를 영접하시리니, 하늘에서는 주 외에 누가 내게 있으리요 땅에서는 주 밖에 내가 사모할 이 없나이다. 내 육체와 마음은 쇠약하나 하나님은 내 마음의 반석이시요 영원한 분깃이시라(시 73:23-26).

우리의 믿음을 타협하라는 압력은 이것이다.

하나님은 약속에 충실하신가?

하나님이 우리를 떠나지도, 버리지도 않으리라는 것이 사실인가?(히 13:5).

문제는 우리가 불길을 피할 것인가가 아니라, 하나님이 우리와 함께 불을 통과하여 걸어가실 것인가이다.

미국에서는 풀무 불에 던져지는 일을 걱정할 필요가 없지만, 우리는 여전히 복음을 전파할 수 있을지 그리고 우리 교회 설교에 미치는 영향이 무엇인지를 걱정해야 한다. 군목들이 복음을 나눌 수 있을지 걱정해야 한다. 우리는 우리 교회가 법적으로 동성 커플을 위한 결혼식장으로 임대되어야 하는지도 걱정해야 한다. 우리는 공립학교에서 우리 아이들의 성애화에 대해서도 걱정해야만 한다.

우리는 기본으로 돌아가야 한다.

하나님의 약속은 여전히 유효한가?

2) 하나님의 섭리를 믿은 사람들

사드락, 메삭, 아벳느고는 하나님을 확고하게 믿었기 때문에 그들이 살 것인지 죽을 것인지를 하나님의 전능한 손에 맡겼다. 우리는 이야기가 어떻게 끝났는지는 알지만, 그들은 그렇지 않았다. 그들이 아는 것은 그들이 불 속에 던져질 때, 그들은 불태워지고 잿더미로 남을 운명이었다. 그러나 그들은 하나님께 충실해야 한다고 믿었다. 그 결과는 하나님의 것이었다.

이 이야기에서 우리가 취하지 말아야 할 한 가지 교훈은 하나님이 항상 그분의 백성을 불에서 구출하시거나, 굶주린 사자의 입을 닫으려고 천사를 보내시는 건 아니라는 것이다. 교회 역사는 충실한 신자들이 말뚝에 묶여 불에 타거나 사자에게 던져지는 이야기로 가득 차 있다. 오늘날에도 매달 수백 명의 그리스도인이 신앙 때문에 죽임을 당하고 있다. 그들은 신성한 개입 없이 죽었다.

히브리서 11장은 종종 믿음의 영웅들에 대한 위대한 목록이라고 불리지만 이 장은 모세, 엘리야, 다니엘과 같은 기적을 행하는 방법을 가르치기 위해 작성된 것이 아니다. 대신, 그것은 우리에게 더 심오한 진리를 지적한다. 어떤 형태의 구출도 보지 못하고, 고난을 겪고 죽는 사람들은 믿음의 영웅들이다.

그들은 또한 하나님이 그들을 돌보셨다는 경험적 증거가 없는데도 계속 믿었기 때문에 영웅이다!

이것을 놓치지 마라. 히브리서 11:36에 급격한 변화가 나온다. 처음 35절까지 많은 기적을 나열한 후 갑자기 "다른 사람들은 조롱과 채찍질을 당했다"라고 기록했다. 그런 다음 다른 신자들이 견뎌 낸 공포의 목록을 제시한다. 다니엘의 세 친구를 불길에서 구출한 "네 번째 사람"도 없었고, 사자의 입을 닫은 천사의 개입도 없었다. 홍해의 갈라짐도 없었고, 다른 이들은 하늘의 도움의 손길 없이 고난을 겪었다. 하지만 이 이름 없는 사람들도 큰 상을 받을 자격이 있다.

사도행전 12장을 보면, 야고보와 베드로는 감옥에 있었다. 헤롯왕은 야고보를 죽이기로 했다. 베드로는 그가 다음이라고 들었다. 베드로는 예상되는 처형 전날 밤에 잠들었지만(아마도 천국에 가려고 휴식을 취했을 것이다!) 예기치 않게 천사가 그들을 깨우고 감옥 문을 열어 동료들이 모두 모인 기도회로 인도했다 ….

나의 요점: 우리는 어떤 사람은 살 수 있는데 다른 사람은 순교하는지 그 이유를 모른다. 그 신비는 하나님의 뜻에 감추어져 있다. 우리는 그것을 '섭리'라고 부른다.

"하나님, 우리는 하나님이 이 젊은 엄마를 암에서 구하실 수 있음을 알고 있습니다. 그러나 그리하지 않으실지라도 우리는 하나님의 이름에 대한 우리의 헌신과 믿음을 꺾지 않을 것입니다."

우리는 하늘에 계신 우리 아버지 뜻을 예측할 수 없다. 그는 종종 우리를 불에서 구출하시지만, 어떤 때는 우리를 불에 타게도 하신다. 어느 쪽이든 그분은 우리와 함께하신다. 우리는 이생이나 다음 생에서나 어디서든 버려지지 않는다. 우리는 지상에서 구원의 기적을 보지 못할 수도 있지만, 하늘이 우리를 기다리고 있다. 한편, 우리는 설명이 아니라 약속에 따라 살아간다.

우리는 우리 자신을 위해만 아니라 우리를 보는 사람들을 위해 고난을 받는다. 예수님은 제자들에게 이방인들에게 증거가 되기 위해 박해를 받을 것이라고 경고하셨다.

> 또 너희가 나로 말미암아 총독들과 임금들 앞에 끌려가리니 이는 그들과 이방인들에게 증거가 되게 하려 하심이라(마 10:18).

나는 많은 IS 대원들이 순교한 그리스도인의 죽음을 목격한 후 그리스도를 개인적으로 믿게 되었다고 생각한다. 사도 바울은 스데반의 순교가 그에게 미친 영향을 회상했다(행 22:17-20 참조).

일부 그리스도인들이 사자에 의해 갈기갈기 찢겨질 때, 그들은 하늘을 쳐다보았는데, 단지 하늘만 쳐다본 것이 아니라, 마치 뭔가 또는 누군가를 보는 것 같았다고 한다. 아마도 첫 번째 순교자인 스데반처럼 그들은 이미 예수님이 아버지 하나님의 우편에서 그들을 환영하는 것을 보았을 것이다.

사드락, 메삭, 아벳느고를 구원한 '네 번째 사람'은 우리가 그분을 보지 못하더라도 우리와 함께 걸으신다는 사실을 알려 준다. 하나님의 임재를 경험하기 위해 우리가 반드시 구출될 필요는 없다. 우리는 예측을 통해 하나님의 목적을 읽으려는 노력을 중단해야 한다는 데 동의하자. 한두 마디는 볼 수 있겠지만, 완전한 문장이나 완전하고 영원한 그림은 이해하지 못한다. 나는 하나님이 어떤 일을 하실지 예측하려는 시도를 그만두었다.

하나님은 나를 너무 많이 놀라게 하셨다!

3. 우리를 위한 변화의 교훈

어쩌면 우리는 풀무 불에 던져지지 않겠지만, 우리 중 일부는 동성애를 인정하지 않거나 샤리아법에 대한 의견 불일치를 표함으로써 일자리를 잃을지도 모른다. 아니면 우리는 '정치적 올바름'이 정한 규정을 위반했다는 이유로 고객이나 친구를 잃을 수도 있다.

1) 예고된 반대

우리는 고난을 받아들이고 기쁨으로 그렇게 할 필요가 있다. 베드로는 편협한 로마 제국 아래 사는 신자들에게 이렇게 편지를 썼다.

> 사랑하는 자들아 너희를 연단하려고 오는 불 시험을 이상한 일 당하는 것 같이 이상히 여기지 말고, 오히려 너희가 그리스도의 고난에 참여하는 것으로 즐거워하라 이는 그의

영광을 나타내실 때에 너희로 즐거워하고 기뻐하게 하려 함이라. 너희가 그리스도의 이름으로 치욕을 당하면 복 있는 자로다 영광의 영 곧 하나님의 영이 너희 위에 계심이라 (벧전 4:12-14).

국가와 예수님 사이에서 순종이 요구될 때 우리는 항상 예수님을 선택해야 한다. 몇 년 전, 많은 복음주의자(복음주의자가 아닌 지도자 일부 포함)가 『맨해튼 선언: 기독교 양심의 부름』(Manhattan Declaration: A Call of Christian Conscience)이라는 문서에 서명했으며, 이는 국가의 간섭으로 반대가 증가에 상황에 대한 우리의 선언을 확인하는 것이다. 그 일부는 다음과 같다.

> 우리는 … 하지 않을 것이다. 우리가 부도덕한 성적 동반자 관계를 축복하도록 강요하거나, 결혼이나 그에 상응하는 것을 취급하거나, 우리가 알고 있는 도덕과 부도덕, 결혼과 가족에 대한 진실을 선포하지 못하도록 하는 규칙을 따르지 않을 것이다. 우리는 카이사르의 것이 무엇이든 완전히 그리고 아낌없이 카이사르에게 바칠 것이다. 그러나 어떤 상황에서도 우리는 하나님의 것을 카이사르에게 바치지 않을 것이다.[8]

우리 자신뿐만 아니라, 우리와 동의하지 않는 사람들을 위해, 우리는 양심의 자유를 지키겠다고 '우리 마음에 뜻'을 세워야 한다. 이 때문에 '교회와 국가의 분리'는 필수적이다. 우리는 성경이 인도하는 대로 개인적 신념을 실현할 수 있는 자유를 주장한다.

두려움과 분노는 그리스도인들에게 선택 사항이 아니다. 우리는 적대적인 문화 속에서 예수와 동일시되는 것이 특권이라고 여겼던 초기 교회를 모방할 수 있어야 한다.

---

[8] "Robert George, Timothy George, and Chuck Colson, Manhattan Declaration: A Call of Christian Conscience", Manhattan Declaration, November 20, 2009, http://manhattan-declaration.org/man_dec_resources/Manhattan_Declaration_full_text.pdf.

다음 신발이 떨어질 때 놀라지 말자.

2) 홀로 서는 법을 배우자

유다에서 바벨론까지 끌려간 유대인이 1만여 명 정도가 아니었을까? 그들 모두 우상에게 절을 했을까?

그들은 평야 반대편에 있었을 텐데 아무도 그들이 절을 하지 않고 서 있는 것을 보지 못했을 것이다. 음악이 시작되었을 때 절을 했을 가능성이 더 크다고 생각한다. 그들은 스스로 이렇게 말했을 것이다.

"우리는 우상에게 절하는 것이 아니라 마음속으로 여호와께 절하는 것이다. 그래서 우리는 우상에게 절하지만, 우리 마음속에 우리가 여전히 하나님 앞에 서 있는 것을 아실 것이다."

우리는 어떻게 했을까?

일부 동성애 권리 단체는 동성 결혼에 반대하는 사람들을 표적으로 삼기 때문에, 내가 아는 한 복음주의 교회는 교회 웹 사이트에서 장로들의 이름을 삭제하는 것을 고려했다. 그들이 우려하는 것은, 이 운동가들이 장로들을 괴롭히기 위한 표적으로 삼을 수 있으며, 성경적 결혼의 신성함을 고수하는 사람들을 해고하도록 고용주들에게 압력을 가할 수 있다는 것이다.

나는 그런 압력을 이해하지만, 우리 교회가 위협이나, 괴롭힘이나 심지어 생계를 잃는 것 때문에 꺾일 것인가?

사드락, 메삭, 아벳느고는 몸으로 절하고 마음으로는 하지 않았어야 할까?

우리가 믿는다고 공언하는 복음의 힘을 신뢰하지 못하는 것인가?

나는 미국 교회가 그 신념에 부응하고 그 결과를 받아들이기를 기도한다.

그리스도인으로 밝혀지기를 원치 않기 때문에 카페나 식당에서 머리 숙여 하늘에 계신 아버지께 감사 기도를 드리지 않는 이들이 있다. 그러나 예수님은 이렇게 말씀하셨다.

> 누구든지 이 음란하고 죄 많은 세대에서 나와 내 말을 부끄러워하면 인자도 아버지의 영광으로 거룩한 천사들과 함께 올 때에 그 사람을 부끄러워하리라 (막 8:38).

대부분의 유대인은 하나님을 두려워하는 것보다 풀무 불을 더 두려워했기 때문에 우상에게 절했다. 최근의 역사에서 우리는 히틀러를 반대한 사람들의 이름을 많이 기억하지 못하지만 디트리히 본회퍼(Dietrich Bonhoeffer)와 마틴 니묄러(Martin Niemöller) 목사 및 기타 몇 명은 기억한다. 우리가 그들을 기억하는 한 가지 이유가 있다. 그들은 세상 의제에 굴복하지 않았다. 때때로 그들은 거의 완전히 홀로 서 있었다. 겁쟁이는 오랫동안 기억되지 않는다.

물론 우리에게 알려지지 않은 영웅들이 많지만, 그들은 하나님께 알려져 있다. 우리는 그들의 신실함 때문에 특별히 존경받을 수밖에 없는 수많은 이름 없는 그리스도인, 기피당하고, 배척당하고, 순교한 사람들을 생각한다. 이 땅에서 알려지든 그렇지않든, 영웅들은 이 땅에서의 영광보다 영원한 영예를 누리는 것을 선호하면서 훗날의 결과를 선택했다.

영향력 있는 18세기 신학자인 조나단 에드워즈(Jonathan Edwards)의 결심은 때때로 이렇게 요약된다.

결의 1: 나는 하나님을 위해 살 것이다.
결의 2: 다른 사람이 하지 않더라도, 나는 여전히 그렇게 할 것이다.[9]

---

[9] Jonathan Edwards's first two resolutions are often summed up as quoted in the text; however the original versions can be found here: *The Works of Jonathan Edwards* vols. 1-26 (New Haven, CT: Yale Univ. Press, 1957-2008).

3) 충성을 위해 자유는 필수가 아니다

교회의 역사를 연구하면 서양에서 우리의 자유가 변칙적이었다는 사실에 놀랄 것이다. 지난 2,000년 동안 교회는 종교의 자유가 없었다. 기독교의 이야기는 감옥에 보내졌거나, 화형에 처하거나, 익사하거나, 자신의 무덤을 파게 한 사람들로 넘쳐난다.

다가올 생에서의 승리를 위해 우리가 이 세상에서 이길 필요가 없다는 것을 잊지 말자. 예를 들어, 우리는 1415년에 프라하에서 복음을 전했다는 이유로 콘스탄츠(Constance)에서 화형당했던 얀 후스(Jan Hus)를 생각한다. 그는 이생에서 졌지만 다가올 생에서 이겼다. 우리는 수세기 초에 스미르나(Smyrna)에서 죽은 폴리갑(Polycarp)을 생각한다. 우리 세대의 수많은 순교자, 특히 복음을 위해 순교한 것에 대해 특별한 영예를 받게 될 폐쇄된 나라의 순교자들을 생각한다.

국가가 도전적으로 하나님을 대체할 날이 올 것이다. 다가오는 사악한 짐승에 대해 우리는 그가 하늘의 하나님을 모독한다고 읽었다.

> 또 권세를 받아 성도들과 싸워 이기게 되고 각 족속과 백성과 방언과 나라를 다스리는 권세를 받으니, 죽임을 당한 어린 양의 생명책에 창세 이후로 이름이 기록되지 못하고 이 땅에 사는 자들은 다 그 짐승에게 경배하리라 (계 13:7-8).

상상해 보라!

모든 부족, 사람, 언어 및 국가 권위 대부분은 짐승에게 절하겠지만, 그렇지 않은 남은 자들이 있을 것이며 영원토록 특별한 영예를 얻게 될 것이다. 그들은 창세 이전에 생명책에 이름이 기록된 사람들로 묘사되었다.

캘리포니아에 있을 때, 한 친구가 프랭크 시나트라(Frank Sinatra)의 무덤을 보자고 우리를 데려갔는데, 그의 묘비에는 프랭크 시나트라의 노래 중 하나인 〈최고의 것은 아직 오지 않았다〉(The Best Is Yet to Come)라는 제목이 있었다. 그것은 물론 그리스도를 믿는 사람들에게는 사실이지만, 믿지 않는 사람들에게는 그렇지 않다, 그들은 "최악의 것은 아직 오지 않았다"라고 읽을 수 있다.

영원한 관점이 얼마나 큰 차이를 만드는가!

4) 진정한 증인의 힘

놀랍도록 잔인한 느부갓네살왕, 예루살렘을 점령한 바로 그 사람, 모든 사람에게 자신을 숭배하도록 지시하고 거절한 사람들을 불태우려고 한 바로 그 사람, 므로닥에게 기도한 그 사람, 그는 결국 살아 계신 진정한 하나님을 인정하게 되었다!

전혀 예상할 수 없는 일이 일어났다.

풀무 불에서 세 사람의 구출을 목격한 후, 왕은 사드락, 메삭, 아벳느고의 하나님만 경배되어야 한다는 포고령을 내보냈다. 하나님께 반기를 든 사람은 누구든지 벌을 받아야 했다.

> 그러므로 내가 이제 조서를 내리노니 각 백성과 각 나라와 각 언어를 말하는 자가 모두 사드락과 메삭과 아벳느고의 하나님께 경솔히 말하거든 그 몸을 쪼개고 그 집을 거름터로 삼을지니 이는 이같이 사람을 구원할 다른 신이 없음이니라 하더라(단 3:29).

자존심에 한계가 없는 느부갓네살은 그의 업적을 자랑했다. 그러나 하나님은 그를 짐승들과 함께 살게 하고 심지어 짐승들이 먹는 것을 먹도록 함으로써 그를 겸손하게 하셨다.

> 바로 그 때에 이 일이 나 느부갓네살에게 응하므로 내가 사람에게 쫓겨나서 소처럼 풀을 먹으며 몸이 하늘 이슬에 젖고 머리털이 독수리 털과 같이 자랐고 손톱은 새 발톱과 같이 되었더라(단 4:33).

이 굴욕은 그가 하늘의 하나님께로 명백한 개종을 하게 했다. 그는 모든 민족과 국가에 대한 하나님의 주권을 다음과 같이 확증했다.

> 그러므로 지금 나 느부갓네살은 하늘의 왕을 찬양하며 칭송하며 경배하노니 그의 일이 다 진실하고 그의 행하심이 의로우시므로 교만하게 행하는 자를 그가 능히 낮추심이라 (단 4:37).

'무디신학대학교'의 유대인 연구 교수인 마이클 라이델닉(Michael Rydelnik)은 느부갓네살이 진정으로 회개하고 하늘의 하나님께 복종했고, 이에 구원받은 자 중 한 명이 되었으리라는 신뢰할 만한 확실한 이유가 있다고 믿는다고 말했다.[10] 우리는 다니엘이 하루에 세 번 기도했다는 것을 알고 있다. 사드락, 메삭, 아벳느고의 증언과 함께 그의 증언은 열매를 맺었다. 그들이 섬겼던 무자비한 왕, 유대인의 적, 이 왕은 개종하여 그가 천국의 하나님을 전적으로 경배했다는 강력한 증거를 제시했다.

하나님은 때때로 가장 가능성이 낮은 이교도, 최악의 죄인들을 구원하심으로써 우리를 놀라게 하신다.

당신이 기도하고 목격하고 있는 당신의 삶에서 느부갓네살은 누구인가?

---

10 Michael Rydelnik, "Daniel," in *The Moody Bible Commentary*, Michael Rydelnik and Michael VanLaningham, gen. eds.,(Chicago: Moody, 2014), 1293.

4. 목사의 심정으로

크리소스톰(Chrysostom)은 고대 콘스탄티노플(오늘날 이스탄불)의 설교자였다. 그는 부와 권력의 남용에 반대하는 설교를 했고, 이를 싫어하는 당국에 의해 도시에서 추방되었다.[11] 그의 사람들은 목사를 보호하기 위해 몽둥이와 돌을 들었지만, 증가하는 반대자를 물리치기에는 역부족이었다.

오늘날도 마찬가지로 우리는 종종 문화적 반대의 영향으로 무력감을 느낀다. 그렇지만 회중은 그가 순교를 위해 유배되기 전, 그의 마지막 설교를 듣기 위해 교회에 모였다. 그가 말한 내용을 읽어 보자.

> 수많은 파도가 바다를 크게 요동해도, 반석 위에 선 우리 추락이 두렵잖다.
> 바다가 원하는 대로 분노케 하라, 반석을 부수기엔 무력하다.
> 파도가 굴러가게 두어라, 예수님 타신 배는 가라앉힐 수 없다.
> 우리가 무엇을 두려워해야 할까?
> 죽음?
> 내게 사는 것은 그리스도요 죽는 것은 유익이다.
> 추방자인가?
> 땅은 주님의 것이고, 그의 충만함이다.
> 소유의 몰수인가?
> 우리는 이 세상에 아무것도 가져오지 않았고, 가져갈 아무것도 없음이 명백하다.
> 나는 세상이 두려워하는 것을 경멸하고, 그 좋은 것들을 조롱한다.
> 나는 가난을 두려워하지도 않고, 부를 바라지도 않는다.
> 나는 죽음을 두려워하지 않는다.

---

[11] "John Chrysostom, Early church's greatest preacher", Christian History, *Christianity Today*, https://www.christianitytoday.com/history/people/pastorsandpreachers/john-chrysostom.html.

당신의 유익을 위한 것이 아니라면, 나는 살기를 기도하지 않는다.
이것이 내가 지금 일어나고 있는 일에 대해 말하고,
여러분의 자선이 즐거운 잔치가 되라고 촉구하는 이유다.[12]

우리는 적들이 하는 일들이 하나님의 목적에 따라 제한을 받기 때문에 기뻐할 수 있다. 언젠가 이 세상이 본 가장 강력한 정치 권력은 요한계시록 12장과 13장에 묘사된 바와 같이 적그리스도를 통해 통치할 것이다. 이 미래의 독재자는 마치 하나님의 자리에 앉아 지상에 사는 모든 사람에게 숭배를 강요할 것이다.

성도들은 어떻게 이 강력한 세계적인 지정학적 정권을 견뎌 낼 것인가?

또 우리 형제들이 어린 양의 피와 자기들이 증언하는 말씀으로써 그를 이겼으니 그들은 죽기까지 자기들의 생명을 아끼지 아니하였도다(계 12:11).

---

[12] Saint John Chrysostom, quoted in Stefano Tardani, *Whose Children Are We? The Future That Awaits Us* (Bloomington, IN: WestBow, 2016), 126.

제5장

교회, 기술 그리고 정화
(치명적인 적과 맞설 용기)

교회는 문화에 관여할 책임이 있지만, 오늘날 문화는 우리의 집, 침실 그리고 우리의 마음에 종종 초대받지 않고 들어온다. 그리고 이 '문화'는 우리와 영적 전쟁을 일으킨다. 그것은 우리의 순결과 개인적 거룩함을 추구하는 데 반대한다. 그것의 영향력은 매우 크고 교활하며 사악하다.

어느 날 아침 잠에서 깨어 보니, 당신이 잠든 사이에 누군가 당신의 자녀들을 납치한 것을 알게 되었다고 가정해 보자. 그들은 너무 조용히 납치되어서 당신은 전혀 알지 못하고 깨어나지 못했다. 당황한 당신은 경찰에게 전화를 걸고 미친 듯이 아이들을 찾을 것이다. 다행히 아이들을 무사히 찾는다면, 최대한의 예방 조치를 하고, 문의 자물쇠를 두 배로 늘리고, 방범창을 설치하고, 첨단 기술의 초민감 보안시스템을 설치할 것이다.

그러나 우리 집 안에 우리 자녀들의 신체는 훔치지 않고 더 값진 영혼을 훔치는 괴물이 있다면?

당신이 비록 자녀를 입히고 먹이지만, 그들의 마음은 다른 주인의 소유가 된다. 자녀의 신체적 욕구를 돌보면서 뒤따를 갈등, 투쟁 및 논쟁을 생각해 보라. 자녀를 위한 당신의 헌신은 결국 자녀를 오도하고, 속이고, 다른 방식으로 파괴할 가능성이 있는 괴물을 위하는 것이 될 수 있다.

물론 이 괴물은 기술이다.

나는 이 장을 쓰면서도, 이 장을 읽는 많은 사람이 나의 말에 완전히 동의하면서도, 그들의 사생활과 가족의 삶에 부정적인 영향을 미치는 이 기술에 대해 아무런 조처도 하지 않으리라는 것이 두렵다. 그들은 이 괴물이 너무 강력하고 유혹적이어서 감히 맞설 엄두조차 내지 못할 수도 있다.

"악마는 너무 깊은 곳에 있어!"

이렇게 말하고, 변명거리도 많다.

나 자신도 기술이 좋은 목적으로 사용되고 있다는 것을 알고 있다. 무디 교회 미디어 사역은 인터넷을 활용하여 전 세계 사람들에게 다가간다. 기술 덕분에 서양 뉴스와 기독교 프로그램에 접근하지 못하도록 막는 이슬람의 지배력이 약해졌다. 기술은 선과 악에 같이 이용될 수 있다. 성난 남자의 손에 있는 칼은 치명적일 수 있지만, 외과 의사의 손에 있는 칼은 참으로 가치가 있다.

그러나 우리는 기술의 어둡고 파괴적인 영향을 고려하지 않고, 기술의 장점만을 강조하는 실수를 한다. 오늘날 교회는 이 문제에 정면으로 맞서고, 가족에게 이런 중독성 영향에서 자녀를 보호하는 데 필요한 도구를 제공해야 한다.

레베카와 나는 브렛이라는 우리 친구의 아들에 관한 이야기를 나누었다. 그는 비디오 게임에 중독되었다. 그는 거의 먹지도 않았고, 학교 성적은 떨어지기 시작했다. 그의 부모는 이 중독을 의심했지만, 그는 항상 방어적이고 자신의 컴퓨터로 과도한 시간을 보냈다는 사실을 부인했다. 어느 날 그의 부모는 집을 비우면서 비디오카메라를 설치했다. 그들이 집에 돌아왔을 때, 그는 숙제하고 있었다고 거짓말했다. 비디오카메라를 보고서야 마침내 진실을 인정했다.

"엄마, 아빠, 나 중독됐어요!

탈출구가 없어요!"

그들은 현명하게도 며칠 동안 집에서 컴퓨터를 치우고, 그것을 다시 가져왔을 때는 사용에 큰 제한을 두었다. 결국, 그는 컴퓨터 중독에서 해방되었다. 그러나 실수하지 마라. 우리 안에서 어떤 욕망이 깨어날 때, 그런 감정을 재현하려는 유혹은 우리 곁에 늘 있으며 아마도 평생 그럴 것이다. 폭력 게임이나 포르노의 매력에 사로잡힌 사람들이 해방될 수 있지만, 예전의 방식으로 돌아가고 싶은 강력한 유혹을 발견하는 것이 그 이유를 설명해 준다.

1. 기술에 대한 오해들

우리는 기술이 유해하지 않다는 거짓말을 믿고 싶어 한다. 만약 억제되지 않으면 거의 즉각적인 중독이 일어난다는 것을 직시하지 않는다. 십 대들만이 그 마법에 걸리는 것은 아니다. 많은 성인은 페이스북, 인스타그램 또는 다른 소셜 미디어를 즐기며 지속해서 몇 시간을 소비한다. 우리는 기술에 대한 신화를 받아들이면서 일어나는 일들은 외면했다.

첫째, 우리는 기술이 중립적이라는 거짓말을 받아들였고, 그것이 순수한 마음을 유지하고 그리스도를 섬기려는 생활방식에 심각한 영향을 미친다는 사실을 깨닫지 못했다. 교육자이자 『죽도록 즐기기』(*Amusing Ourselves to Death*)의 작가인 고 닐 포스트먼(Neil Postman)은 기술이 중립적이라고 믿는 사람들에게 가혹한 질책을 했다.

> 기술이 사회를 변화시키려는 프로그램으로 무장하고 있다는 사실을 모르고, 기술이 중립적이라는 사실만 받아들이고, 기술이 항상 문화의 친구라는 가정을 세우는 것은, 이 늦은 시간에 분명히 어리석고 단순하다.[1]

---

1   Neil Postman, *Amusing Ourselves to Death* (New York: Penguin, 2005), 84.

포스트먼은 모든 기술에 편견이 있다고 주장했다. 그것은 의제를 가지고 있다. 인터넷에 대해서는 특히 그렇다. 뉴스 사이트를 클릭하면 우리의 관심을 사로잡는 도발적인 사진들이 보일 것이다. 그렇다, 편견 없이 우리에게 보내지는 것은 없다. 그것은 종종 매우 매혹적이다. 언론은 거의 모든 면에서 우리를 반대한다. 대체로 중립적이지 않다! 그것은 우리의 핵심 가치에 반대한다.

둘째, 우리가 보는 것이 우리에게 영향을 미치지 않는다는 신화가 있다. 그러나 다양한 연구 결과에 따르면 폭력적인 비디오 게임과 다른 매체들이 청소년은 물론 성인들에게 단기 또는 장기적으로 공격적 행동을 유발할 수 있다.[2] 음란물들이 젊은이들의 결혼관부터 성을 보는 방법에 이르기까지 모든 것에 미치는 퇴행적인 영향을 증명하려는 연구조차 필요치 않을 정도다.

우리가 보는 것이 우리의 행동에 영향을 미치지 않는다면, 광고주들은 왜 광고를 위해 수십억 달러를 소비할까?

나는 더욱 강력하게 표현하겠다. 결국, 우리는 우리가 보는 것이 된다.

셋째, 사람들이 '종료' 버튼을 누름으로써 기술을 통제할 수 있다고 생각한다. 그러나 많은 사람이 이런 기술의 중독성 때문에 텔레비전, 컴퓨터, 태블릿, 스마트폰을 끌 수 없다. 그 결과, 결혼과 가정이 파괴되었다. 어떤 남자는 나에게 이런 이야기를 했다. 그 부부는 퇴근해서 집에 돌아와 서둘러 저녁을 먹고 나면, 아내는 컴퓨터 앞에 앉아 밤 11시까지 친구들과 채팅을 한다. 이들 부부는 의미 있는 의사소통도 없었고, 새로운 친구도 사귀지 않았으며, 매일 저녁 같은 일상을 반복했다. 그가 그녀에게 그것에 대해 말하려고 하면, 그녀는 방어적으로 오히려 그들이 함께하는 지루한 생활에 대해 그를 비난한다.

---

2   Brad. J. Bushman, PhD and L. Rowell Huesmann, PhD, "Shortterm and Long-term Effects of Violent Media on Aggression in Children and adults"(abstract), JAMA Network, https://jamanetwork.com/journals/jamapediatrics/fullarticle/204790.

『단절』(*Disconnected*)이라는 책의 저자인 정신과 의사 토마스 커스팅(Thomas Kersting)에 따르면, 기술에 대한 중독은 널리 퍼져 있을 뿐만 아니라 우리의 뇌를 재배선하게 한다. 그는 자신의 진료 중 많은 아이를 관찰한 결과, 기술의 사용이 그들의 발전에 영향을 미치면서 동시에 불안, 우울증, 주의력에 문제를 일으킨다고 했다.[3]

이메일 없는 삶은 상상할 수 없지만, 인터넷을 통해 음란물이 전 세계적으로 전파되고 있다는 말을 들었을 때 발명되지 않았더라면 더 좋았을 것 같다고 생각했다. 인터넷은 무정부주의자들을 위한 모집 도구가 되었고, 무책임하게 가정된 사실이나 도덕적 판단에 대한 다양한 문제를 관장하는 블로거를 위한 플랫폼이 되었다.

2. 복수가 정의로 위장된 소셜 미디어

나는 오늘날 과열되고 분노한 문화에서 소셜 미디어가 사용되는 방식(또는 오히려 오용되는 방식)에 슬퍼한다. 그리스도인들은 소위 "진리를 위해" 불경건한 방법으로 서로를 저격하는 올무에 빠지고 있다. 나는 갈라디아서에서 바울이 한 말을 떠올린다.

"사랑으로 서로 섬기라."

> 형제들아 너희가 자유를 위하여 부르심을 입었으나 그러나 그 자유로 육체의 기회를 삼지 말고 오직 사랑으로 서로 종 노릇 하라. 온 율법은 네 이웃 사랑하기를 네 자신 같이 하라 하신 한 말씀에서 이루어졌나니, 만일 서로 물고 먹으면 피차 멸망할까 조심하라
> (갈 5:13, 15).

---

[3] Thomas Kersting, *Disconnected: How to Reconnect Our Digitally Distracted Young People* (CreateSpace, 2016).

그렇다, 이제 우리는 원하는 경우 다른 사람을 물어뜯어 삼킬 수 있는 플랫폼이 있다.

물론 책임감 있는 블로거들도 있지만, 그리스도인들이 쓴 블로그와 댓글을 읽으면서 나는 다음과 같은 것을 알아차렸다.

첫째, 노출되고 인식된 결함이 무엇이든 간에 종종 과장되어 매우 나쁜 인상을 보여 준다. 아무도 동료 신자에게 무죄 추정의 여지를 주지 않는 것 같다. 반응은 과장된 논평, 조작 및 왜곡과 함께 공격적 형태로 나타난다. 2016년 선거 이후 그리스도인들 사이의 저격과 비난은 우리가 더 위대한 왕국의 시민이라는 사실을 잊은 것은 아닌가 의아해 한다. 타락한 피조물인 우리는 모두 최선보다 타인에 대해 최악을 믿는 경향이 있다. 그 점을 회개하자.

둘째, 나는 가끔 매우 작은 관대함을 찾을 뿐, 대부분 "허다한 죄를 덮을 수 있는 화해나 사랑에 대해 전혀 고려하지 않는 분노와 독선에 찬 언사들을 발견한다." 개인적 문제들이 전 세계가 볼 수 있도록 노출되어 있다. 온라인상에서, 많은 사람이 마치 자신이 누군가를 끌어내릴 책무를 부여받은 것 같은 자기 확신에 차 오만한 태도를 보인다. 이것은 바울의 훈계와는 먼 것이다.

> 형제들아 사람이 만일 무슨 범죄한 일이 드러나거든 신령한 너희는 온유한 심령으로 그러한 자를 바로잡고 너 자신을 살펴보아 너도 시험을 받을까 두려워하라(갈 6:1).

더 넓은 기독교 세계를 위해 사실과 입장을 드러낼 공간이 있는가?

나는 그렇다고 생각하고 전진을 위해 다음 지침을 제시하고자 한다.

첫째, 당신의 폭로가 하나님께 영광을 돌리는 데 필요하다고 생각하는 타당한 이유가 있는가, 당신은 하나님 영광을 위해 어떤 목표를 염두에 두고 있는가?

둘째, 폭로 대상인 사람이나 기관을 방문하여 그 사실의 정확성뿐만 아니라 균형과 같은 맥락에 있는지 확인하였는가?

셋째, 만약 당신이 특정인에 관해 쓰고 있다면, 당신은 그의 앞에서 같은 말을 할 수 있는가, 아니면 불편한 개인적 상호 작용에서 벗어나 멀리서 화살을 쏘는 것이 안전하다고 생각하는가?

넷째, 관계 회복이나 화해를 가져올 목적으로 글을 쓰고 있는가, 아니면 분노와 개인적 상처 때문에 글을 쓰고 있는가?

다섯째, 당신은 당신의 삶과 행동에 대한 책임을 져야 할 교회나 기독교 기관의 권위 아래 있는가?

동료 신자들에게 간청한다. 수사학을 줄여 보자.
자신에게 다른 사람의 모든 잘못을 폭로해야 한다고 말하지 말자.
복수심이나 분노의 정신으로 서로에 관해 쓰고 정의라고 부르지 말자.
서로에 대해 최선을 다하고 최악의 것을 믿는 것을 꺼리자.
다른 사람들에게 내가 바라는 대로 다른 사람들을 대하자.
소셜 미디어가 등장하기 훨씬 전에 바울은 이렇게 썼다.

> 무릇 더러운 말은 너희 입 밖에도 내지 말고 오직 덕을 세우는 데 소용되는 대로 선한 말을 하여 듣는 자들에게 은혜를 끼치게 하라(엡 4:29).

이 세대가 들어야 할 말씀이다.

3. 하나님에게서 멀어진 마음

이 세대를 위한 성구는 잠언 4:23이다.

> 모든 지킬 만한 것 중에 더욱 네 마음을 지키라 생명의 근원이 이에서 남이니라(잠 4:23).

당신의 마음은 삶의 사고방식을 정하는 곳이다. 많은 그리스도인 십 대들이 하나님과의 관계에 집중하기 어려워한다는 사실은 놀랄 일도 아니다. 유튜브는 성경보다 더 흥미진진한 것 같고, 페이스북은 경건 서적보다 더 자아를 어루만져 주는 것 같다.

손안에 있는 스마트폰은 우리에게 세상의 지식을 가져다준다. 그것의 능력은 우리의 상상을 초월한다. 오늘날, 젊은이들은 부모나 교회보다 미디어에서 성을 비롯한 다른 삶의 문제에 대해 더 많은 교육을 받는다. 아이들은 보통 매일 스마트폰, 컴퓨터, 텔레비전, 태블릿을 사용하며 시간을 보낸다.

최근에 나는 청소년 대회에 참석했었다. 강당 뒤쪽에서 참석자들을 살펴보니 사실상 모든 아이가 스마트폰을 보고 있는 것이 눈에 띄었다. 연사는 아직 설교를 시작하지 않았기 때문에 나는 그들이 성경 구절을 찾고 있었다고 생각하지 않았다. 그들은 문자를 보내거나 동영상을 보고 있었을 것이다.

나는 미디어가 인간에게 알려진 가장 강력한 교육 시스템을 구성할 수도 있다고 말하는 사람들의 의견에 동의한다. 문화평론가 켄 마이어스(Ken Myers)는 우리 문화에서 언론의 맹공격은 박해보다 더 교활하다고 본다.

> 시끄러운 소리를 내며 들어오는 적은 감지할 수 없는 적들보다 훨씬 싸우기 쉽다. … 그러나 인격의 침식, 순수한 기쁨의 파괴 그리고 현대 대중문화에 빈번하게 수반되는 삶 자체의 미미한 변화가 너무 교묘하게 발생하

고 있어 아무 일도 일어나지 않았다고 믿는다.[4]

기억하라!
많은 미디어의 목표는 당신의 아이(또는 그 문제에 대해)를 다양한 형태의 관능으로 사로잡는 것이다. '더 많은' 욕구를 일으키는 것이다. 나는 라비 재커라이어스(Ravi Zacharias)의 "우리는 눈으로 듣고 그 느낌에 따라 생각하는 세대다"[5]라는 말에 동의한다.

오늘날 아이들은 텔레비전, 컴퓨터, 태블릿에 의해 길러지고 있다. 나는 일주일 동안 두 부모와 상담을 했다. 이 부모들은 십 대(두 경우 모두 16세) 자녀가 컴퓨터와 스마트폰에 있는 필터링 시스템을 우회하는 방법을 알고 있다는 것을 확인했다. 그들 중 한 명은 1년 후 몰래 노골적인 포르노를 내려받고 있는 것이 확인되었고, 다른 한 아이는 악마 같은 마인드 게임에 빠져 있다는 것을 알게 되었다. 두 부부는 모두 화가 났고, 우울하고, 심지어 위협하기까지 하는 십 대들을 상대하고 있었다.

기술은 유혹하고 노예로 만들고 인간의 품위를 파괴하는 힘을 가지고 있다. 불붙은 성냥을 등유 통에 던지는 것처럼 우리의 성적 욕망은 쉽게 깨어날 수 있고, 그런 욕망은 점점 더 많은 것을 요구한다. 우리 각자는 자신이 곧 파괴적인 길로 들어선다는 느낌이 들지만, 통제할 수 있다고 믿는다. 그것은 자신에게 거짓말하는 것이며, 우리는 그것을 알고 있다. 하나의 잘못된 선택이 당신을 파멸로 급락시킨다는 것을 깨닫는 것은 소름 끼치는 일이다.

---

4 Kenneth A. Myers, *All God's Children and Blue Suede Shoes* (Wheaton, IL: Crossway, 1989), xiii.
5 Ravi Zacharias, "Think Again—The Gentle Goldsmith", RZIM, December 14, 2012, http://rzim.org/just-thinking/think-again-thegentle-goldsmith/.

나는 아동 포르노 혐의로 체포된 남자가 내게 한 말을 결코 잊지 못할 것이다.

"일단 그 길에 들어서면, 당신은 결코 가보지 못했던 곳으로 가게 된다."

일단 그 길에 들어서면, 당신은 결코 갈 수 없다고 생각했던 곳으로 가게 된다!

도덕 사회의 궁극적 시험, 그것은 아이들에게 맡겨진 세상이라고 말한다. 우리는 우리 자신과 미래 세대를 위해 싸워야 한다.

세상은 우리의 평생 헌신을 쟁취하기 위해 기술을 사용하고 있다. 최근 한 부모가 나에게 말했다.

"돌이켜보면 내 딸에게 휴대전화기를 준 것은 그녀에게 첫 번째 헤로인 주사를 준 것과 같았다."

4. 교회의 중요한 역할

기술의 부정적인 영향에 맞서 싸우는 일은 교회의 중요한 책무다. 그 이유는 다음과 같다. 순종과 하나님과의 교제 가운데 걷는 것은 항상 공동체의 일이며, 사람들이 반복적이고 파괴적인 죄의 영향을 극복하도록 돕기 위해, 교회는 필요할 때 항상 이용할 수 있도록 개방되고 도울 준비가 되어 있어야 하기 때문이다.

나는 이 전투에서 혼자 싸워 이긴 사람을 알지 못한다. 늪에 들어가기 위해서는 누구의 도움도 필요하지 않다. 그것은 혼자서도 완벽하게 잘 할 수 있다. 하지만 다른 사람들의 도움 없이는 늪에서 기어 나올 수 없다.

우리 무디교회에서 마태복음 5:8을 기초로 "5:8 사역"(5:8 Ministry)이라는 사역을 시작했다.

마음이 청결한 자는 복이 있나니 그들이 하나님을 볼 것임이요(마 5:8).

많은 사람이 영상 교육, 개인 간증, 교육, 책임감 그리고 중보기도를 통해 인터넷 중독에서 해방되었다. 또 다른 사역 모델이 있다. 각 교회는 전문 지도자들을 찾아야 한다.

안타깝게도 언론의 위험성을 무시하는 목회자들이 많다. 그들은 "기술은 중립적이며 용도에 따라 달라진다"라는 옛 격언을 기꺼이 믿는다. 그 때문에 그들은 평화롭게 잠들고, 미디어의 파괴적인 영향이 가정, 회중 또는 자신에게 영향을 미치지 않을 것이라는 조용한 만족감에 빠져든다. 분명히 그들은 다른 쪽을 보면, 결국, 한 쪽은 사라지리라 생각한다. 그 사이, 이 비밀스러운 괴물 때문에 교회 내부의 핵심이 오염되고 있다. 부패는 잘 숨겨져 있을 뿐 어디에나 있다.

캘리포니아의 한 청년 목사는 자신의 그룹에 가입하는 모든 젊은이가 음란물에 중독되어 있다고 가정한다고 말했다. 그렇지 않은 사람을 찾으면 감사하지만, 컴퓨터, 태블릿, 스마트폰 및 기타 종류의 기술이 널리 사용된다는 점을 고려할 때 그런 가정에 따라 운영해야 한다. 유혹은 즉시 접근할 수 있고 강력하며 가차 없다. 이런 가정이 다소 과장된 것 같지만, 이 청년이 방에 있는 코끼리, 일부 목회자들은 이야기조차 하지 않을 코끼리를 인식한 그 공로를 인정한다.

예수님은 두아디라에 있는 교회에 직접 말씀하시고 성적 죄에 대한 그들의 느슨한 접근에 대해 경고하셨다. 그는 교회가 행하고 있는 모든 선한 일에 대해 그들을 칭찬하시지만, 다음과 같이 말씀하신다.

> 그러나 네게 책망할 일이 있노라 자칭 선지자라 하는 여자 이세벨을 네가 용납함이니 그가 내 종들을 가르쳐 꾀어 행음하게 하고 우상의 제물을 먹게 하는도다(계 2:20).

예수님은 계속해서 경고하신다.

또 내가 사망으로 그의 자녀를 죽이리니 모든 교회가 나는 사람의 뜻과 마음을 살피는 자인 줄 알지라 내가 너희 각 사람의 행위대로 갚아 주리라(계 2:23).

예수님이 우리 마음과 컴퓨터 하드디스크를 검색하신다고 상상해 보라! 1세기 교회가 이세벨의 관능을 피할 수 없었다면, 유비쿼터스(어디에나 존재하는) 매체를 통해 우리 모든 가정에 침투하는 이세벨의 더 큰 유혹을 21세기 교회는 어떻게 피할 수 있을까?

이세벨은 이제 우리 손안에 있다.

교회의 지도자들은 도움을 청하는 사람들을 돕는 일에 적극적인 역할을 해야 한다. 어디로 가야 할지도 모르고, 필요한 도움을 구할 수도 없는 너무 부끄러운 사람들, 교회는 침묵의 고통을 외면해서는 안 된다. 그들이 혼자 싸워서는 결코 그들의 문제를 해결하지 못한다.

교회로서 순결한 신부를 찾는 예수님의 마음을 어떻게 무시할 수 있을까? 우리는 서로가 필요하다. 그리고 신자들의 교제에 소망이 있다.

5. 영적 전쟁

1990년대 어느 날 밤, 우리가 아메리카 온라인에 접속했던 날, 나는 악몽을 꾸었다. 세 명의 악마가 나를 벽에 고정했고, 나는 무력감을 느꼈다. 그것이 정말 꿈이라는 것을 깨달았을 때 얼마나 다행스러웠는지 …. 나는 이 꿈을 하나님의 선물로 해석했다. 그분은 사실상 이렇게 말씀하셨다.

"이제 너희를 파괴하려는 적이 너희 집에 있다."

기술은 정신적, 영적 순수성을 유지하려는 우리를, 기술의 유혹으로 둘러싸 새로운 차원에서 사탄의 전쟁으로 몰아넣는다. 교회는 우리가 모두 영적 싸움을 하고 있다는 것을 깨닫도록 도와야 한다. 성경에 따르면 사탄은 우는 사자같이 두루 다니며 삼킬 자를 찾고 있다. 동물의 세계를 보면,

사자는 먹이를 사냥할 때 포효하지 않는다.

사자가 포효할 때는 자기 영역을 표시할 때다. 다른 경쟁자들에게 "여기는 내 영역"이라고 알려 준다. 다른 사자에게 이의를 제기한다.

"사탄이 기술에 자신의 영역이라고 표시했다."

이렇게 말해도 그리 억지는 아닐 것이다.

"여기는 내 영역이다. 내가 다스리겠다."

보이지 않는 세계에서는 전투가 치열하다. 당신이 약간의 승리를 거두기 시작하는 순간 저항은 더욱 격렬해진다. 사탄의 한 가지 욕망은 우리 영혼을 하나님에게서 멀어지게 하는 것이다. 그리고 그는 하나님의 자리를 쾌락, 죄책감, 자기 비난, 분노로 채우게 한다. 악마는 우리가 옳다고 알고 믿는 것을 지속해서 위반하기를 원하기 때문에 우리의 마음을 합리화 목록으로 채운다. 사탄은 우리가 맑은 이성에 반응하지 못하도록 하고 규칙대로 행동하지도 않으므로, 치열한 싸움 없이는 떨어지지 않을 것이다.

교회는 하나님의 백성들이 적과 맞서도록 돕고, 지도하고, 격려할 필요가 있다. 숨을 곳이 없다. 이것은 책임감 있는 기도, 성실한 기도, 지속적인 기도와 중보기도 없이는 이길 수 있는 전쟁이 아니다.

당신이 이 장을 읽는 동안, 어떤 사람들은 어제 밤새도록 당신의 아이를 최신 비디오 게임, 영화 그리고 관능적 이미지의 노예로 만들 새로운 방법을 발명하고 있었다. 고(考) 휴 헤프너(Hugh Hefner)가 포르노 제국을 시작했을 때, 그는 매해 새로운 소년들에 의존했다. 우리는 그가 성공적이었다는 것은 인정해야 한다. 그는 부도덕하고 망가진 결혼생활, 끊임없는 수치심 그리고 하나님에 대해 무관심으로 끝낸 수백만 명의 다른 사람들의 꿈을 파괴함으로써 자신의 꿈을 가득 채웠다.

이 장의 나머지 부분은 가족생활의 문지기인 부모의 중요한 역할을 생각하도록 돕기 위한 것이다.

6. 집, 문지기

주님의 말씀을 보자.

> [이스라엘의 제사장들] 그 제사장들은 내 율법을 범하였으며 나의 성물을 더럽혔으며 거룩함과 속된 것을 구별하지 아니하였으며 부정함과 정한 것을 사람이 구별하게 하지 아니하였으며 그의 눈을 가리어 나의 안식일을 보지 아니하였으므로 내가 그들 가운데에서 더럽힘을 받았느니라(겔 22:26).

정말 흥미로운 기소다!

부모 역할 중 가장 중요한 것은 아버지가 자녀들에게 정결한 것과 부정한 것의 차이를 가르치는 것이다. 아버지는 무단 침입자에게서 자신과 가족을 보호할 책임이 있다. 그리고 집에 아버지가 없다면, 다른 문지기, 아마도 어머니가 책임을 져야 할 것이다. 고(故) 마크 부벡(Mark Bubeck)은 이렇게 말했다.

> 우리는 늑대들 사이에서 양을 키우는 도전에 직면해 있다.[6]

베드로는 인터넷과 스마트폰 앞에 있는 우리에게 다음과 같이 말한다.

> 사랑하는 자들아 거류민과 나그네 같은 너희를 권하노니 영혼을 거슬러 싸우는 육체의 정욕을 제어하라(벧전 2:11).

우리는 모두 그 전쟁을 경험했고, 때로는 지고 때로는 승리했다.

설문 조사에 따르면 부모들 대부분은 그들의 자녀가 무엇을 보고 있는

---

[6] Mark I. Bubeck, *Raising Lambs Among Wolves* (Chicago: Moody, 1997).

지 전혀 알지 못한다. 게다가 아버지들은 종종 그들의 집에서 그들이 가지고 있는 큰 영향력에 대해 무지하다.

"우리 애들이 망가졌다고 날 탓하지 마.
난 집에 없다!"

1) 우리 자신, 부모부터 시작

우리는 부모로서 개인적 거룩함을 위해 우리 자신의 삶을 준비해야 한다. 기술과 그 모든 유혹에 중독된 부모들은 아이들을 훈육할 도덕적 권위를 잃는다. 아버지가 아이들과 같은 행동 형태를 보임으로써 혀에 재갈이 물려 자녀들을 훈계하거나 징계할 수 없다는 것을 알게 되었다.

정복되지 않은 죄는 부모 자신을 화나게 하고 수동적으로 만들며, 해결이 필요한 도덕적 문제에 대해 말할 수 없게 만든다. 나는 하나님이 당신의 분노, 무례, 정욕의 문제에서 승리하기 위해 당신에게 무엇을 요구하실지 모른다. 그러나 예수님은 이미 우리에게 이렇게 말씀하셨다,

> 만일 네 오른 눈이 너로 실족하게 하거든 빼어 내버리라 네 백체 중 하나가 없어지고 온 몸이 지옥에 던져지지 않는 것이 유익하며, 또한 만일 네 오른손이 너로 실족하게 하거든 찍어 내버리라 네 백체 중 하나가 없어지고 온 몸이 지옥에 던져지지 않는 것이 유익하니라(마 5:29-30).

물론 예수님의 말씀은 우리에게 말씀하신 그대로 하라는 의미는 아닐 것이다. 당신의 오른쪽 눈을 뽑아도 여전히 왼쪽 눈으로 죄를 범할 수 있다. 그러나 예수님은 분명히 "과감하게 하라. … 관능의 올무에서 벗어나는 데 필요한 것은 무엇이든 하라"라고 말씀하셨다.

우리는 부모로서 그리스도인의 자세를 모델로 삼아야 한다. 만약 자녀들이 특정 프로그램 시청을 원치 않는다면, 당신도 그 프로그램을 보아서는 안

된다. 그리고 만약 당신과 자녀가 뭔가를 보고 있고 위험한 광고가 나오면, 당신은 채널을 바꾸고 당신의 아이와 왜 그렇게 하는지 토론해야 한다. 관능의 힘과 광고 산업이 어떻게 번성하는지를 이야기하라. 우리가 그릇된 삶을 살면서, 자녀들이 올바르게 살 것이라고 기대할 수는 없다.

만약 부모가 서로에게 화가 나서 규율과 규칙의 원칙에 동의하지 않으면, 아이들은 혼란스러울 것이다. 어떤 대가를 치르더라도 부모들은 의견을 통일해야 한다. 그들은 가정 내에서 이런 산만함에서 아이들을 보호하려고 한다면 통일되어야 한다. 그리고 수치심을 주는 것은 중독을 부채질할 뿐이라는 것을 잊지 말자. 개방적이고 이해심 많은 태도만이 도움을 주고, 온전한 도덕적 분위기를 조성할 수 있다.

편부모에게: 하나님 복 주소서!
어머니는 자녀에게 아버지 역할도 해야 한다. 아버지는 자녀의 어머니 역할도 하여야 한다. 그래야 모든 것이 손상되지 않는다. 하나님은 당신의 팀과 함께하신다. 하나님은 우리의 깨짐이나 상실보다 크시고, 이혼이나 계획하지 않은 임신 또는 죽음의 영향으로 인한 고통보다 크시다.

2) 중요 단계 잡기

다음 구절을 따라 이미지를 그려 보라.

> 자기의 마음을 제어하지 아니하는 자는 성읍이 무너지고 성벽이 없는 것과 같으니라
> (잠 25:28).

이것은 보호 장치가 없는 삶의 모습이다. 초대를 받았든 받지 않았든 문 밖에 있는 적이 들어올 수 있다. 우리의 마음은 절제력이 없으면, 우리를 무가치한 상상의 세계로 데려가는 모든 매혹적인 이미지나 아이디어를 환

영하는 열린 문과 같다.

부모는 구체적으로 무엇을 해야 할까?

7. 자녀와 건강하고 실행 가능한 관계 구축

저자이자 연설자인 조시 맥도웰(Josh McDowell)은 이런 말을 자주 했다.

> 관계가 없는 규칙은 반항으로 이어진다.[7]

부모로서 자녀가 전자 기기로 하는 일, 또는 보고 있는 것에 대해 비난만 하면 모든 의사소통은 끝난다. 비난보다 이해하고, 인도하고, '연결'하기 위해 자녀의 세계로 들어가야 한다. 만약 당신이 듣는데 승리하면 더욱 직접적이고 도움이 될 수 있다.

부모는 자녀가 남녀에 상관없이 하나님의 형상으로 창조된 성적 피조물임을 기억해야 한다. 하나님은 이성과 연결하려는 깊고 끊임없는 욕망을 우리의 본성에 구축하셨다. 이 욕망은 타고난 것이며 만족을 추구하며, 그저 답을 하기 위해 "아니오"라고 하지 않을 것이다. 이 충동은 비난을 받아서는 안 되지만 통제되고 소통하여야 한다.

안타깝게도 가정, 학교 또는 친구 집에서 자녀가 노골적인 자료를 보지 못하도록 할 방법은 거의 없다. 부모 또는 보호자와의 좋은 관계만이 이 유혹적인 바닥 없는 구덩이에 대한 관점과 대안을 제공할 수 있다.

---

7 Jesus Live Network, "Josh McDowell: Relationships—Rules without Relationships Lead to Rebellion", Vimeo video, 2:27, July 19, 2014, https://vimeo.com/101157052.

8. 전자 장치의 차단 방법을 익혀라

컴퓨터, 태블릿 그리고 그밖의 다른 장치들이 가정의 공공장소에서만 사용되도록 허용하고, 아이의 침실에서는 절대 허용하지 마라!

잠을 자는 대신 자신이 좋아하는 중독으로 시간을 보내면서 깨어 있는 아이들의 수가 많다. 과거의 연구에 따르면, 십 대들의 70퍼센트가 '우연히' 인터넷에서 포르노를 접하고 있으며, 의도적으로 찾는다면 훨씬 더 많은 아이가 노출될 수 있다는 사실을 알 수 있다.[8] 그렇다면 컴퓨터와 전자 기기를 언제, 어떻게 사용할 수 있는지에 대한 기본 규칙을 정하고, 아동이 포르노 사이트를 우연히 발견하면 어떻게 해야 하는지를 가르쳐야 한다. 다양한 종류의 필터를 설치해야 한다. 그리고 자녀의 인터넷 검색이나 접근 기록을 정기적으로 확인하는 것이 필요하다.

특히 자녀가 밤에 침실에 전자 기기를 사용하지 않았다고 항의하며 "부모님은 나를 믿지 않는다"라고 주장하는 자녀에게 뭐라고 말할 것인가?

"아니, 나는 너를 믿지 않아. 나 자신도 믿지 않아!"

이렇게 대답하라. 아이들이 가정에서 무제한의 사생활 권리를 가지게 해서는 안 된다. 그러나 상호 작용은 항상 정중하면서도 분명해야 한다.

집단의 사고방식을 피하라. '모든 4학년'이 자신의 스마트폰을 갖고 있다고 해서 당신의 자녀가 스마트폰을 가져야 한다는 의미는 아니다. 당신의 자녀는 당신의 엄격함 때문에 당신을 미워할 수 있지만, 나이가 들면 당신을 더 사랑하고, 당신이 그들을 구해 준 것을 깨닫고 감사할 것이다.

---

[8] Rusty Benson, "Vile Passions, Part 3", American Family Association, August 12, 2014, https://www.afa.net/the-stand/culture/2014/08/vile-passions-part-3/.

9. 자녀가 배우고 보는 것에 유의

공립학교는 아이들을 보호해야 함에도, 정치와 문화 환경의 압력 때문에 종종 그 반대의 일을 한다. 부모들은 자녀들이 대부분의 성 교육 수업에서 부모들이 결코 상상하지 못할 주제에 노출되고, 그런 지식을 뒷받침하는 데 필요한 도덕적 가치 판단 없이 성적 문제를 배운다는 사실을 깨달아야 한다.

로스앤젤레스에서 '전국여성기구'(NOW: National Organization for Women)의 수장이었던 태미 브루스(Tammy Bruce)는 지난 20년 동안 자신이 너무 잘 알고 있는 좌파적 의제를 폭로하는 훌륭한 책을 많이 저술해 왔다. 그녀는 수천 년 전의 도덕과 가치관을 훼손하려는 좌파의 시도를 직접 목격할 수 있었다.

그녀는 '전국여성기구'가 여성의 권리를 위한 투쟁이라는 원래 목적에서 벗어나, 국가에 그들의 부도덕한 의제를 강요하기 위해 옳고 그름의 모든 차이를 약화하는 조직으로 퇴보하는 것을 지켜보았다. 이 십자군에서 전국여성기구는 우리가 알고 있는 사회를 재정렬할 목적으로 다른 그룹과 합류했다. 그녀는 이 그룹들은 그들의 왜곡된 세계관을 반영하기 위해 사회를 지배하려는 의도가 있다고 말한다.

그녀는 그것은 급진주의자들의 문제는 동성애를 수용하는 것뿐만 아니라, 나아가 오히려 "전반적으로 품위와 도덕의 선을 없애는 것"이라고 지적한다. 오늘날 극단주의자들은 동성애 운동으로 법에 따른 관용과 평등한 대우를 해 달라는 것이 아니라, 이제 '권리'라는 언어를 사용하여 타락한 자, 손상된 자, 악의적으로 자기애적인 자의 수용을 요구하고 있다."[9]

9　Tammy Bruce, *The Death of Right and Wrong* (Roseville, CA: Forum, and Imprint of Prima Publishing, 2003), 87.

나는 그녀의 구절 중 하나를 길게 인용할 것이다. 그것은 주의 깊게 읽을 만하다.

> 오늘날의 동성애 운동가들은 관용의 기치에 몸을 감싸고 어린이의 삶을 침범하면서 캠페인을 한 단계 더 발전시켰다. 말 그대로 당신의 할머니처럼 옷을 입고 당신의 집에 오는 늑대와 같다. 동성애 단체를 통제하는 급진주의자들은 도덕적 부패, 자제력 부족, 도덕적 상대주의의 세계에 있는 아이들을 원한다.
> 왜?
> 다음세대를 차지하는 것보다 진정으로 다수(정말 주변에 있을 때)에 속하는 것이 얼마나 좋은가?
> 아이들을 대상으로 게이들이 특별 대우와 특별법을 받을 자격이 있다는 잘못된 생각으로 다음세대를 세뇌할 수 있다.
> 그렇지 않으면, 게이 단체가 실제로 조지 오웰을 빌려 동성애자들이 다른 사람들보다 더 평등하다고 믿게 만들려면 어떻게 해야 할까?
> 물론, 그 생각을 받아들이게 하는 유일한 방법은 사람들의 도덕성과 판단력을 제거하도록 허무주의에 빠뜨리는 것이다.[10]

브루스는 이런 생각들이 널리 받아들여지는 이유는 '성적 아동'이 미래 세대의 문화를 통제할 수 있도록 하기 위한 것이라고 믿는다. 그녀는 이렇게 썼다.

> 이것은 또한 포르노 산업의 기반이 되는 성에 중독된 미래의 소비자들을 약속한다. 그들의 삶을 파괴함으로써 가족, 믿음, 전통, 품위, 판단에 마지

---

10 Bruce, *The Death of Right and Wrong*, 88.

막 타격을 가한다.¹¹

브루스는 그녀의 책 한 장 전체를 주디스 레빈(Judith Levine)의 『미성년자에 대한 해악: 성으로부터 아이들을 보호하는 위험』(*Harmful to Minors: The Perils of Protecting Children from Sex*)에 할애했다.

우리는 이 책을 레빈 외에는 아무도 대변하지 않는 분리 운동가의 작품이라고 치부할 수도 있다. 슬프게도, 이것은 그렇지 않다. 레빈은 많은 분야에서 존경받고 학계에서 높이 평가된다.

물론 동성애자 남녀 대다수는 레빈의 책에 동의하지 않을 것이다. 그러나 우리는 급진적 동성애 운동의 핵심에 놓여 있는 것이 통제와 조건화를 목적으로 '성적 아동'으로 만들려는 욕망이라는 것을 알아야 한다. 브루스가 묘사한 "성적으로 혼란스러운 성인들에 의해 아이들을 노획하는" 것은 오늘날 우리 문화가 직면하고 있는 가장 심각한 문제다.¹²

1970년대 복음주의 교회의 문화적 책임으로 일깨우는 데 도움을 준 프랜시스 쉐퍼가 오늘날 우리 세계에 발을 들여놓았다고 해도 놀라지 않을 것이다. 그는 선견지명이 있었다.

> 모든 시대에는 '생각할 수 있는' 것과 '생각할 수 없는' 것이 있다. 한 시대는 무엇이 받아들여질 수 있는지에 대해 지적으로나 감정적으로 매우 확실하다. 그러나 다른 시대에는 그 '확실성'은 용납될 수 없다고 결정하고 다른 가치관을 실행한다. 이런 인본주의적인 기반 위에서 사람들은 세대를 거쳐 세대를 따라 표류하고, 도덕적으로 생각할 수 없는 것들이 세월이 흐를수록 생각할 수 있는 것이 된다.¹³

---

11 Bruce, *The Death of Right and Wrong*, 195.
12 Bruce, 94.
13 C. Everett Koop and Francis Schaeffer, *Whatever Happened to the Human Race?*, rev. ed. (Wheaton, IL: Crossway, 1983), 2.

1970년대에 쓴 글에서 그는 당시에는 상상도 할 수 없는 것으로 여겨졌던 것이 80년대와 90년대에는 상상할 수 있는 것이 될 것이라고 말했다. 그리고 80년대와 90년대에는 상상도 할 수 없었던 것은 결국 그 이상의 상상을 할 수 있을 것이다.

> 하지만 상대론적 사고를 넘어선 어떤 절대적인 원칙이 없으므로, 그들은 전혀 놀라지 않고 각각의 새로운 상상력으로 미끄러져 들어갈 것이다.[14]

그 글이 쓰인 지 40년이 지난 지금, 많은 형태의 일탈이 정상화되고 있는 상황에서 특별한 존경을 받을 가치가 있다. 우리는 생각할 수 없는 것이 우리 눈앞에서 생각할 수 있게 되는 것을 보고 있다. 부모는 자녀들이 보호받아야 하며, 깨끗한 것과 부정한 것을 구별할 수 있도록 교육을 받아야 한다는 새로운 현실을 깨달아야 한다. 그것은 스마트폰, 아이패드, 컴퓨터 시대에 어렵지만 가능한 일이다. 자녀가 기독교 학교에 다니고 있다고 해서 부패한 기술의 노출에서 면제되는 것은 아니다. 그리고 그들이 그리스도인 친구의 집에 있다고 해서 괜찮다고 생각해서는 안 된다.

우리는 '기독교' 가정에서도 어떤 일이 일어나고 있는지 알면 놀랄 것이다. 학교에서 자녀의 친구들을 잘 살펴보아야 한다.

당신은 그들이 방과 후에 어디로 가는지, 어디서 노는지 알고 있는가?

자녀가 다른 아이들과 함께 있을 때 준수해야 할 규칙을 정하고 그것을 확인해야 한다. 가정에 따라 상황이 다르며 다른 규칙이 요구되겠지만, 이것은 중요하며 반드시 이루어져야 한다.

---

14 Koop and Schaeffer, *Whatever Happened to the Human Race?*, 3. Emphasis added.

10. 아이들에게 다가오는 전투에 대비

　당신은 아이들과 24시간 함께 있을 수 없다. 엄격한 가정의 부모들은 종종 자신들이 '엄격한 교육'을 하고 있다고 자부하고, 그들이 옳은 일을 한다면, 아이는 자동으로 자기 절제와 거룩함이라는 성경적 모델을 따를 것으로 생각한다. 그러나 이런 선의의 부모가 종종 집을 비울 때 부모의 권위 아래 있을 때 저지르지 못했던 모든 죄를 보상하는 자녀를 보면 부모는 분노한다. 그러면 그들은 자녀들을 경고하고 훈계하고 수치스럽게 하는 설교를 하지만, 그 자녀는 마음이 다른 곳에 있으므로 부모의 말을 듣지 않는다. 마음이 닫히면 듣는 귀도 닫힐 수 있다. 아이는 더 비밀스러워지고 중독은 더욱 파괴적으로 된다.

　아이들에게 그들이 어떻게 해야 하는지 이해를 돕기 위해, 몇 가지 상황을 통해 이야기해야 한다. 예를 들어, 아이가 위험한 영화를 보도록 초대된다면 어떻게 해야 할지, 남자친구/여자친구가 성관계를 원한다면 어떻게 해야 할지, 파티가 걷잡을 수 없게 되었을 때 어떻게 행동해야 하는지, 또는 아이가 '품위'를 잃은 행동 때문에 자신의 이름이 호명될 때 어떻게 해야 할지 등에 관해 이야기하라.

　자신의 싸움에 관해 자녀와 공유하라. 부모로서 우리는 마치 우리가 자녀들의 치열한 전장에 가본 적이 없는 것처럼, 자녀들이 우리를 존중하도록 항상 승리의 길을 걷는 환상을 주어야 한다는 생각은 버려야 한다. 부모들은 자녀의 나이에 맞춰, 그들 자신의 실패에 관해 이야기해야 한다.

　우리는 모두 부끄러운 일을 하지 않았는가?

　부모가 어린아이와 같은 겸손으로 의사소통의 길을 열어 주는 것보다 나은 것은 없을 것이다.

　"엄마와 아빠도 인간이고, 엄마와 아빠도 이해한다."

11. 올바른 죄책감의 이해

죄책감의 목적은 우리를 하나님에게서 멀어지게 하는 것이 아니라, 새로운 시작을 위해 그분의 은혜를 얻으려고 우리에게 손을 내미는 것이다. 우리는 하나님이 회복하시는 하나님, 화해의 하나님, 두 번째 기회를 주시는 하나님이심을 기억해야 한다. 죄는 항상 우리가 가고자 하는 것보다 더 멀리 데려가고, 우리가 의도했던 것보다 더 오래 머물게 하고, 우리가 치르려고 하던 것보다 더 큰 대가를 치르게 한다.

그러나 은혜 덕분에 이 일반 규칙에는 많은 예외가 있다. 상상할 수 있는 모든 죄에 빠진 사람들이 있으나 그들은 결국 은혜로 말미암아 선하고 생산적이며 건전한 삶을 살게 되었다. 하나님은 참으로 두 번째 기회, 세 번째 기회의 하나님이시다.

> 나의 대적이여 나로 말미암아 기뻐하지 말지어다 나는 엎드러질지라도 일어날 것이요 어두운 데에 앉을지라도 여호와께서 나의 빛이 되실 것임이로다(미 7:8).

12. 당신 자녀의 마음을 바꾸는 분은 오직 하나님

아직 집에 있지만 다른 곳에 마음이 있는 아이를 어떻게 할까?

쉬운 답은 없다. 당신의 실패를 고백한 후 단순히 자녀를 하나님께 맡기고 기도하며 기다려야 한다. 당신은 그의 행동을 바꿀 수 있을지 모르지만, 오직 하나님만이 그들의 마음을 바꾸실 수 있다.

논쟁하려 하지 마라. 죄는 근본적으로 비이성적이라는 것을 기억하라. 술을 마시거나 마약을 하는 십 대들은 그들만의 왜곡된 현실을 직면하고 있다. 아이가 너무 구제 불능의 상태라면 더는 집에서 살 수 없다. 탕자의 이야기를 다시 떠올려 보자. 그는 돼지 우리에서 정신을 차렸다.

탕자가 집으로 돌아오는 하나님의 시간표를 우리가 결정할 수는 없다. 우리가 할 수 있는 모든 것을 할지라도, 우리는 하나님이 하실 수 있는 모든 것을 위해 하나님께 맡기고 기도해야 한다는 것을 기억하자.

> 내가 여호와를 기다리고 기다렸더니 귀를 기울이사 나의 부르짖음을 들으셨도다. 나를 기가 막힐 웅덩이와 수렁에서 끌어올리시고 내 발을 반석 위에 두사 내 걸음을 견고하게 하셨도다(시 40:1-2).

13. 죄보다 하나님을 더욱 사랑하라

요컨대, 우리는 우리가 죄보다 하나님을 더 사랑해야 한다는 것이다. 그러나 이 사랑은 우리가 만들 수 없다. 수도꼭지처럼 열고 잠글 수 없다. 하나님을 향한 우리의 사랑은 회심의 결과로 하나님이 주시는 것이다. 그리고 이 사랑은 하나님의 말씀과 하나님 백성들 사이의 교제를 통해 길러진다. 그것은 하나님이 우리를 위해 하신 일에 대한 호응으로 성장한다.

> 보라 아버지께서 어떤 사랑을 우리에게 베푸사 하나님의 자녀라 일컬음을 받게 하셨는가, 우리가 그러하도다 그러므로 세상이 우리를 알지 못함은 그를 알지 못함이라. 사랑하는 자들아 우리가 지금은 하나님의 자녀라 장래에 어떻게 될지는 아직 나타나지 아니하였으나 그가 나타나시면 우리가 그와 같을 줄을 아는 것은 그의 참모습 그대로 볼 것이기 때문이니, 주를 향하여 이 소망을 가진 자마다 그의 깨끗하심과 같이 자기를 깨끗하게 하느니라(요일 3:1-3).

우리는 예수님과 같이 될 것이고, 그분이 순수하신 것처럼 우리 역시 우리 자신을 정화해야 한다. 우리는 모든 싸움에서 실패하더라도 포기하지 않는다. 우리가 미래를 바라볼 때 주어진 약속은 다음과 같다.

그의 신기한 능력으로 생명과 경건에 속한 모든 것을 우리에게 주셨으니 이는 자기의 영광과 덕으로써 우리를 부르신 이를 앎으로 말미암음이라, 이로써 그 보배롭고 지극히 큰 약속을 우리에게 주사 이 약속으로 말미암아 너희가 정욕 때문에 세상에서 썩어질 것을 피하여 신성한 성품에 참여하는 자가 되게 하려 하셨느니라(벧후 1:3-4).

마음이 청결한 자는 복이 있나니 그들이 하나님을 볼 것임이요(마 5:8).

제6장

성전환, 성 정체성 그리고 교회
(거짓 문화의 폭로)

> 어찌하면 내 머리는 물이 되고 내 눈은 눈물 근원이 될꼬 죽임을 당한 딸 내 백성을 위하여 주야로 울리로다(렘 9:1).

성 정체성에 대한 이해에서 길을 잃은 나라를 위해 울자. 우리는 도덕적 민감성과 온전함을 위해, 도움과 치유를 위해 기도하자. 조지 오웰이 "보편적인 속임수 시대에 진실을 말하는 것은 혁명적인 행위"라고 말했다. 이 세대에게 진실을 말하는 데 동참하자.

그러나 우리는 마음을 지키지 않으면 동성애와 성전환 논쟁에 관한 토론은 그런 이해나 욕망을 가져 본 적이 없는 사람들 사이에서 쉽게 독선적인 태도로 이어질 수 있다. 우리는 성별 위화감(생물학적 성과 반대의 성을 동일시)에 시달리는 사람들을 '저 밖'에 속한 사람들로 묘사하고, 우리 모두 타락한 인간의 일원이라는 것과 하나님의 부당한 자비에 겸손하게 감사하는 것을 잊기 쉽다.

나는 비판적 정신이 아니라 슬픈 마음으로 이 글을 쓴다. 성적 장애의 문제는 이론적이다. 소녀가 되고 싶다고 말하는 어떤 소년이나, 자신은 여자의 몸에 갇힌 소년이라고 말하는 어떤 소녀가 당신의 자녀가 아니라면 말이다. 그러나 이런 일은 우리가 생각하는 것보다 더 자주 일어나고 있으며, 기독교 가정들에서도 일어나고 있다.

우리 교회는 부서진 세상에서 희망의 등대로 빛을 밝혀야 한다. 우리는 공허함, 고통, 외로움과 싸우는 사람들에게 동정심을 가져야 한다. 우리 중 누구처럼 그들은 삶의 의미를 찾고 평화로운 모습을 되찾을 길을 찾고 있다. 그리고 그들은 그것을 찾기 위해 많은 노력을 할 것이다. 나는 성전환자와 동성애자들이 교회 안이 아니라 교회 밖에 존재한다고 생각하기 때문에 이런 문제에 대해 논의하기를 거부하는 목회자들에게 동의하지 않는다.

만약 복음이 모든 사람을 위한 것이며 삶 전체에 관한 것이라고 주장한다면, 우리는 우리 주변에 소용돌이치는 이런 문화 흐름에 대해 할 말이 있다. 다양한 형태의 성적 표현으로 어려움을 겪고 있다고 말하는 사람들과 함께 가자.

1. 안전한 장소

최근에 황당한 일을 겪은 한 할머니가 내게 말했다. 열세 살 된 손녀가 학교에서 돌아와서 묻는다.

"성전환자들이 어느 화장실에 들어가든 환영받지 못하는 이유가 뭐에요?"

"두 남자가 서로 사랑하고 원해서 결혼하는 게 뭐가 문제에요?"

이것들은 우리 가정과 교회에서 답할 가치가 있는 질문이다. 우리 젊은이들(그리고 성인들도)에게 필요한 것은 성에 관한 문제를 개방된 가운데 자유롭게 논할 수 있는 안전한 장소다. 부모는 자녀가 발달과 성숙이라는 혼란스러운 여정을 헤쳐나갈 때 경건한 지도를 제공해야 한다.

우리는 그리스도인으로 정죄가 아닌 동정심과 경청으로 우리 문화에 기꺼이 참여해야 한다. 부모가 자녀의 이야기를 듣지 않고, 성경 구절을 인용하면서 오직 순종만을 구한다면, 그것은 자녀가 느끼는 죄책감과 수치심을 증가시킬 뿐이다. 그것은 부모, 교회 그리고 하나님에게서 멀어지도록 그들을 더 밀어붙일 수 있다.

사람은 누군가 자신의 말을 경청하기를 원한다. 물론 우리는 사람을 받아들이는 것과 그 사람의 행동과 태도를 인정하는 것을 구별해야 한다. 사람은 하나님의 형상으로 창조되었으며 존중받을 자격이 있다. 그러나 누구나 그들의 행동과 생활방식에 대해 우리의 인정을 받을 자격이 있는 것은 아니다.

예언자 이사야서 1:18을 보자.

> 여호와께서 말씀하시되 오라 우리가 서로 변론하자 너희의 죄가 주홍 같을지라도 눈과 같이 희어질 것이요 진홍같이 붉을지라도 양털같이 희게 되리라(사 1:18).

이 장의 목적은 성 혁명의 파괴적인 영향에 관해 우리 모두를 일깨우고, 무엇보다도 성전환과 동성애로 세뇌된 십 대들의 부모와 가족들 그리고 우리 교회에 어떤 방향을 제시하는 것이다. 이 장이 대화와 이 문제들에 관한 추가 연구를 촉발한다면, 그것은 가치가 있을 것이다.

2. 우리 앞에 놓인 도전

30년 전, 나는 성전환주의자의 현실을 알게 되었다. 우리 성도 중 한 여성이 직장에서 예기치 않게 일찍 집으로 돌아왔는데, 그녀의 말에 따르면, 그녀의 남편이 여자 옷을 입고 있고 '지하실에서 깡충'거리는 것을 발견했다. 그리고 속옷을 포함한 여자 옷 상자를 찾았다. 아내가 집에 없다고 생각한 이 남자는 자신에게 익숙한 일상을 보내다가 들켰다.

남편은 자신의 성 정체성에 대한 상담이나 토론을 하러 오지 않았다.

나중에 그들은 결국 이혼했다. 당시에는 그런 사람들이 '크로스 드레서'(이성의 복장을 한 사람)로 알려져 있었지만, 오늘날에는 신체를 바꾸는 수술의 선택권을 갖게 되었다. 이 과감한 조처를 하려는 그들의 희망은 그들의 몸이 마음과 일치하리라는 것이다.

이것이 성전환자와의 유일한 만남은 아니었지만, 어떤 가족들이 이제는 창조주가 성별을 부여하지 않고 개인의 마음에 따라 결정될 때 일어나는 갈등의 현실을 경험했다.

"내가 여자라고 생각하거나 느낀다면, 나는 여자다."

그러자 한 여자가 말한다.

"내가 남자라고 생각하거나 느낀다면, 나는 남자다."

우리 세대의 많은 사람이 반항적인 분위기로 이렇게 말한다.

"하나님은 내가 누구인지 결정하지 않으셨다. 나 자신이 내가 누구인지 결정한다."

정말 그럴까?

3. 하나님의 말씀과 인간의 지혜

태초부터 시작해 보자.

> 하나님이 이르시되 우리의 형상을 따라 우리의 모양대로 우리가 사람을 만들고 그들로 바다의 물고기와 하늘의 새와 가축과 온 땅과 땅에 기는 모든 것을 다스리게 하자 하시고, 하나님이 자기 형상 곧 하나님의 형상대로 사람을 창조하시되 남자와 여자를 창조하시고(창 1:26-27).

하나님은 결혼을 통해 사랑으로 서로를 보완할 남자와 여자를 창조하셨고, 그 결과 이 세상에 거주하는 가족이 나타났다. 당신이 남자라면 항상 남성 염색체를 가질 것이다. 당신이 여자라면 항상 여성 염색체를 가질 것이다. 극히 드문 경우를 제외하고는 신체의 모든 세포가 남성 또는 여성으로 프로그래밍이 되어 있다. 모든 사람은 성적 지향에 상관없이 모두 어머니와 아버지를 가지고 있다. 그렇지 않으면 존재하지 않을 것이다.

그렇다면, 성(젠더) 혁명이란 정확히 무엇일까?

간단히 말해서, 그것은 성별을 정의하는 것은 신체적 해부학이 아니라 오히려 당신이 느끼거나 생각하는 것이라고 말함으로써 성별의 차이를 흐리려는 시도다. 성 혁명의 뿌리는 무신론적 진화론에 있지만, '전통적인 성 역할을 개혁하거나 없애는 것'을 목표로 하는 페미니스트 운동 등으로 오늘날 사회의 최전선으로 밀려 왔다.[1] 성을 '개혁'하려는 이 시도는 가족과 젊은이들을 파괴하고 있으며, 우리 모두에게 영향을 미치고 있다. 지금이야말로 정말로 눈물을 흘릴 때다.

4. 우리는 아이에서 시작되었다

2015년 「타임」(*Time*) 기사 "신세대 성, 창조적인 아이들을 만나다"(Meet the New Generation of Gender-Creative Kids)를 읽은 후 더 많은 조사를 통해 이 주제에 관해 이야기해야겠다는 것을 알았다.

이 기사는 6-12세의 성적 비순응 아동을 위한 수련회에 관한 것이다. 그들 중에는 여아의 옷을 입는 것을 좋아하는 생물학적 소년들이 있었다. 이 소년들은 성전환자, 성 정체성 확인, 성별 유동성 등 최종적으로 어떤 성이 될지 모른다. 그들은 그것을 알지 못하기 때문에 캠프는 자신이 혼자

---

1 Lawrence S. Mayer, MB, MS, PhD and Paul R. McHugh, MD, "Sexuality and Gender: Findings from the Biological, Psychological, and Social Sciences", *The New Atlantis: A Journal of Technology & Society*, Number 50, Fall 2016, https://www.thenewatlantis.com/docLib/20160819 TNA50SexualityandGender.pdf, 87.

가 아니라는 것을 알 수 있는 '성별 불일치 아동'을 위한 장소를 제공하고자 했다.[2]

그 후 영국에서는 워릭대학교(University of Warwick) 사회학과의 마리아 도 마르 페레이라(Maria do Mar Pereira)가 실시한 연구가 있었다. 타라 컬프-레슬러(Tara Culp-Ressler)는 싱크프로그레스(ThinkProgress.org)의 기사에서 다음과 같이 연구를 요약했다.

> 3개월 동안 14세 아동의 상호 작용을 관찰한 연구에 따르면, '남성'과 '여성'을 생물학적으로 구분하는 고정 관념을 가지고 엄격한 성 역할을 고수하는 사회에서 자녀를 키우는 것은 신체적, 정신적 건강에 해로울 수 있다.[3]

페레이라는 이렇게 말한다.

> 제한적 규범은 … 두 성별의 아이들에게 해롭다는 것을 관찰했다. 남자들은 여자보다 우세해야 한다. … 남자아이들은 끊임없이 불안하고 자신의 힘을 증명해야 한다. 즉 싸움, 술, 성희롱 또는 도움을 청하는 것을 거부하고 감정 억제를 통해 자신의 힘을 증명해야 한다. 반면 여자아이들은 자신의 능력을 경시하고, 실제보다 덜 총명한 척하며, 괴롭힘에 저항하지 않고, '여성적이지 않은' 것처럼 보일 수도 있는 취미, 스포츠 활동을 해서는 안 된다고 느낀다.[4]

---

2 Eliza Gray, "Meet the New Generation of Gender-Creative Kids", *Time*, March 19, 2015, http://time.com/3743987/gendercreative-kids/.

3 Tara Culp-Ressler, "Forcing Kids to Stick to Gender Roles Can Actually Be Harmful to Their Health", ThinkProgress, August 7, 2014, https://thinkprogress.org/forcing-kids-to-stick-to-gender-rolescan-actually-be-harmful-to-their-health-34aef42199f2#.aqjbvr2i8.

4 "Girls feel they must 'play dumb' to please boys", Warwick, August 5, 2014, http://www2.warwick.ac.uk/newsandevents/pressreleases/girls_feel_they/.

2015년 6월 「시카고 매거진」(*Chicago Magazine*) 기사 "사회 변혁의 주도자"(The Change Agent)는 고객의 성전환을 돕는 데 있어 의사의 역할을 강조한다. 이 고객들은 18세에서 4세까지 다양하다. 롭 가로팔로(Rob Garofalo)는 아이들이 더 쉽게 성전환할 수 있도록 약물을 사용하여 "그들이 진정한 자아를 찾도록 돕고 있다"라고 말한다.[5] 그는 또한 아이들이 불안과 우울증을 극복하도록 그의 클리닉에 세 명의 치료사를 두고 있다.

감정적인 문제와는 별도로 신체적인 문제가 있다. 의사가 15세 어린 소년에게 에스트로겐을 투여하기 위해 이 아들과 어머니에게 3페이지 분량의 동의서를 건네줄 때, 의사인 가로팔로는 이렇게 말했다.

> 에스트로겐이 젊은이들에게 미치는 장기적인 영향에 관한 연구는 많지 않다. … 아직은 우리가 모르는 것이 너무 많다.[6]

이 의사와 그와 같은 다른 사람들은 아직 '알아야 할 것이 너무 많다'라고 하면서도, 어린아이들을 '본인이 원하는 사람'으로 만들기 위해 아이들의 몸을 훼손할 준비를 하고 있다.

캐나다 지방 공직에 출마한 최초의 성전환자인 운동가 크리스틴 밀로이(Christin Milloy)는 "의사가 신생아에게 이런 일을 하도록 내버려 두지 마라"(Don't Let the Doctor Do This to Your Newborn)라는 기사에서, 의사가 당신의 신생아가 소년인지 소녀인지를 당신에게 말해서는 안 된다고 제안한다.

하나의 합리적인 기대와 고정 관념에 따라 유아 성별을 지정하는 것은 일순간에 당신들 아기의 삶에서 무한한 잠재력을 즉각적이고 잔인하게 축소하는 것이며, 그런 편협하고 무지한 의도적 일탈 행동은 심각한 처벌을 받을 것이다. 그런 의사(그리고 그의 뒤에 있는 권력 구조)는 무력한 유아들에

---

5   Elly Fishman, "The Change Agent", *Chicago Politics & City Life*, May 18, 2015, http://www.chicagomag.com/Chicago-Magazine/June-2015/Doctor-Rob-Garofalo/.
6   Fishman, "The Change Agent".

게 아이 자신과 부모로서 당신의 세련된 동의 없이 그런 한계를 부과하는 데 중추적인 역할을 한다.⁷

기억하라. 이 사람들은 그들이 쓰고 말하는 데 있어 매우 진지하다.

5. 올바른 성의 표기를 위한 노력

우리 십 대들이 대학 진학을 위해 교회를 떠날 때 마주칠 수도 있다.

2016년 12월 31일, AP통신이 나에게 캔자스대학에 대한 뉴스 광고문을 보냈다. 그들은 학생들에게 성별 대명사 버튼을 제공하여, 모든 사람에게 각자가 선호하는 성별을 정하도록 함으로써 성전환 학생들이 환영받을 수 있도록 했다. 대학 도서관의 표지판은 이렇게 적혀 있었다.

> 성별 자체가 유동적이고 개인에게 달려 있으므로, 각자 자신의 대명사를 확인할 권리가 있으며, 우리는 당신이 누군가의 성별을 추정하기 전에 그들에게 물어볼 것을 권장한다.
>
> 대명사는 중요하다!

그리고 이렇게 계속된다.

> 누군가의 호칭을 잘못 부르면 지속적 문제가 생길 수 있고, 잘못된 대명사를 사용하는 것은 상처를 주고 무례하며, 누군가의 정체성을 부정할 수 있다.⁸

---

7 Christin Scarlett Milloy, "Don't Let the Doctor Do This to Your Newborn", *Slate*, June 26, 2014, http://www.slate.com/blogs/outward/2014/06/26/infant_gender_assignment_unnecessary_and_potentially_harmful.html.

8 "KU libraries' gender pronoun pins part of inclusion push", *Associated Press*, December 28, 2016, https://apnews.com/8a34880ee68f4f2ab23756e32a429196/Kansas-school's-libraries-offer-studentspronoun-pins.

성전환주의자를 지지해야 한다는 압박감이 커지고 있다. 수십 년 동안 토론토 중독정신건강센터(Centre of Addictions and Mental Health in Toronto)에서 '아동·청소년 가족 성정체성 클리닉'(Child Youth and Family Gender Identity clinic)을 이끌었던 정신과 의사 케네스 주커(Kenneth Zucker)는 "보통 어린이의 감정은 성인이 되기까지 지속하지 않기 때문에 어린이들에 관한 한 의사들이 신중하게 접근해야 한다"라는 제안을 했다는 이유로 해고되었다.

그는 치료사들에게 아이들이 그들의 타고난 성을 안전하게 지킬 수 있도록 도울 가능성을 탐구하도록 격려했다. 성 정체성 운동가들은 이 센터가 성 정체성 클리닉을 폐쇄한다고 발표할 때까지 그를 비난했다. 이로 인해 주커가 직장을 잃었고 클리닉은 문을 닫음으로 "최근의 생각에 보조를 맞추지 못했다"는 사과의 뜻을 전했다.[9]

주커의 해고는 실직을 두려워하는 다른 치료사들을 더욱 움츠리게 했다. "50년 동안 나는 동료들 사이에서 내 의견을 표명하는 것을 꺼리지 않았다."

그는 아이들이 몸을 바꾸려고 서두르는 것이 터무니없다고 생각하는 28명의 의료 전문가들을 대상으로 설문 조사를 했지만, 자신의 이름을 기록에 남기고 싶어 하는 사람은 아무도 없었다고 말했다.[10]

성전환을 촉진하는 한 회의에서 대표단은 사람들이 '선호'하는 성별을 부르지 않는 사람들을 해고해야 한다고 주장했다. 임신한 한 여성은 간호사에게 자신의 대명사를 '그녀'가 아닌 '그'로 부르라고 강요했다. 간호사는 결국 그 임산부의 성별 대명사를 바꾸었고 칭찬을 들었다. 그 간호사는 "그의 자궁경부와 혈액검사 결과는 건강해 보인다"라고 말했다. 이 환자는 마침내 '그것을 얻어' 너무 행복했다.[11]

---

9   Jamie Dean, "Suffer the children", *World Magazine*, April 15, 2017, https://world.wng.org/2017/03/suffer_the_children.

10 Dean, "Suffer the children".

11 "Trans Conference Celebrates Getting People Fired for Not Calling Men Women", *The*

우리 역시 '그걸 얻어야 한다'라는 말을 듣고 있다. 지금, 몇몇 주를 제외한 모든 주는 성별의 변화를 반영하여 출생 증명서를 변경함으로써 역사를 다시 쓰고 있다.[12] 아직 허용하지 않는 주는 비난을 받을 수 있다.

6. 이해를 얻는 것

2016년 가을 『뉴 아틀란티스 보고서』(The New Atlantis)에서 로렌스 S. 메이어(Lawrence S. Mayer)와 폴 R. 맥휴(Paul R. McHugh)는 생물학, 심리학, 사회과학 분야의 연구 결과를 살펴보았다. 내가 그들의 발견에 대해 말하기 전에 그들의 경력을 이해하도록 명확히 하고 싶다. 로렌스 메이어는 의학사, 이학 석사, 철학 박사로 존스홉킨스의과대학 정신의학과에 몸담은 학자이며, 애리조나 주립대학의 통계 및 생물통계학 교수다.

의사인 폴 맥휴는 존스홉킨스의과대학의 정신과 행동과학 교수로 재직했으며, 25년 동안 존스홉킨스병원의 정신의학과장을 지냈다. 그는 6권의 책을 저술했으며, 100편이 넘는 상호 심사 논문을 보유하고 있으며, 세계 최고의 정신과 의사 중 한 명으로 간주한다.

이 두 사람이 합쳐 500편 이상의 상호 심사 논문을 썼고, 역학, 유전학, 내분비학, 정신의학, 신경과학, 배아학, 소아과 등 다양한 과학 분야와 사회과학 등 다양한 분야에서 행해진 경험적 연구를 탐구했다.

우리가 성전환의 싸움에 뛰어들기 전에 잠시 성전환의 문제점에 관해 몇 가지를 살펴보자.

Federalist, March 20, 2017, http://thefederalist.com/2017/03/20/trans-conference-celebratesgetting-peoplefired-not-calling-men-women/.

12 Transgender Law Center, "State-by-State Overview: Changing Gender Markers on Birth Certificates", PDF.
https://transgenderlawcenter.org/resources/id/state-by-state-overviewchanging-gender-markers-on-birth-certificates

첫째, 성전환자 인구의 구성원들은 다양한 정신 건강 문제의 위험이 더 크다.

둘째, 일반인과 비교해 성전환 수술을 받은 성인들은 정신 건강이 좋지 않을 위험이 계속 크다. 한 연구에 따르면, 대조군과 비교하여, 성전환된 개인은 자살을 시도할 확률이 약 5배, 자살로 사망할 확률이 약 19배 더 높다.

셋째, 자신의 성별이 다르다고 인식하는 소수의 아이만이 청소년기 또는 성인기에도 계속 그렇게 느낀다. [이는 성별 위화감을 느끼는 자녀의 부모에게 희망을 줄 것이다.]

넷째, 사춘기를 지연시키는 중재의 치료적 가치에 대한 과학적 증거는 거의 없다. … 성별 위화감을 느끼거나 행동을 표현하는 모든 아동이 성전환자가 되도록 장려해야 한다는 증거는 없다.[13]

성전환 수술은 절대 누구의 성도 바꿀 수 없다는 것을 명심하라. 소아내분비학자 쿠엔틴 반 미터(Quentin Van Meter)는 이렇게 말했다.

> 당신은 환자의 성을 결코 바꾸지 못한다. 신체의 모든 세포는 남성 또는 여성으로 프로그램되어 있다.[14]

맥휴가 미성년자의 성전환 수술을 '아동학대'라고 부르는 이유다.

---

13 Mayer and McHugh, "Sexuality and Gender", 7–9.
14 Dean, "Suffer the children."

7. 진정성 있게 사는 것

성전환자들은 자신의 몸이 자기 내면 현실과 맞지 않는다고 말한다. 성전환 운동은, 이 신체적 위화감에서의 구제는 그 사람의 '진정한' 내적 상태에 맞추기 위해 외적 '거짓' 외관이 바뀌어야만 가능하다고 믿는다.

브루스 제너(Bruce Jenner)의 경우 이렇게 말해야 한다.

> 브루스 제너는 … 항상 거짓말을 한다. 케이틀린 제너(Caitlyn Jenner)는 … 거짓말이 없어 … 케이틀린 제너는 그것을 바로잡을 수 있다.[15]

생물학적 해부학이 아닌 감정이나 방향에 따라 살아야 한다고 말하는 사람들에게 우리는 무슨 말을 해야 할까?

결국, 그들은 '진짜처럼' 살고 싶어 한다. 그들은 항상 자신이 느끼는 사람에게 진실해야 하지 않을까라고 말한다.

전설적인 UCLA의 존 우든 감독은 이렇게 말한다.

> 우리 자신에게 진실한 것이 우리를 순수한 사람으로 만들지는 않는다. 찰스 맨슨(Charles Manson)은 자신에게 진실했고, 그 결과 그는 당연히 남은 인생을 감옥에서 보내고 있다. 궁극적으로 창조주에게 진실할 때 우리는 가장 순수하다.[16]

성전환 수술은 맥휴가 정신병으로 정의하는 성전환주의자의 밑바탕이 되는 근본적인 심리 문제를 다루지 않는다. 그의 저서 『마음의 산들: 사회

---

[15] Buzz Bissinger, "Caitlyn Jenner: The Full Story", *Vanity Fair*, June 25, 2015, https://www.vanityfair.com/hollywood/2015/06/caitlyn-jenner-bruce-cover-annie-leibovitz.

[16] John Wooden, quoted in Bob Stouffer, *Light of Darkness: Reclaiming the Light in Sports* (Urbandale, IA: Three Circles Press, 2011), 97.

와 정신과에 대한 반성』(*The Mind Has Mountains:Reflections on Society and Psychiatry*)에서 밝힌 연구 결과와 결론의 일부를 요약한 한 기사에 따르면 그는 "누군가의 성기를 외과적으로 바꾸는 것은 장애를 일으킨다고 믿는다."

> 나는 성전환으로 인한 큰 피해를 목격했다 … 남성 체질에서 여성 역할로 변모한 아이들은 남성이 성장함에 따라 자연스러운 태도를 느끼면서 오랜 고통과 비참함을 겪었다 … 우리는 과학적, 기술적 자원을 낭비하고, 이를 연구하고 치료하여 궁극적으로 예방하려고 하기보다는 광기와 협력하여 우리의 전문적 신뢰성을 훼손했다.[17]

이 '광기'는 우리를 성전환주의(Transableism; 우연보다는 선택을 통해 장애를 얻고자 하는 욕구, 신체 무결성 정체성 장애가 있는 상태)의 주제로 인도한다. 성전환주의자는 자신에게 속하지 않는다고 느끼는 신체 부위를 가지고 태어났다고 생각하므로, 진짜처럼 살기 위해서는 이런 부위를 제거해야 한다고 주장한다.

캐나다에서 한 남성은 항상 자신의 팔이 자신의 신체 일부가 아니라고 느꼈기 때문에 출혈 없이 팔을 절단할 방법을 연구했다. 그는 자신의 팔이 자신의 일부가 아니라는 이유로 자신의 건강한 팔을 잘랐다. 내셔널 포스트 기사에 보도된 바와 같이, 그는 신체 수정 웹 사이트 모드블로그(ModBlog)에 이렇게 말했다.

---

[17] Michael W. Chapman, "Johns Hopkins Psychiatrist: Support of Transgenderism and Sex-Change Surgery Is 'Collaborating with Madness,'" CNSNews.com, June 2, 2016, http://www.cnsnews.com/blog/michael-w-chapman/johns-hopkins-psychiatristsupport-transgenderism-and-sex-change-surgery.

내 목표는 재건이나 재부착의 여지가 없는 작업을 완료하는 것이었고 실제로 수행 가능한 방법을 원했다.[18]

실제로 신체 부위가 자신의 것이 아니라는 이유로 청각 장애가 되거나 시각 장애인이 되고 싶어 하는 사람들이 있다.

그들 역시 자발적으로 '진정한' 사람이 되기 위해 자신을 파괴하려고 한다. 한 연구에 따르면, "'신체 무결성 정체성 장애'라고 알려진 이 질환은 심신의 이미지와 신체 사이에 불일치가 있는 희귀하고, 드물게 연구되는, 매우 비밀스러운 상태"라고 한다.[19]

그리고 지금 52살 남자가 6살 소녀로 식별되는 것처럼 전환 나이라고 주장하는 사람들이 있다.

스테폰니 월시(Stefonknee Wolscht, 옛 이름:폴 월시)는 이렇게 말했다.

나는 내가 결혼했다는 것을 부인할 수 없다. 나는 내가 아이를 가졌다는 것을 부인할 수 없다. 하지만 나는 이제 앞으로 나아가서 다시 어린아이로 돌아갔다. [그래서 그는 '진정한' 여섯 살짜리로 살기 위해 아내와 아이들을 떠났다.] … 음, 나는 엄마와 아빠가 있다. … 내가 어린 소녀라는 것에 대해 아주 편한 사람. 그리고 그들의 자녀와 손자는 전적으로 나를 지지한다. … 그들은 색칠하기와 아이의 놀이를 한다. 일명 놀이 치료라고 한다.[20]

---

18 Sarah Boesveld, "Becoming disabled by choice, not chance: 'Transabled'people feel like impostors in their fully working bodies", *National Post*, June 3, 2015, http://nationalpost.com/news/canada/becoming-disabled-by-choice-not-chance-transabled-people-feel-like-impostors-in-their-fully-working-bodies.
19 Rianne M. Blom, Raoul C. Hennekam, and Damiaan Denys, "Body Integrity Identity Disorder", *PLoS ONE 7*, no. 4(2012), https://www.ncbi.nlm.nih.gov/pmc/articles/PMC3326051/.
20 Emily James, "'I've gone back to being a child': Husband and father-of-seven, 52, leaves his wife and kids to live as a transgender SIX-YEAR-OLD girl named Stefonknee", *Daily Mail*, December 11, 2015, http://www.dailymail.co.uk/femail/article-3356084/Ive-gone-child-Husband-father-seven-52-leaves-wife-kids-livetransgender-SIX-YEAR-

그가 유치원 수업에서 '아이들'과 함께 놀게 해도 괜찮을까?
그의 가족은 그가 '진정한' 삶을 살 수 있도록 인형을 사야 할까?
결국, 우리는 그가 생각하는 '진정한' 사람(성)에 따라 살고 싶어 한다고 박수를 보내면 안 되는 걸까?
불합리한가?

물론 터무니없는 일이지만, 이성과 상식이 통하지 않는 문화에서, 이제는 부조리가 논쟁의 대상이 아니다. 우리 사회는 사람들이 '진짜로 자신들이 누구인지를' 생각해 낼 용기를 가진 것에 대해 박수를 보내야 한다고 말한다. 그들이 자신에게 진실한 사람이라면 누구도 판단할 수 없다.

조 카터(Joe Carter)는 '복음연합'을 위한 글에 이렇게 썼다.

> 당신의 마음이 악을 받아들이는 데 너무 열중해서 건강한 신체 부위의 절단을 용납할 수 있다면, 논리적으로 생각하는 능력이 방해받는 것이 놀라운 일도 아니다. 신체의 근본적인 절단이 '허용되는 관행'이라는 전제에서 시작한다면 … 당신은 다른 방식으로 적용되는 똑같은 충격적인 일을 발견하더라도 놀라지 말아야 한다.[21]

우리는 프로-아나 공동체(Pro-Ana community)가 신경성 식욕 부진이 선택된 생활방식이며 사회에서 존중받아야 한다고 믿는 것에 놀라지 않아야 한다. 자신의 '내적 사람'과 '외적 사람'이 일치한다고 생각하는 것처럼 보이게 하려고 죽음의 1인치 이내로 자신을 굶기는 것이 자신에게 충실한 것이라면 괜찮다.[22]

OLD-girl-named-Stefonknee.html.
[21] Joe Carter, "The Diabolic Logic of Transableism", *The Gospel Coalition*, June 5, 2015, https://www.thegospelcoalition.org/article/the-diabolic-logic-of-transableism/.
[22] Carter, "The Diabolic Logic of Transableism".

8. 문제의 요점

「내셔널 지오그래픽」(National Geographic)은 성(젠더) 혁명에 헌신한 2017년 1월 특별판을 '역사적'이라고 부른다.

그것은 자연법과 성경 인류학과 상충하는 문제임에도 불구하고, 성의 유동성에 대한 급진적 제안이 필요하다는 현재의 문화적 견해를 옹호한다.

앤드류 워커(Andrew Walker)와 데니 벅(Denny Burk)은 '위더스푼연구소'(Witherspoon Institute)의 '공개 담론'(Public Discourse)에서 이 문제를 논의하면서 올바른 질의를 했다.

> 왜 자신의 느낌에 맞게 아이의 몸을 외과적으로 바꾸는 것은 용납하면서, 자신의 몸에 맞게 자아를 바꾸려는 것에 대해서는 그렇게 편협한가?
>
> 아이의 성 정체성을 바꾸려는 시도가 잘못되었다면([성별 운동가들이] 그것이 고정되어 있고 그것에 간섭하는 것이 해롭다고 말했기 때문에), 왜 미성년자의 생식 해부학처럼 고정된 것을 바꾸는 것이 도덕적으로 받아들여져야 하는가?[23]

이렇게 물어 보자.

건강한 팔을 가진 사람이 자신의 신체가 자신의 일부가 아니라고 느끼기 때문에 외과적으로 제거한 것이 신체적 문제인가?
아니면 정신적 문제인가?
52세 남성이 6세 소녀로 식별된다면, 이것은 신체적 문제인가?
아니면 정신적 문제인가?.
거식증을 앓고 굶어 죽은 여자가 신체적 문제인가?

---

[23] Andrew T. Walker and Denny Burk, "National Geographic's 'Gender Revolution': Bad Argument and Biased Ideology", *The Witherspoon Institute*, January 6, 2017, http://www.thepublicdiscourse.com/2017/01/18491/.

아니면 정신적 문제인가?

단지, 누군가가 자신이 성전환자라고 주장하고, 따라서, 비현실적인 성전환 수술을 고려했을 때, 우리는 그들이 신체 문제가 아니라 정신 문제라는 것을 깨닫도록 도와야 한다.

영적 문제가 있음도 말할 필요가 없다!

중년 남성이 어린 소녀처럼 살면서 자신이 '진짜임을 증명'하도록 허용해서는 안 된다. 자신의 팔이 실제로 자신의 일부가 아니라고 생각하는 남성은 그 팔을 절단해서는 안 된다. 성전환자가 되려는 사람은 돌이킬 수 없는 성전환 수술을 받아서는 안 된다.

이런 문제들과 씨름하는 사람들은 그들의 마음을 되돌리도록 도움을 청해야 하고 우리는 도움을 줘야 한다.

특히 그리스도인들은 내면의 감정에 따라 외과적 수술을 하지 않고, 성령으로 변화의 역사를 추구하고, 성스러운 삶을 영위하는 일에 전념해야 한다.

또한, 금욕적인 생활도 주님의 특별한 복을 받을 수 있다고 이 세대에게 말해야 한다. 사람들은 성전환을 위해 수술을 받거나 성적으로 더럽히지 않도록, 그들이 감정에 따라 행동하지 말 것을 촉구해야 한다. 이것을 가장 잘 전달하기 위해 교회가 그들을 환영하고 그들이 집을 찾도록 도와야 한다.

9. 육체적 순결의 축복

몇 년 전 무디교회에서 성에 관한 강연을 했는데, 그동안 한 부부가 조언을 구하러 왔다. 한 파트너는 성전환 수술을 받은 남자였고 지금은 여자로 인식되었다. '그녀'는 남자와 결혼했다. 최근에 그들은 둘 다 그리스도인이 되었고, 그들이 한 일이 하나님께 죄라는 것을 즉시 알았다. 이 '여자'

는 하나님이 원하신다면 다시 남자가 되기 위해 또 다른 수술을 받을 의향이 있다고 말했다. 그러나 그녀는 '이 수술은 너무 충격적이어서 나를 죽일 것 같다'라고 덧붙였다.

우리는 그들의 성관계 문제에 대해 논의했고 나는 '역 수술'보다는 금욕 생활을 선택하도록 제안했다. 과거를 되돌릴 수는 없지만 어떤 상황에서든 하나님께 영광을 돌릴 수 있다.

우리가 고정 관념을 깨고 레즈비언, 게이, 양성애, 성전환자 친구를 사랑하는 방법을 보여 주는 글렌 T. 스탠튼(Glenn T. Stanton)의 사려 깊은 책 『나의 동성애 이웃 사랑: 은혜와 진리로 친구 되기』(*Loving My LGBT Neighbor: Being Friends in Grace and Truth*)를 칭찬하겠다. 그가 동성애 문제로 어려움을 겪는 그리스도인들에게 주는 조언은 성전환자들에게도 똑같이 적용된다. 그는 이렇게 썼다.

> 전 세계의 수많은 교회에는, 동성애에 매료되어 그런 유혹에 시달리면서도 금욕적으로 살기로 한 수천 명의 신실하고 아름다운 성도들이 있다. 그들은 결혼에 대한 그분의 계획에 들어가지 않았다."[24]

성경에서 결혼은 복을 받지만, 독신 역시 복이다.

예수님이 성불구자에 관해 직접 말씀하셨다. 즉, 예수님은 여성에 대한 자연스러운 매력을 느끼지 못하는 남성들을 비난하지는 않았지만 세 가지 종류가 있다고 말씀하셨다(마 19:10-12).

첫째, 어떤 사람은 원래 그렇게 태어난다.
둘째, 어떤 사람은(거세 때문에) 그렇게 된다.
셋째, 어떤 사람은 천국을 위해 그런 생활방식을 선택한다.

---

[24] Glenn T. Stanton, *Loving My LGBT Neighbor* (Chicago: Moody, 2014), 103.

오늘날 사회에서는 남자아이가 여자에게 자연스러운 매력을 느끼지 못한다면, 그는 자신이 동성애자라고 말한다. 그러나 꼭 그렇지는 않다. 동성 매력을 가진 많은 그리스도인이(이성에게 끌리는 사람들뿐만 아니라) 독신과 거룩한 삶을 살기로 선택했다. 신성한 삶에 헌신하는 사람들에게 하나님은 원칙적으로 독신 생활을 하는 모든 사람에게 적용할 수 있는 놀라운 약속을 하신다.

> 여호와께 연합한 이방인은 말하기를 여호와께서 나를 그의 백성 중에서 반드시 갈라내시리라 하지 말며 고자도 말하기를 나는 마른 나무라 하지 말라. 여호와께서 이와 같이 말씀하시기를 나의 안식일을 지키며 내가 기뻐하는 일을 선택하며 나의 언약을 굳게 잡는 고자들에게는, 내가 내 집에서, 내 성 안에서 아들이나 딸보다 나은 기념물과 이름을 그들에게 주며 영원한 이름을 주어 끊어지지 아니하게 할 것이며(사 56:3-5).

그들은 아들이나 딸보다 더 나은 이름을 받을 것이다!

여러 가지 이유로 독신을 선택하는 남녀는 자신이 하나님 나라에서 의롭고 축복받은 자리에 있다고 확신할 수 있다. 일부는 다른 사람보다 더 만족할 것이다. 어려움을 겪고 성취되지 않은 꿈을 가지고 살아야 하는 사람들이 있겠지만 하나님은 그들을 돕고 그들에게 복을 주시기 위해 거기에 계신다. 이루어지지 않은 꿈은 하나님의 특별한 복을 가로막는 장애물이 아니다.

물론, 많은 사람이 하나님이 동성애나 성별 위화감으로 고군분투하는 사람들을 정상적으로 변화시키시는 것을 보았다고 증언한다. 일부는 만족스럽고 자연스러운 결혼생활을 했다. 그러나 예수님과 바울도 독신이었다는 것을 잊지 말자. 바울은 고린도전서 7:32-36에서 독신 생활의 유익에 대해 말했다. 교회가 그들을 정죄하지 말고 모든 신자가 거룩한 삶을 살도록 격려하라. 그것이 우리 모두를 향한 하나님의 뜻이다.

10. 교회는 어디에 있는가?

케일리 트릴러(Kaeley Triller)는 어렸을 때 자신의 자존감을 파괴한 소아성애자에게 성적 학대를 당한 여성이다. 그녀의 수치심과 무가치함에 대한 감정은 그녀가 자신에 대해 믿는 거짓말을 지속시키는 일련의 끔찍한 선택에 빠졌다.

지역 YMCA의 고용주는 그녀에게 생물학적 정보보다는 성 정체성을 바탕으로 조직의 라커룸과 욕실을 개방하는 새로운 정책을 알리기 위한 광고 초안을 작성해 달라고 요청했다. 케일리는 거절했다. 그녀는 어린 소녀들이 포식자 수컷들에게 노출된 수영 수업을 준비하는 상황을 생각했다.

남자들이 소녀들의 사생활을 침해할 수 있다는 것이 얼마나 해로운 일인가?

그녀는 이미 여자들의 행사에 접근하려고 애쓰는 포식자들과 마주친 상태였다. 아마도 우리나라의 모든 소아성애자는 이성의 화장실에 접근할 수 있는 욕실 법안에 찬성하고 있을 것이다. 케일리는 주위의 남성 그리스도인들에게 그녀의 대의를 옹호해 달라고 요청했지만, 오히려 그것 때문에 그녀는 해고되었다.

그녀는 곧 워싱턴주에서 열린 라커룸 법을 폐지하기 위한 주 전역의 캠페인에 고용되었다. 그녀는 지역 교회의 도움이 필요하다는 것을 알고 요청했지만 150개 교회 중 7개만이 호응했다. 다른 사람들은 모두 "우리는 망가진 사람을 사랑하지 않는 것으로 인식되고 싶지 않다"라는 반응을 보였다. 그녀가 자신의 이야기를 알리고 나서 수백 명의 여성에게서 비슷한 경험을 들었고 가장 많이 나오는 이야기는 교회에 도움을 요청했을 때 아무도 도와주지 않았다는 것이었다.

내가 교회에 도움을 요청했을 때 아무도 도와주지 않았다!

우리 문화에 대한 그녀의 이해는 그 교회들에 대한 그녀의 반응에서 나온다.

"사랑하는 성도 여러분!

사랑하는 마음만으로는 진정으로 사랑해야 할 우리의 책임을 대체할 수 없습니다. 세상은 진실은 편협하고, 진정한 사랑은 증오이며, 침묵은 황금이고, 기분이 좋으면 그만이라고 우리 중 많은 사람을 설득했습니다. …

이 전투들은 고립된 군인이 아니라 군대가 필요합니다. 우리는 교회의 도움이 필요합니다. 왕의 마음을 잘 아는 교회는 세상과의 갈등을 두려워하지 않습니다. 교회는 근본적인 변화를 위한 왕의 수단으로서 갈등을 받아들입니다. 진정한 사랑은 세상이 정의하는 데 따른 것이 아니라, 세상을 되찾기 위해 자신의 삶을 내려놓은 자에 의해 정의됩니다."[25]

요컨대, 왜 이 새로운 법에 반대하는 것이 그렇게 중요한지 그들의 선거구에 설명하려고 하는 교회는 거의 없었다는 것이다.

우리는 교회가 정치에 관여해서는 안 된다고 들었는데, 이런 문제들이 정치적인가 도덕적인가?

나는 여러 해 동안 목사로 일하면서, 이런 문제에 관여하는 것과 상처를 입은 모든 사람에게 사랑을 확장하는 것 사이의 경계를 긋는 것이 얼마나 어려운지 잘 알고 있다. 하지만 나는 목사로서 우리의 입장을 분명하게 밝혀야 한다. 비록 우리가 그런 문화를 인정하지 않는 것이 사랑스럽지 않게 보이겠지만, 그것이 진짜 사랑이라는 것을 우리 국민이 이해하도록 우리의 염려를 정확하게 표명해야 한다.

화장실과 샤워장에서 사생활을 기대하는 소년·소녀와 남녀의 권리를 짓밟는 소수의 사람에게 무제한 욕실의 권리를 주는 것보다 더 사랑스럽지 않은 것은 무엇일까?

누군가 말했듯이, 우리 정치인들은 목사인 우리가 설교하지 못하도록 막을 것이라고 예상한다!

---

25 Kaeley Triller, "Bathroom Rules Must Protect, Not Enable", *Decision*, January 16, 2017, 12–13

지금은 교회가 불확실한 소리를 낼 때가 아니다. 지금이 바로 우리가 당면한 문제들에 대해 동정심을 가지고 말해야만 하는 때다.

11. 앞서 나아가

우리는 만약 어떤 사람들이(특히 젊은이들) 자신이 성전환자나 동성애자라고 밝힐 때 그 사람을 존중하는 마음을 가지고 대해야 한다. 그리스도인으로서 그리고 교회로서, 우리 중 어떤 사람들이 성별 문제로 인한 혼란과 고통을 무시할 수 없다. 그들의 마음을 동정하고 이해하는 것은 그들을 돕는 데 필요하다. 우리는 또한 우리의 몸이 우리 자신의 것이 아니라 그리스도의 몸이라는 것을 기억해야 한다. 즉 주님의 뜻에 따라 생각하고 행동해야 한다.

이런 고통과 혼란은 성전환주의자로 어려움을 겪거나 그것을 받아들여야 하는 사람들의 가족과 친구들에게까지 확대된다. 『내 영혼과 잘 어울린다: 성전환의 폭풍에서 하나님의 평화를 찾는 것』(*It Is Well with My Soul: Finding God's Peace in the Transgender Storm*)의 작가 데니스 쉭(Denise Shick)은 9살 소녀 시절 아버지가 여자가 되고 싶다고 인정한 것에 큰 충격을 받았다. 쉭은 무디라디오의 〈자넷 파샬과 함께하는 시장에서〉(In the Market with Janet Parshall) 진행자인 자넷 파샬과의 인터뷰에서 아버지의 첫 고백의 파괴적인 여파와 그 후 아버지와 함께 살았던 세월을 설명했다.

수년 동안 쉭은 그녀에 대한 아버지의 사랑에서부터 하나님과의 관계, 하나님의 지혜에 이르기까지 모든 것에 의문을 제기했다고 말했다.

만약 하나님이 그녀를 여자로 만드는 실수를 했다면?

결국, 그녀는 자신의 성을 받아들였지만, 고등학교에 입학하자 자기의 여성성을 경시하고 숨겨야 했다. 그녀의 아버지가 그녀의 성숙해 가는 모습에 심한 질투심이 불타올랐기 때문이다. 그래서 그녀는 학교에 도착해서야 화장을 하고 좋아하는 옷을 입었다.

그녀는 자신의 아버지는 그의 상황에 너무 몰입되어 주위에서 일어나고 있는 피해를 알지 못했다고 말했다. 아버지의 분노와 그런 행동을 겪은 지 거의 20년 지난 후, 아버지가 엄마와 그녀와 그녀의 어린 가족을 떠나 '베키'(Becky)로서의 삶을 살면서 또 다른 슬픔을 겪었다고 말했다.

아버지가 떠난 후 거의 연락이 없었는데, 13년 후 쉭은 그가 암으로 죽어 가고 있다는 것을 알게 되었다. 어린 시절 아버지의 부재와 알코올 중독자인 어머니에 의해 성적 학대를 받고 자랐지만, 그녀는 하나님이 아버지를 향한 그녀의 마음을 부드럽게 해 주셨다고 했다. 그녀는 아버지의 생애 마지막 6개월간 그를 방문해 그와 신앙을 나누며 보냈다.

쉭은 그녀의 아버지가 그리스도를 영접했는지 확신하지 못했지만, 쉭은 헬프포패밀리(Help4Familys)를 계속 찾았다. 이 조직은 사랑하는 사람이 성 정체성 혼란을 경험할 때 겪는 감정적 고통과 정신적 혼란을 극복하도록 도움을 주고 있다.

그녀는 또한 청취자들에게 이렇게 말했다.

"우리가 선택한 단어에 배려심과 부드러움을 가지고 LGBT로 식별되는 사람들과 대화할 것을 촉구합니다. … 사실 그들은 상처받고 있고, 우리는 그것을 무시할 수 없습니다."[26]

제이미 딘(Jamie Dean)은 "고통받는 아이들"(Suffer the Children)이라는 기사에 이렇게 썼다.

> 성전환자를 사랑하려면 우리 교회가 제공할 수 있는 관계적 맥락이 요구되는 죄와 고통의 복잡한 층을 극복해야 한다.
>
> [그는 공인 '성경상담자협회'(Association of Certified Biblical Counselors)의 히스

---

[26] Janet Parshall interview "Peace in the Storm", Moody Radio, March 6, 2018, https://www.moodyradio.org/programs/in-the-marketwith-janet-parshall/2018/03-2018/3.6.18-i-cant-remember---peace-in-the-storm/.

램버트(Heath Lambert)를 다음과 같이 인용했다.]
우리가 '이건 잘못된 거야'라고 말하면, 그것은 죽음의 종소리가 될 것이며, 그러면 우리는 그들을 도울 수 없다.²⁷

우리가 사탄의 속임수의 깊이를 보아야만, 우리는 다른 사람들이 그들의 문제를 하나님의 관점에서 볼 수 있도록 도울 수 있다. 어둠 속을 걷는 사람들은 사물을 있는 그대로 보지 않고 오히려 그들이 원하는 대로 사물을 본다는 것을 기억하라.

> 악인의 길은 어둠 같아서 그가 걸려 넘어져도 그것이 무엇인지 깨닫지 못하느니라 (잠 4:19).

말하자면, 거짓말을 하는 것보다 동정심, 사랑, 배려, 사려 깊은 마음으로 가혹하다고 비난받는 것이 낫다.

우리는 또한 성전환 수술을 깊이 후회하고 경종을 울리면서 다른 사람들이 실수하지 않도록 애원하는 사람들에게 우리의 성도들을 소개해야 한다. 그러나 성전환자 중 많은 사람은 그리스도인들이 증오자, 편협한 자 또는 방해자로 낙인찍힐 것이 두려워 목소리를 내지 못한다고 말한다.

카리 스텔라(Cari Stella)는 자신의 수술을 후회하면서, 운동가들이 성전환자의 아픔을 영원히 무시할 수 없을 것이라고 목소리를 높이고 있는 사람이다.

> 우리는 존재하고 … 우리의 숫자는 점점 늘어나고 있다.²⁸

---

27 Dean, "Suffer the children".
28 Dean, "Suffer the children".

월트 헤이어(Walt Heyer)는 "나는 성전환 여성이었다"(I Was a Transgender Woman)라는 기사에서 할머니는 손자가 소녀가 되기를 원했고, 그래서 그에게 보라색 시폰 드레스를 입혔다고 말했다. 그것은 그가 잘못된 몸을 가지고 태어났다는 생각을 가지게 했고, 그는 성별 위화감으로 고생했다. 나중에 그는 성전환 수술이 답이 아니라는 것을 발견했다. 그는 이렇게 썼다.

> 화장품과 여성복 아래 깊숙이 숨겨져 있는 어린 소년은, 어린 시절의 충격적인 사건의 상처를 짊어지고 자신을 알리고 있다. 성전환은 치유가 아니라 은폐일 뿐이라는 것이 밝혀졌다. 내 신분증이 뭐라 하던지 내가 진짜 여자가 아니라는 걸 알았다 … 그것은 분명히 가장무도회였다.[29]

몇 년 후, 그는 어린 시절 충격 때문에 해리 장애가 있음을 발견했다.

> 성별 전문가는 나의 힘겨웠던 어린 시절이나 심지어 알코올 중독도 고려하지 않고 성전환자의 정체성만을 보았다. 여성호르몬 주사와 돌이킬 수 없는 수술을 처방하는 것으로 빨리 건너뛰었다. … 처음 문제가 생겼을 때 성 전문가에게 가는 것은 큰 실수였다.…
> 나는 신체 부위가 사라졌다는 현실 속에서 살아야 했다. … [그리고] 그것은 회복될 수 없었다.[30]

몸의 모양을 바꾸는 것으로 마음의 혼란을 바꿀 수는 없다. 외부 변화는 인위적이다. 마음의 변화만이 지속적인 평안을 가져올 수 있다.

내 생각에, 교회는 성적 문제 때문에 일어나는 완전한 붕괴에 대한 마지막 보루다. 그리고 우리가 만약 언론이나, 법원 그리고 정치인들에 대해

---

29 Walt Heyer, "I Was a Transgender Woman", *The Witherspoon Institute*, April 1, 2015, http://www.thepublicdiscourse.com/2015/04/14688/.
30 Heyer, "I Was a Transgender Woman".

무력감을 느낀다면, 예수님이 우리와 함께 참호 속에 계신다는 것을 상기해야 한다(교회 지도부에 대한 주의: 교회 남성이 여성 화장실을 이용하려고 할 때 목회적이고 법적인 대응으로 준비해야 한다. 이미 일어나고 있다). 고통과 공허함으로 눈이 먼 세상에 예수님은 이 약속을 하셨다.

> 수고하고 무거운 짐 진 자들아 다 내게로 오라 내가 너희를 쉬게 하리라 나는 마음이 온유하고 겸손하니 나의 멍에를 메고 내게 배우라 그리하면 너희 마음이 쉼을 얻으리니, 이는 내 멍에는 쉽고 내 짐은 가벼움이라 하시니라(마 11:28-30).

이 구세주를 상처받는 세상에 계속해서 소개하자.

추천 도서

『자연이 그를 만든 것처럼: 존 콜라핀토에 의해 소녀로 자란 소년』
(*As Nature Made Him: The Boy Who Was Raised as a Girl by John Colapinto*).

제7장

이슬람, 이민 그리고 교회
(연민과 안전의 균형)

우리는 텔레비전에서 일단의 난민이 전쟁, 박해, 기아를 피해 피난처를 찾아 터벅터벅 걸어오는 모습을 본 적이 있다.

이 광경에 마음이 동하지 않는다면, 이는 그리스도인을 포함한 서구의 많은 사람이 기본적인 연민과 그리스도의 정신에서 벗어나 마음이 굳어 있기 때문일지도 모른다. 그러나 우리 중 많은 사람이 연민의 부족이 아니라 무력감, 즉 우리가 이들의 고통을 완화시켜 줄 수 있는 일이 아무것도 없다는 느낌이 문제다. 다른 언어, 문화, 머나먼 거리 그리고 종교는 그들의 곤경에서 우리를 분리한다.

현재 시리아 난민은 550만 명에 달한다.[1] 그리고 난민뿐만 아니라 우리와 함께 살기 원하는 전 세계의 이민자들을 위해 미국이 무엇을 해야 하는지에 대해 상반된 의견이 있다. 많은 사람이 미국의 이민 정책이 일관성이 없고, 가끔 합법적으로 미국에 입국하여 그들의 고향으로 만들고 싶어 하는 사람들을 위한 불필요한 요식행위로 가득 차 있다는 것에 동의한다.

---

1 "Global Trends Forced Displacement in 2016", UNHCR, http://www.unhcr.org/global-trends2016/.

이 장의 목적은 교회의 역할에 집중하고자 한다. 이민과 난민 입국 문제에 관한 교회의 역할은 정부의 역할과 매우 다르다는 점을 분명히 하고 싶다. 교회가 할 수 있는 일이 있으며, 정부가 해야 하는 일은 교회의 관할권에 있지 않다. 내 생각에는 이 시점에 많은 복음주의자가 혼란스러워하는데, 이는 이민 논쟁의 양쪽에서 폄훼하는 발언과 반응을 유발할 것 같다.

나는 또한 이슬람이 특별한 기회와 함께, 우리에게 특별한 우려를 하게 한다고 믿으므로, 미국에서의 이슬람의 역할에 관련된 이슈를 다루고 싶다. 확실히 이 교회들은 그들의 종교적 배경이 어떠하든 다른 나라에서 우리 해안으로 오는 사람들과 관계를 맺는 특권을 환영해야 한다. 이슬람에 대한 우리의 의견이, 크고 작은 방법으로 무슬림들과 친구가 되고 그들에게 그리스도의 사랑을 보여 주겠다는 우리의 헌신을 방해해서는 안 된다. 우리는 이슬람 세계에 선교사들을 보냈던 시절이 있었다. 이제 하나님은 점점 더 많은 무슬림을 우리 해안으로 데려오셨다.

1. 이슬람과 이주

나의 의도는 두려움을 조성하는 것이 아니라, 미국 이민과 관련해 교회가 이슬람 이민과 급진 이슬람의 장기적인 의제를 이해하도록 돕는 것이다. 또한, 이슬람의 의도가 교회에 어떻게 기회가 될 수 있는지를 보여 주고 싶다.

미국의 이슬람교도들은 민족성과 순응성 모두에서 다양할 수 있다는 것을 분명히 하겠다. 많은 무슬림이 통합되어 종교의 자유를 받아들였고 타 종교에 대한 관용과 존경을 실천했다. 그러나 무슬림 사이에서 때로는 성공해 자신의 목소리를 내고 영향력을 행사하려는 소수 집단이 있다. 이 단체들은 말 그대로 쿠란과 하디스(무함마드의 말)를 취하며, 미국에서 이슬람 패권을 위해 전념하고 있다.

다른 나라들에서는 급진적 이슬람교도들이 종종 쿠란의 특정 가르침에 반대해 투옥되고 심지어 죽음에 직면한 온건한 이슬람교도들을 비난한다. 퓨리서치에 따르면 대다수의 미국 무슬림들은 이슬람의 가르침을 해석하는 진정한 방법이 한 가지 이상이라고 말하지만, 31퍼센트는 신앙을 해석하는 진정한 방법은 하나뿐이라고 답했다.[2]

나는 이슬람이 새로운 교리를 전파하기 위해 A.D. 622년에 메디나에서 메카로 이주한 마호메트 시대로 거슬러 올라가는 매우 발달한 이주 교리를 가지고 있다는 것을 발견했다. 사실 무슬림 달력은 무함마드의 탄생이나 죽음으로 시작되는 것이 아니라, 그의 이주 날짜로 시작되며, 한 지리적 위치에서 다른 위치로 이동함으로써 이슬람을 전파하는 것의 중요성을 보여 준다. 이 사건은 히즈라(이주)로 알려지게 되었다. 이 이주 모델은 새로운 이주 국가에 동화하는 것이 아니라 이주한 국가를 식민지화하고 변화시키는 것을 목적으로 한다.

꾸란에 다음과 같은 약속이 있다.

> 믿고 망명하고 알라의 대의와 믿음을 위해 싸우는 사람들 … 그들에게는 죄의 용서와 가장 관대한 조항이 있다(수라 8:74).[3]

하디스는 지하드(성전)와 히즈라(이주)를 연결한다.

> 그리고 나는 알라가 나에게 명령한 다섯 가지로 너희에게 명령한다. 즉, 경청, 복종, 지하드, 히즈라 그리고 자마아(공동체)다.[4]

---

2 "Most U.S. Muslims say there is more than one true way to interpret Islam", *Pew Research Center*, July 24, 2017, http://www.pewforum.org/2017/07/26/religious-beliefs-and-practices/pf_2017-06-26_muslimamericans-06-05/.
3 *The Qur'an*, Surah 8:74, trans. Abdullah Yusuf Ali.
4 Hadith Collection: Jami at-Tirmidi, Volume 5: Book #42, Hadith 2863.

무슬림 근본주의자들에게 이민의 역할은 그들의 의제를 진전시키는 데 매우 중요하며, 테러 행위보다 더욱 중요하다. 우리는 예방이란 의심할 여지 없이 법 집행이 중요한 역할이라고 하지만, 우리의 주된 관심사는 테러 공격의 예방이어야 한다는 잘못된 이야기를 쉽게 믿을 수 있다. 테러리즘이 이슬람의 가장 유용한 무기라고 생각해서는 안 된다. 실제로 이들 이슬람 지도자 상당수가 문명의 지하드를 서구 정복을 하기 위한 더 효과적이고 은밀한 전략으로 보고 테러리즘을 비난한다.[5]

1928년 이집트에서 하산 알 반나(Hassan al-Banna)가 아랍 세계에서 가장 오래된 이슬람 정치 단체인 '무슬림형제단'(MB; Muslim Brotherhood)을 설립했다. 이 이슬람 학자이자 교사인 알 반나는 이렇게 말했다.

> 이슬람법과 도덕을 증진하고 사회 봉사활동을 통해 사회를 참여시킴으로써 보편적 이슬람 통치 시스템 구축할 수 있다.[6]

미 국무부는 공식적으로 무슬림형제단을 테러 조직으로 지정하지 않았지만, 이집트는 2013년에 그렇게 했다. 2015년에 영국 정부의 검토는 "그 조직의 회원 또는 연관된 사람은 극단주의의 가능한 지표로 간주하여야 한다"라는 결론을 냈다.[7]

그러나 2003년 미국연방수사국은 이민, 협박, 교육, 지역 사회센터, 모스크, 정치적 정당성을 통해 그리고 우리 대학들에 '종교 간 대화' 센터를

---

5   Andrew C. McCarthy, *The Grand Jihad: How Islam and the Left Sabotage America* (New York: Encounter Books, 2011), 59.
6   "What is the Muslim Brotherhood?", Al Jazeera, June 18, 2017, http://www.aljazeera.com/indepth/features/2017/06/muslimbrotherhood-explained-170608091709865.html.
7   William James, "UK criticizes Muslim Brotherhood, defends Western policy", *Reuters*, December 7, 2017, https://www.reuters.com/article/us-mideast-crisis-britain/uk-criticizes-muslim-brotherhood-defends-western-policy-idUSKBN1E11JI.

설립함으로써 미국을 지배하려는 무슬림형제단의 다각적인 계획을 밝혀냈다. 미국연방수사국이 압수한 문서에는 서구에 유연하고 장기적인 '문화적 침략'으로 이슬람 정부를 지구상에 수립하기 위한 12개 항의 전략을 요약하고 있다.

 이슬람의 침입은 다양한 수단을 통해 여러 곳에서 일어날 것이다.[8]

하지만 이 전략의 가장 중요한 부분은 이민이다. 구체적으로 말하면, 그들의 전략의 첫 번째 주요 요점은 다음과 같다.

 출산율, 이민, 이주 국가에 동화 거부, 이슬람교의 존재를 확대하는 것이다.[9]

이 전략은 인도네시아를 불교와 힌두교 국가에서 세계에서 가장 큰 이슬람교 지배 국가로 변화시켰다. 유럽이 발견한 것처럼 난민을 위해 개방된 국경은, 재앙적인 인도주의 위기에 대한 동정적인 대응으로 간주할 수도 있지만, 장기적인 위험과 결과를 초래할 것이다. 예를 들어, 2015년에 유럽은 제2차 세계대전 이후 가장 큰 실향민 물결을 경험했다. 터키가 난민의 흐름을 막기로 합의한 이후 위기는 줄어들었다.

그러나 중동과 아프리카에서 갈등과 빈곤을 피해 망명한 사람들의 처리 방안을 두고 유럽연합 28개 회원국은 깊은 내분에 휩싸였다. 그리고 '반이민 정서로 도덕적, 법적 의무를 균형 있게 조정하는 것'은 미국에서도 비슷한 과제가 되었다.[10]

---

[8] William J Boykin and, et. al, *Shariah: The Threat to America: An Exercise in Competitive Analysis* (Report of Team B II),(Washington, D.C.: The Center for Security Policy, 2010), 47.
[9] Boykin and, et. al, *Shariah*, 125-26.
[10] Jonathan Stearns, "How Europe's Refugees Are Testing Its Open Borders: QuickTake",

1960년대 초, 무슬림형제단의 이론가 사이드 쿠툽(Sayyid Qutb)은 아부 알리 마우두디(Abul A'la Maududi)의 '이슬람 사회'라는 개념을 분명히 했다.[11] 『알라의 대의 지하드』(*Jihad in the Cause of Allah*)를 쓴 이슬람의 선도적 학자 마우두디는 이렇게 말했다.

> 이슬람은 전 세계의 사회 질서를 바꾸고 자신의 신조와 이상에 맞게 재건하는 혁명적 프로그램이다. 이슬람의 목적은 그 자체의 사상과 계획을 바탕으로 국가를 세우는 것이다.[12]

그들은 민주주의, 종교의 자유 등 미국의 유대-기독교적 가치를 훼손하기 위해 여러 가지 방법으로 싸울 것이다.

전 미국 변호사 앤드루 매카시(Andrew McCarthy)는 미국 좌파들이 국가 안보와 국가의 자유를 훼손하기 위해 무장한 이슬람주의자들과 짝을 이루었다고 주장했다. 그는 미국의 가장 큰 위협은 테러리즘이 아니라 은밀한 전략이라고 말한다. 그는 이렇게 썼다.

> 좌파와 이슬람교도들은 그들의 사회를 위한 그들의 설계(둘 다 급격한 변화를 수반함)가 대부분의 미국인에게 혐오감을 안겨준다는 것을 잘 알고 있다. 그들은 은밀하게 자신의 대의명분을 앞당기려 한다.[13]

Washington Post, November 20, 2017, https://www.washingtonpost.com/business/how-europes-refugees-aretesting-its-open-borders-quicktake/2017/11/20/c2e7d6e4-ce05-11e7-a87b-47f14b73162a_story.html?utm_term=.6c08e56f969f.

11 "Abul Ala Maududi", *Counter Extremism Project*, https://www.counterextremism.com/extremists/abul-ala-maududi.

12 Abu Ala Maududi, as cited in S. Solomon and E. Alamaqdisi, *The Mosque Exposed* (Charlottesville, VA: ANM Press, 2006), 48–50.

13 McCarthy, *The Grand Jihad: How Islam and the Left Sabotage America*, 162.

미국에서 무슬림형제단은 수십 개의 전방위 조직을 운영하고 있다. 말하자면, 이런 조직들은 지상에 있는 군대로, 소위 그들 일부는 위대한 지하드를 구현하는 것이다.[14]

무슬림형제단의 희망은 서구 사람들이 테러에 너무 집중한 나머지 내부 변화는 머릿기사에서 사라져 눈치채지 못하는 것이다.

법무부의 최고 영예 훈장을 받은 매카시를 다시 인용하겠다.

> 정책 입안자들은 무슬림들이 성취하려고 하는 것을 이해하지 못할 것이다. … 그들은 지하드의 수단 중 하나인 폭력에만 근시안적으로 초점을 맞추면서 폭력을 종식하면 이슬람의 위협이 우리의 생활방식에 영향을 미치지 못할 것이라는 잘못된 추측을 한다.[15]

그는 이렇게 경고한다.

> 우리의 문제가 무슬림 테러리스트에만 집중하는 척하는 것은 자유롭고 자기 결정적인 사람들을 위한 국가적 자살이다.[16]

테러의 위협은 속임수와 침투라는 더욱 교활한 캠페인의 껍데기에 불과할 뿐이다.

그는 나중에 기자에게 이 같은 성명을 발표한 것을 부인했지만, 미국-이슬람 관계 협의회 오마르 아마드(Omar Ahmad-무슬림형제단의 공동 설립자)는 다음과 같이 말한 것으로 알려졌다.

---

14 McCarthy, *The Grand Jihad*, 127-28.
15 McCarthy, *The Grand Jihad.*, 51.
16 McCarthy, *The Grand Jihad.*, 28.

이슬람은 다른 어떤 신앙과 동등하게 되는 것이 아니라 지배적으로 되는 것을 목표로 한다. 코란은 미국에서 가장 높은 권위여야 하고, 이슬람은 지구상에서 유일하게 받아들여지는 종교여야 한다.[17]

무슬림형제단의 런던 출판물 표지에 "우리의 임무: 세계 지배"(Our Mission: World Domination)라는 슬로건을 실은 것은 당연했다.[18]

이슬람은 서구 민주주의가 아닌 알라가 이미 허용한 유일한 법 즉, 샤리아를 제공한다고 가르친다.[19]

이 점에 있어 무슬림형제단의 목표는 명확하다.

샤리아는 변화하는 인간의 가치와 기준에 부합하도록 수정될 수 없다. 오히려 모든 인간의 가치와 행동이 일치해야 하는 절대적 규범이다.[20]

그들의 '급진적' 희망은 서구의 무슬림 이민과 인구 증가를 통해 샤리아법이 결국 미국의 기존 법을 대체하리라는 것이다.

은밀한 침투를 통해 수행되든 노골적인 폭력을 통해 수행되든, 급진 이슬람의 계획과 행동에도 불구하고 하나님은 항상 이 세계를 지배하고 계신다. 우리는 여호야김왕이 통치하는 동안 바벨론의 느부갓네살왕이 예루살렘을 포위하고 "주님이 그에게 넘기셨다"라는 다니엘의 이야기를 다시 한번 살펴보기만 하면 된다(단 1:1-2 참조). 동시에 하나님은 다니엘에게 지혜와 지식, 은총 그리고 왕의 꿈을 해석할 수 있는 능력을 주셨다.

---

17 Boykin, *Shariah: The Threat to America*, 47.
18 Dore Gold, "Embracing the Muslim Brotherhood", *The Algemeiner*, June 22, 2012, https://www.algemeiner.com/2012/06/22/embracing-the-muslim-brotherhood/.
19 Quran 5:47.
20 Boykin, *Shariah: The Threat to America*, 43.

그리스도인들은 다니엘처럼 바벨론에서 굳건히 서서 하나님을 섬길 기회를 얻고 있다. 수년 동안 우리 중 많은 사람은 '폐쇄된 나라들'을 위해 기도했고 이슬람 국가들에 선교사를 보냈다.

이슬람 세계를 위한 우리의 기도에 대한 하나님의 응답 중 하나가, 그들의 국가들에서 풍자 만화로 소개되는 것이 아닌 진정한 그리스도인들에게 소개되도록 미국에 데려오는 것은 아닐까?

무슬림의 이민은 잠재적인 위험을 제공하지만, 또한 기회를 제공할 수 있다.

그러나 이민 논쟁에서 교회의 역할에 관해 이야기하기 전에, 국경을 보호하는 데 있어서 정부의 역할을 명확히 해야 한다.

2. 이주와 정부의 역할

오늘날 우리는 종종 동정심과 장기적인 안보라는 두 가지 경쟁적 가치 사이에서 자신을 발견한다. 지난 2015년 2월, IS는 유럽에 불안과 혼란을 초래하도록 '심리적 무기'로 난민 50만 명을 범람시켜 갈등을 일으킬 것이라고 예고했다.[21] 이슬람의 궁극적 목표는 인구 이동을 통한 유럽에서 이슬람교의 승리이다. 생존 식량과 피난처와 의류를 제공해 줄 곳을 찾는 난민 중 상당수가 여성과 어린이들이다.

21　Hannah Roberts, "ISIS threatens to send 500,000 migrants to Europe as a 'psychological weapon' in chilling echo of Gaddafi's prophecy that the Mediterranean 'will become a sea of chaos,'" *Daily Mail*, February 18, 2015, http://www.dailymail.co.uk/news/article-2958517/The-Mediterranean-sea-chaos-Gaddafi-schilling-prophecy-interview-ISIS-threatens-send-500-000-migrants-Europe-psychological-weapon-bombed.html.

2017년 난민 신청자의 절반 이상이 어린이였으며, 14세 미만이 43퍼센트가 넘는다.[22] 그러나 실제적인 난민 위기는 '알라의 대의에 따른 이민'을 의미하는 히즈라의 명분, 즉 이슬람 신앙을 그 지역에 가져오기 위해 새로운 땅으로 이주하는 것은 '훔치는 일'이 될 수 있다. 이것은 왜 난민들 사이에 그렇게 많은 젊은이가 있는지 설명해 줄지도 모른다. 이것은 코란에 복종하여 행해진다.

> 누구든 알라와 그의 메신저로 이주하여 집을 떠나면 죽음이 그를 추월한다[보상받을 것이다](코란 4:100).[23]

이런 이민 역시 지하드다.

많은 사람이 저지른 실수는 교회의 역할을 정부의 역할로 옮기는 것이다. 한 목사가 "이민을 제한하는 것은 복음에 반한다"라고 말하는 것을 들었다. 그러나 국가의 가장 중요한 역할은 현재와 가능한 한 미래 세대의 시민들을 보호하는 것이다. 교회에는 "누구든지 올 수 있다." 그러나 국가는 그렇지 않다.

국경개방 정책을 외치는 사람들은 "예수님과 그분의 가족은 이집트에서 난민이었다"라고 주장하며 성경을 인용한다.

이런 구호들이 있다.

"하나님은 이주 허가증이 없다."

"우리는 예수를 외면하고 있다."

어떤 사람들은 국경을 개방하는 것이 지상대명령을 성취한다고 주장한

---

22 Maggie Sullivan and Timothy S. Rich, "Many refugees are women and children. That changes whether Americans want to admit them", *Washington Post* Online, November 29, 2017, https://www.washingtonpost.com/news/monkey-cage/wp/2017/11/29/americans-like-refugees-better-when-theyre-women-andchildren-especially-republicans/?utm_term=.29914d923fe4.

23 *The Qur'an*, Surah 4:100, Saheeh International.

다. 하지만 나는 이에 정중하게 동의하지 않는다.

오늘날 우리는 이민을 제한하는 것이 '비미국적'이라는 말을 듣는다. 그러나 역사적으로 미국은 이민에 관한 엄격한 규칙을 가지고 있었다. 몇 년 전, 가족과 나는 1885년에서 1954년 사이에 2천 1백만 명 이상의 이민자들이 상륙한 엘리스섬을 방문했다. 도착한 모든 사람은 29개의 질문을 받았는데, 그중 하나는 그들이 한동안 자신과 가족을 부양하기 위해 얼마나 많은 돈을 가지고 있느냐는 것이었다(그들은 오늘날 돈으로 600달러에 해당하는 돈이 필요했다). 의사들은 배에서 내리는 사람들을 눈으로 관찰하고, 건강 문제나 질병을 앓는 사람들은 다음 배로 되돌려 보내졌다.

일부 미숙련 노동자들은 '공공의 부담'이 될까 봐 거부당했다. 모두 2퍼센트(약 12만 명)가 집으로 보내졌고, 입국이 불허된 친척들은 입국이 허용된 가족들과 눈물겨운 작별 인사를 하는 경우가 많았다.[24]

때때로 가족 중 어머니는 입국을 거부당하고 아버지가 자녀들과 함께 남는 일도 있었다. 나는 이런 정책에 동의하지 않는다는 것을 이해해 주기 바란다. 나는 미국이 항상 이민을 위한 다소 높은 기준을 가지고 있었다는 것을 지적하는 것뿐이다. 헌법에 따라 생활하는 무슬림들은 환영받아야 하지만, 일부는 급진화할 수도 있다.

한 이론에 따르면, 급진화되는 원인은 '문화화, 즉 경쟁하는 두 문화적 영향의 균형을 맞추는 과정'일 수 있다.[25] 다시 말해, 이슬람교도들이 이주 국가에서 거부감을 느끼면, 그들은 급진화되고 지하드 운동 같은 집단에 끌릴 가능성이 더 크다. 분명히, 미국 이민 경찰은 이민자들이 무엇을 할 수 있을지 예측할 수 없지만, 정부는 이민자들을 조사하기 위한 합리적인

---

[24] "Ellis Island", *Wikipedia*, last edited on April 5, 2018, https://en.wikipedia.org/wiki/Ellis_Island#Immigrant_inspection_station.

[25] Kamran Ahmed, "Why do some young people become jihadis? Psychiatry offers answers", *The Guardian*, May 26, 2017, https://www.theguardian.com/commentisfree/2017/may/26/jihadismuslims-radicalisation-manchester

정책을 계속 가져야 한다.

성경 어디에도 국가가 국경을 통제하거나 그 사회 안에서 살 사람을 결정할 권리가 없다는 말씀이 없다. 아브라함은 약속의 땅을 떠나 이집트로 갈 때 파라오의 인지와 허락을 받았다. 야곱과 그의 가족이 이집트로 갔을 때도 마찬가지다. 그렇다. 요셉과 마리아는 이집트로 피난했지만, 분명히 국경을 지키는 사람들의 허락을 받아 그렇게 했을 것이며, 무엇보다 위기가 끝났을 때 고향으로 돌아왔다. 이런 성경 이야기는 미국 이민 정책의 모델이 되지 않는다.

구약성경에는 이스라엘에 낯선 사람과 외국인을 환영하라고 권고하는 구절이 여러 개 있지만(레 19:34 참조), 이 규정은 확실히 오늘날의 이민 정책에 적용되지 않는다. 우선 이스라엘은 신권 아래 살았기 때문에 그들과 합류한 모든 사람은 이스라엘의 문화와 종교를 받아들임으로써 동화되었을 것으로 생각된다. 이 신권은 미국과 미국의 자유와 동일시되어서는 안 된다. 이런 구절은 교회에 유익하지만, 정부의 이민 정책의 기초가 될 수는 없다.

국가는 가능한 한 분명히 동정심을 가져야 하지만, 이것이 이민에 있어 첫 번째 고려 사항은 아니다. 국가는 시민을 보호하고 질서를 유지하며 처벌을 감당해야 한다.

신약성경의 명령에 따라 교회 안에서 그리스도인에게 적용되는 것이 적용되는 국가를 상상할 수 있는가?
비유적으로 말하면 외국 세력이 국가를 때릴 때 국가가 다른 쪽 뺨을 돌려대야 할까?
국가는 그것을 저주하는 국가를 축복해야 하는가?

누군가 질문했다.
정부는 가해자를 70번씩 7번 자비롭게 용서해야 하는가?

신약에는 정부에 대한 몇 가지 언급이 있다. 아마도 가장 잘 알려진 것은 로마서 13:1-4일 것이다. 우리 대부분은 여러 번 읽었지만 새로운 눈으로 다시 읽어야 한다. 바울은 잔인하고 불경건한 네로 황제의 통치 기간에 이렇게 썼다.

> 각 사람은 위에 있는 권세들에게 복종하라 권세는 하나님으로부터 나지 않음이 없나니 모든 권세는 다 하나님께서 정하신 바라, 그러므로 권세를 거스르는 자는 하나님의 명을 거스름이니 거스르는 자들은 심판을 자취하리라, 다스리는 자들은 선한 일에 대해 두려움이 되지 않고 악한 일에 대해 되나니 네가 권세를 두려워하지 아니하려느냐 선을 행하라 그리하면 그에게 칭찬을 받으리라, 그는 하나님의 사역자가 되어 네게 선을 베푸는 자니라 그러나 네가 악을 행하거든 두려워하라 그가 공연히 칼을 가지지 아니하였으니 곧 하나님의 사역자가 되어 악을 행하는 자에게 진노하심을 따라 보응하는 자니라 (롬 13:1-4).

정부는 복수자다. 칼을 가지고 있다. 정부는 존중과 두려움의 대상이어야 한다.

캡스톤(Capstone) 보고서 『복음주의 정치 신학의 회복』(*Repairing Evangelical Political Theology*)에서 필자는 다음과 같이 말한다.

> 그리스도인에게 국가는 항상 국경 출입에 대한 허가권을 가지고 있다. 구약성경이나 신약성경의 본문에 근거해 토지나 영토에 접근할 수 있는 양도할 수 없는 권리는 없다.[26]

---

[26] "Repairing Evangelical Political Theology: Getting the State Right", *Capstone Report*, January 21, 2018, http://capstonereport.com/2018/01/21/repairing-evangelical-political-theology-getting-the-state-right/31843/.

국가는 질서를 세우기 위해 존재하기 때문에 우리는 그 안에서 안전하게 살 수 있다. 미국의 건국 아버지 중 한 명인 알렉산더 해밀턴(Alexander Hamilton)은 이미 외국인을 '무차별적으로' 받아들일 때 주의할 필요성을 예견했다. 다음은 그의 연설 중 하나에서 발췌한 것이다.

> 공화국의 안전은 근본적으로 공통된 국가 정서의 에너지에 달려 있다. 원칙과 관습의 일관성에 달려 있다 … 미국은 이미 많은 수의 외국인을 자국의 대중에 편입시키는 악함을 느꼈으며, 이는 공동체를 분열시키고 우리 의회주의를 분산시키는 데 큰 역할을 했다 … 외국인이 우리나라에 발을 들여놓는 순간 시민 권리를 무차별적으로 인정하는 것은 … 고대 그리스의 목마를 우리의 자유와 주권의 성채로 들이는 것과 다를 바 없다.[27]

우리는 기꺼이 외국인들을 환영하지만, 정부는 해밀턴이 말한 것처럼 그들이 미국의 가치와 우리의 '국가 정서'에 헌신하는 사람들이라는 것을 확실히 하기 위해 최선을 다해야 한다. 정부는 국경을 통제할 책임이 있는데, 이는 국가 안보뿐만 아니라 대량 이주가 가져올 수 있는 장기적인 결과에 대한 책임이 있다.

나는 현재의 합법적인 이민 시스템이 깨졌다는 데 동의한다. 그 과정은 관료적 형식주의, 위조, 지연, 용납할 수 없는 비용 그리고 모순으로 가득 차기보다는 간소화될 필요가 있다. 우리 정부의 교착상태와 정치적 동맹 때문에 수많은 사람이 고통을 받고 있다. 그러나 국경을 확보하는 것이 정부의 최우선 과제임에 틀림없다.

물론 교회는 우리 정부 지도자들에게 영향력을 행사할 수 있고, 그리스도인들이 원하는 법을 위해 로비를 할 수 있다. 그러나 궁극적으로 정부는

---

27 Alexander Hamilton (Lucius Crassus), "Examination of Jefferson's Message to Congress of December 7, 1801", viii, January 7, 1802, in Henry Cabot Lodge, ed., *The Works of Alexander Hamilton*, vol. 8(New York: Putnam's, 1904).

국가적 우선순위를 명심해야 한다.

종종 안전한 국경을 찬성하는 사람들을 비난한다. 그들은 인종차별주의자, 증오자, 비기독교적 그리고 더 나쁜 것으로 불린다. 그러나 국경을 확보하고 위반자를 처벌하는 엄격한 법적 이민 정책이 국가 전체, 특히 가장 좋은 장기적 정책이라고 믿을 만한 충분한 근거가 있다. 우리는 매년 얼마나 많은 난민이나 이민자들을 합리적으로 받아들일 수 있는지 같은 문제에 대해 계속 토론해야 하고, 우리 정부가 난민에 대한 철저한 조사 과정을 계속하도록 격려해야 한다.

내가 이것을 쓰는 동안에도, 의회는 미국의 이민 정책에 대해 열띤 토론을 하고 있지만, 나는 그들이 국경 보안에 높은 가치를 두고 앞으로 합리적인 이민법을 제시하는 정책을 만들 것이라는 희망을 거의 품지 못한다.

우리의 지도자들이 어떤 결정을 내리든, 그리스도인들이 그 문제에 대해 어떤 관점을 취하든, 우리는 그리스도를 반영하는 방식으로 행동하면서 우리의 차이를 보일 수 있다.

한편, 우리 교회는 항상 하나님이 우리에게 보내 주시는 모든 사람을 환영할 수 있는 특권을 가지고 있다. 정부의 상징은 검이고, 교회의 상징은 십자가다.

3. 교회의 역할

초기 유럽 이민자들과 달리, 미국에 이민 온 많은 무슬림은 이 나라를 고향으로 삼았다. 그들은 이민을 일종의 지하드라고 생각하지 않고 열심히 일하고, 가족을 부양하고, 자유롭게 예배한다.

내가 여기 시카고에 있는 모스크 중 한 곳을 방문했을 때, 한 이맘은 이슬람 공동체의 약 15퍼센트만이 금요일 기도에 참석할 정도로 그들의 믿음이 심각하다고 말했다. 사실, 일부 무슬림들은 이슬람의 성명과 이데올로기에 조용히 동의하지 않는다. 요컨대, 그리스도인들은 그리스도의 사랑을, 서구의 자유를 원하면서도 여전히 억압적인 이데올로기의 사슬에 묶여 있는 사람들과 공유할 기회를 얻는다.

교회는 국가와는 전혀 다른 역할을 한다. 교회의 상징은 십자가다. 특히 난민들은 우리의 특별한 보살핌과 관심을 받을 자격이 있다. 우리 그리스도인이 어떤 나라에서 온 난민을 돕지 않거나, 두려움 때문에 무슬림 이민자나 시민들과의 교제를 회피한다면, 우리는 로마 십자가에 부당하게 죽은 주님을 부정하는 것이다.

감사하게도, 두려움은 주님이 적대적인 영토로 들어가는 것을 막지 못했다. 우리가 하나님이 국가에 대한 주권자라고 믿는다면, 우리는 역시 하나님이 그들을 우리에게 데려오셨다는 것을 깨달아야 한다. 그리고 우리는 이것 때문에 감사해야 한다.

예수님은 우리에게 선한 사마리아인의 비유에서 우리 이웃은 곤경에 처한 사람들이고, 우리가 도와야 할 사람이라고 우리에게 말씀하신다. 우리는 길에서 피를 흘리고 있는 사람을 만나면, 그들이 어떻게 왔으며, 합법적으로 왔는지 묻지 않는다. 그들의 종교가 무엇인지 묻지 않는다.

우리는 개인적 희생이 있더라도 멈추고 그들을 돕는다. 『피난처를 찾아서: 세계 난민 위기의 해안』(*Seeking Refuge: On the Shores of the Global Refugee Crisis*)이라는 훌륭한 책을 쓴 저자는 요르단의 한 목사가 시리아 난민 어린이와 어머니들에게 교회를 열고 생활기술 훈련과 기타 활동을 제공했다고 전한다. 안타깝게도, 그 교회 신자 중 많은 사람이 그의 결정에 동의하지 않고 떠났다. 그러나 목사는 난민들을 환영함으로써 그의 교회가 더 좋은 방향으로 바뀌었다고 말했다.

아주 오랫동안 우리는 시리아에 있는 사람들에게 하나님의 사랑을 나누려고 노력했지만, 그 일은 중단되었다. 그러나 이제 시리아는 우리와 우리

교회로 왔다.[28]

아마도 어느 한 교회와 무관하게 그런 사역을 하는 것이 최선일지 모르지만, 여러 교회의 관심 있는 그리스도인들이 전략적으로 그리고 하나님의 인도에 응답하기 위해 연합하도록 초대하자. 나는 개인적으로 그 일을 하는 그리스도인 그룹을 알고 있다. 몇 달 동안 그들은 그들의 도시에서 시리아 난민들을 축복하기 전에 하나님의 지혜와 도움을 구하면서 진지한 기도를 한 후 함께 만났다.

그들은 난민들에게 음식을 나눠 주고, 그들을 집으로 초대하고, 그들의 기본적인 필요와 봉사를 제공한다. 흥미롭게도, 이 난민들의 아이들은 영어를 빨리 배우고 이 기독교와 이슬람교 가정 사이에서 통역사 역할을 한다. 성탄절 시즌이 다가와 시리아 가족들을 식사에 초대하자 약 170명이 받아들였다. 그리고 그 숫자들은 증가하고 있다. 상호 존중과 배려로 사랑의 관계를 만드는 다리가 건설되고 있다.

이 사역에 참여한 교인들은 대부분 무슬림들이 사랑의 환대에 깊은 감사를 전했다고 말한다. 그리스도인들은 정기적으로 이슬람 가정에 초대되었고 그 반대도 마찬가지였다. 이제 그리스도인들은 예수님의 이름으로 이슬람 가정에서 기도하고 있으며 그들이 돌아오는 것을 환영한다.

이 사역 지도자들은 더 많은 지역 교회들이 참여하도록 초청하였는데, 그들이 참여하지 않은 것에 실망했다. 적어도 어떤 사람들은 그들 자신의 프로그램에 너무 집중하고 평소처럼 사업에 열중한다. 목사로서, 나는 신자들이 이슬람 이웃들을 직접 만나는 것보다, 외국에 선교사를 보내는 쪽이 더 쉽다고 생각하는 것을 알았다. 반면, 비전을 포착하고 의미 있게 참여하는 교회는 개별 신자들도 그 대가로 복을 받는다는 것을 알게 된다.

---

28 Stephen Bauman, Matthew Soerens, and Dr. Issam Smeir, *Seeking Refuge—On the Shores of the Global Refugee Crisis* (Chicago: Moody, 2016), 22.

미국의 무슬림들에 대한 사역은 교회에 가장 좋은 시간이 될 수 있다.

그리스도를 믿는 무슬림들의 증언 전반에 걸쳐 이어지는 한 가지 실마리는 이것이다. 기독교 사랑의 증언은 그들을 그리스도께 이끌었다. 한 무슬림에서 그리스도인으로 회심한 사람이 이렇게 말했다.

"나는 내가 전에는 올바른 종교를 믿고 있다고 확신했지만, 나의 종교는 나에게 증오와 복수만을 가르쳤고, 이 사람들은 잘못된 종교를 가지고 있었다. 그러나 그리스도인들은 내게 사랑만 보여 주었다."

그가 그리스도에 대한 믿음을 구하러 온 것은 별로 놀랄 일이 아니다.

이슬람은 기독교 신앙의 핵심인 예수님의 신성, 십자가에 못 박혀 돌아가심과 부활을 부정하고 있으며, 이슬람이 많은 나라에서 기독교를 제압하는 데 큰 성공을 거둔 것도 기만적이고 어두운 존재에게서 힘을 얻어 된 것임을 인식해야 한다. 그러나 우리는 또한 많은 무슬림이 배교에 따른 공포 속에 살고 있으며, 타 종교로의 개종은 파문이나 심지어 죽음의 위협을 받고 있다고 봐야 한다.

무슬림들에게 신뢰할 만한 사역을 하는 그리스도인들이 그리스도인들을 위해 기도하고 있다는 것을 다시 한번 강조하고 싶다. 이 사람들은 하늘의 아버지를 모르는 이들에게 하나님이 주신 사명으로 겸손하게 회개하며 걸어가는 그리스도인들이다. 그들은 영적 전투가 벌어지고 있다는 것을 이해하는 그리스도인들이다. 성령의 권능으로 이웃과 사랑스러운 관계를 맺는 것만이 이런 장벽을 극복할 것이다.

예수님은 우리가 두려움을 떨치고 희생하며 위축되지 않는 사랑스러운 관계를 이루도록 부르신다. 그는 하늘에서 땅으로, 안전하게 놀기 위해서가 아니라, 우리를 구원하시고 본보기가 되시는 데 자신의 고통과 죽음을 사용하시기 위해 오셨다. 기회가 주어졌는데 함께하지 않을 정당한 변명거리는 없다.

나는 『피난처를 찾아서』(Seeking Refuge)라는 책에서 가장 중요하다고 생각하는 말로 이 장을 마치고자 한다.

우리가 무슬림들을 사랑과 존경으로 대한다면, 우리는 그들을 예수님께 소개할 놀라운 기회를 얻게 될 것이다. 반면에, 우리가 그들을 적으로 만들거나 피한다면, 우리는 비방의 죄에 빠질 뿐만 아니라, 그들이 예수를 따르는 것을 고려할 기회를 최소화할 뿐만 아니라, 소외된 무슬림들이 찾는 극단주의 단체들의 계획에 참여하게 될 것이며, 결국 그들은 그리스도인들을 적으로 삼을 것이다.[29]

정부는 교회가 할 수 없는 일을 해야 한다. 교회와 국민을 보호하고 질서를 유지해야 한다. 마찬가지로, 교회는 정부가 할 수 없는 일을 해야 한다. 즉, 우리 땅에 온 낯선 사람들을 위한 환영위원회가 되어야 한다. 우리는 우리 집 현관에서 예수님을 만나야 한다. 그리고 우리는 그분의 말씀을 진리로 살아야 한다.

> 내가 진실로 진실로 너희에게 이르노니 내가 보낸 자를 영접하는 자는 나를 영접하는 것이요 나를 영접하는 자는 나를 보내신 이를 영접하는 것이니라(요 13:20).

---

29 Bauman, Soerens, and Smeir, *Seeking Refuge*, 75.

제8장

성도들에게 단번에 주신 믿음 수호

교회는 항상 기독교 신앙의 날카로운 모서리를 무디게 만들며, 문화적, 종교적 압력에 직면하여 단단한 진리를 버리고 싶은 유혹을 받아 왔다.

활기찬 믿음을 다음세대에게 전달하는 것은 언제나 도전이다. 특히 정부, 법원, 언론, 공립학교, 국가적 시대 정신의 지지 없이는 우리가 단순히 격앙된 문화적 여론의 격렬한 강물과 함께 떠내려갈 것이라는 주장도 항상 도전이다.

유럽의 텅 빈 교회는 복음의 증언이 관용과 사랑의 기치 아래 정치적 올바름, 문화에 대한 복종, 타 종교와 연합하려는 의지에 기댈 때 무슨 일이 일어나는지 명백히 증명하고 있다. 기독교의 정신을 잃고 진정한 복음주의 신앙의 증언이 줄어들면, 우리 교회의 미래를 당연하게 여길 수 없다는 것을 상기시킨다.

수년 동안 미국 상원의원이었던 피터 마샬(Peter Marshall)은 거대한 산맥 기슭에 자리 잡은 유럽 한 마을의 '샘의 수호자'에 대해 다음과 같이 이야기를 했다.

마을 위 언덕에서 한 노인이 샘의 수호자로 봉사했다. 그는 산을 순찰하면서 아랫마을에 물을 공급하는 샘들에 침식된 흙, 나뭇잎, 죽은 동물이 없는지 항상 확인했다. 매일 시원하고 깨끗한 물이 마을로 흘러갔다. 정원은 생동감이 넘치고 잔디는 녹색으로 변했으며 사람들은 갈증을 해소했다. 여름과 겨울에 마을 사람들은 시원함을 마시고 신선한 물로 씻었다.

그러나 마을에 위기가 닥쳤다. 어려운 시기가 오자 의회는 예산을 삭감했다. 누군가 샘의 수호자에게 월급으로 약간의 예산이 지출되는 것을 알았다. 그들 대부분이 그를 거의 본 적이 없고 그가 누구인지조차 몰랐기 때문에 간단하게 그의 업무를 종료시키고 그에 대한 급여를 중단하기로 했다. 그들은 이 알려지지 않은 수호자 없이도 샘물이 예전처럼 순수하게 유지되리라는 막연한 희망이 있었다. 처음 몇 주 동안 물은 맑고 깨끗한 것처럼 보였다. 그러나 샘은 흙으로 막히고 수면에 점차 녹조가 생기고 나뭇잎과 부유물이 물에 떴다. 잠시 후 질병이 발생하고 전염병이 창궐, 모든 가정에 퍼졌다.

의회는 긴급회의를 열었다. 그들은 자신들이 나쁜 실수를 저질렀다는 것을 깨닫고, 대표단을 파견하여 노인을 찾아 예전의 일을 다시 시작해 달라고 간청했다.

얼마 지나지 않아 순수한 물이 다시 마을로 흘러내렸다. 아이들은 며칠 전처럼 웃고 개울가에서 놀았다.[1]

신약성경의 교회 지도자들은 물을 순수하게 유지할 책임이 있다. 우리는 개울의 상류에 서서 오염되지 않도록 그것을 지키고 복음의 중심 메시지가 무시되거나 심지어 더러워질 때 외쳐야 한다.

우리는 샘들의 수호자로 부름을 받았다.

이 장은 교회가 직면하고 있는 많은 교리적 유혹 중 단 다섯 가지를 다루고 있다. 우리가 흔들린다면 교회의 증언은 심각한 위기에 처할 것이라

---

1 Peter Marshall, "Keepers of the Springs", in *Mr. Jones, Meet the Master: Sermons and Prayers of Peter Marshall* (n.p.: Pickle Partners Publishing, 2016), 142.

고 나는 확신한다. 결국, 하나님의 말씀을 절실히 들어야 하는 세상에 할 말이 거의 없어질 것이다.

복음이 재정의되고 기적이 거부되고 그리스도의 신성을 벗겨 낸 주류 교회에는 거짓 교사들이 많다. 리처드 니부어(H. Richard Niebuhr)가 이렇게 말했다.

> 분노가 없으신 하나님이 십자가 없는 그리스도의 사역을 통해 죄 없는 사람을 심판 없이 왕국으로 데려오신다.[2]

자유주의 복음은 사람들을 고무시키지만, 다가오는 하나님의 심판에서 아무도 구하지 못한다.

이 장에서 나는 많은 복음주의 교회의 잘못된 가르침에 초점을 맞추고 있다. 많은 사람이 작가 윌리엄 폴 영(William Paul Young)이 쓴 『오두막』(The Shack)이 복이라고 생각했다. 왜냐하면, 그것은 하나님이 고통당하는 사람들에게 찾아오신다는 것을 보여 주기 때문이다. 어떤 사람들은 그 책에 표현된 신학적 믿음이 비난받아 마땅하다고 생각했다.

어쨌든 영은 그의 다른 책 『하나님에 관해 우리가 믿는 거짓말』(Lies We Believe About God)에서 원죄, 하나님의 주권, 죄인을 위한 그리스도의 희생, 영원한 지옥의 존재를 포함한 거의 모든 성경적 기독교 교리를 부인하고, 대신 보편주의(Universalism; 만인 구제설-모든 인간은 결국 구원을 받는다)를 옹호한다.[3] 이단임에도 불구하고, 기독교 텔레비전 네트워크에서 그 책이 하나님과 동행하는 데 큰 격려가 될 새로운 책이라고 홍보하는 것을 보았다!

우리 복음주의 교회 중 일부는 축소되거나 심지어 왜곡된 복음을 가르치고 있지만 그들의 신자들은 그것을 알지 못할 수도 있다. 그들은 성경이

---

2   H. Richard Niebuhr, *The Kingdom of God in America* (Middletown, CT: Wesleyan University Press, 1988), 193.
3   Wm. Paul Young, *Lies We Believe About God* (New York: Atria Books, 2017).

설교에 인용되는 것만으로 충분하다고 생각한다. 그러나 가끔 좁은 길은 넓은 길과 구별할 수 없다. 복음의 상실과 함께 권능의 상실이 온다. 다음 다섯 가지 교리적 오류를 다루지만, 지면상 각 오류에 자세히 분석할 수 없어 애석하다.

1. 영원한 은혜의 복음

먼저 많은 교회가 여전히 하나님의 은혜가 성도들의 유익이라고 강조하는 것에 대해 하나님께 감사를 드리는 것으로 시작하겠다. 많은 사람이 우리가 은혜로 구원을 받았고, 매일 은혜로 받아들여지고 새로워진다는 사실을 알게 될 때, 메마르고 기쁨 없는 성과에 기반한 기독교에서 구출된다. 그들은 관계없는 규칙 그리고 기쁨 없는 순종 즉 외적 순종에서 구해진다. 이 은혜를 이해하는 것은, 큰 죄인뿐만 아니라 고군분투하는 성도들에게도 참으로 놀라운 것이다 영적 승리는 사람들을 율법 아래로 되돌려 놓는 것이 아니라, 그리스도 사역의 완전성과 우리를 향한 그리스도의 은혜를 그들에게 소개함으로써 이루어진다. 신자들은 우리가 그리스도에 의해 영구히 받아들여졌기 때문에 하나님의 은총을 받을 필요가 없다. 바울이 말하는 '풍성한 은혜'를 즐기는 것은 당연하다.

> 율법이 들어온 것은 범죄를 더하게 하려 함이라 그러나 죄가 더한 곳에 은혜가 더욱 넘쳤나니 (롬 5:20).

내가 그토록 많은 공통점을 가진 사람들을 비판하는 것은 어려운 일이다. 나 역시 은혜를 사랑하는 사람이기 때문이다. 그러나 오늘날 우리는 '은혜 운동'(Grace Movement)이라고 불리는 것에서 은혜의 변태를 목격하고 있다. 아마도 이 은혜에 대한 잘못된 개념을 가장 잘 폭로한 책은 마이클

브라운(Michael Brown)이 쓴 『초월적 은혜: 현대적 은혜 메시지의 위험 폭로』(Hyper-Grace: Exposing the Dangers of the Modern Grace Message)다.[4]

그의 연구는 사람들이 은혜의 필요를 확신하기도 전에 은혜를 먼저 제시하는 교사와 설교자들에 대하여 지난 10년 동안 내가 보고 들은 것을 확인한다. 우리는 과거에는 먼저 율법을 설교했다. 일단 죄를 인정하면 우리는 하나님의 경이로운 은혜를 설명했다. 그러나 오늘날 많은 설교자가 이렇게 말한다.

"하나님은 무조건 당신을 사랑하신다. 하나님은 당신을 있는 그대로 사랑하신다."

듣는 사람은 "혼인 관계가 아닌 남녀가 계속 잘 수도 있고, 여전히 중독에 빠져 있을 수 있지만, 감사하게도 예수님 때문에 우리를 기뻐하신다"라고 한다. 다시 말해 하나님의 조건 없는 사랑은 자신의 어떤 생활방식도 무조건 수용할 수 있다고 해석될 수 있다.

하나님은 모든 사람을 같은 방식으로 사랑하지 않으신다. 그분은 자기 아들을 사랑하듯이 '그리스도 안에 있는' 백성들을 무조건 사랑하신다(요 17:20-23). 그러나 이것은 하나님이 우리의 행위에 대해 무조건 기뻐하신다는 의미가 아니다. 우리의 불순종을 징계하지 않으신다는 것도 아니다. 하나님은 모든 사람을 친절하게 대하시고 세상을 사랑하시지만(요 3:16) "살아 계신 하나님의 손에 빠지는 것은 무서운 일"(히 10:31)이다. 그리고 다시 강조한다. 즉 하나님 심판의 대상이 된다는 것은 두려운 일이다.

> 그러므로 우리가 흔들리지 않는 나라를 받았은즉 은혜를 받자 이로 말미암아 경건함과 두려움으로 하나님을 기쁘시게 섬길지니, 우리 하나님은 소멸하는 불이심이라 (히 12:28-29).

---

[4] Michael Brown, *Hyper-Grace: Exposing the Dangers of the Modern Grace Message* (Lake Mary, FL: Charisma, 2014).

성도들조차 하나님의 거룩하심을 알고 당연히 두려움 가운데 살아야 한다.

> 외모로 보시지 않고 각 사람의 행위대로 심판하시는 이를 너희가 아버지라 부른즉 너희가 나그네로 있을 때를 두려움으로 지내라(벧전 1:17).

브라운에 따르면, 일부 은혜 교사들은 하나님이 항상(무조건) 기분이 좋으시다고 단언한다. 그는 벤자민 던(Benjamin Dunn)의 책 『행복한 복음: 행복하신 하나님과의 노력 없는 연합』(*The Happy Gospel: Effortless Union with a Happy God*)에서 던은 하나님은 항상 즐거워하신다고 표현한다.[5]

같은 맥락에서 척 크리스코(Chuck Crisco) 목사는 이렇게 묻는다.

> 하나님이 항상 잔치 분위기에 계신다면 어떨까?[6]

하나님이 잔치 중?
항상 잔치 중?
글쎄, 이 저자들이 의미하는 바가 하나님은 항상 선하시고 친절하시며 의롭다는 것이라면, 그렇다, 하나님은 항상 기분이 좋으시다. 그러나 하나님이 결코 화를 내시지 않는다는 것을 의미한다면, 아니다, 하나님이 항상 기쁘고 즐거운 기분으로 지내시는 것은 아니시다. 구약은 물론 신약에서 언급한 수십 가지 하나님의 진노와 분노에 대해 무시하는 것은 불가능하다.

홍수의 심판, 소돔과 고모라 그리고 그들의 우상 숭배에 대한 이스라엘의 가혹한 심판을 기억하는가?

---

5 Brown, *Hyper-Grace*, 153.
6 Brown, *Hyper-Grace*.

그리고 많은 은혜 설교자들처럼 이 모든 심판이 구약에만 있다고 생각한다면, 대 환난과 영원한 지옥이 오리라는 것에 대해 생각해 보라. 요한계시록에 설명된 심판을 읽어 보라. 모든 사람이 무조건 사랑받는 것은 아니며 하나님이 항상 '기분이 좋으시다'는 것은 아니라는 것을 확신해야 한다.

우리는 하나님이 모든 사람에 대해 무조건 기뻐하신다고 설교하는 것을 멈춰야 한다. 성경은 하나님이 악인에게 매일 분노하신다고 말씀하신다.

> 하나님은 의로우신 재판장이심이여 매일 분노하시는 하나님이시로다(시 7:11).

그리고 그분에게 악인은 여전히 혐오스러운 존재다,

> 이런 일들을 행하는 모든 자, 악을 행하는 모든 자는 네 하나님 여호와께 가증하니라 (신 25:16).

그는 죄에 대해 분노하시고 그의 사랑을 가정하는 모든 회개하지 않은 자들에게 경고하신다.

> 다만 네 고집과 회개하지 아니한 마음을 따라 진노의 날 곧 하나님의 의로우신 심판이 나타나는 그 날에 임할 진노를 네게 쌓는도다(롬 2:5).

"하나님은 죄인을 사랑하시지만, 죄를 미워하신다."
이렇게 말하는 것조차 오해의 소지가 있을 수 있다.
R.C. 스프롤(R.C. Sproul)은 "하나님은 죄를 지옥에 보내시는 것이 아니라 죄인을 보내신다"라고 했다.[7] 그렇다. 하나님은 죄인을 사랑하신다고

---

7   R.C. Sproul, "Does God Hate the Sin but Love the Sinner?", R. C. Sproul and John

사람들에게 전하자. 그러나 하나님은 모든 사람을 무조건 사랑하신다거나, 하나님은 우리를 사랑하시므로 우리가 받을 심판을 두려워할 필요가 없다고 암시하는 것은, 회개하지 않은 죄인들을 숨겨 주는 것이다.

현대 은혜 운동 교사들은 하나님의 진노를 믿는다고 말할지 모르지만, 그들의 설교와 책에서는 찾아보기 어렵다. 그들이 그것을 언급할 때, 그들은 다시 한번 하나님의 진노가 구약에는 있었지만, 신약에는 없다고 말한다. 조셉 프린스(Joseph Prince)는 말했다.

"하나님은 미국(또는 오늘날 세계 모든 나라)도 심판하지 않으신다.

미국과 그 죄는 이미 심판을 받았다!

어디에서?

예수님의 십자가에서!

죄는 십자가에서 심판을 받았다!"

놀랍게도 은혜 설교자 중 가장 유명한 조셉 프린스는 모든 죄가 십자가에서 심판을 받았기 때문에 믿지 않는 사람조차도 하나님의 진노 아래 있을 수 없다고 믿는다.[8] 이 생각은 신약에 쓰인 바울이 전한 말씀과 완전히 모순된다.

> 하나님의 진노가 불의로 진리를 막는 사람들의 모든 경건하지 않음과 불의에 대해 하늘로부터 나타나나니(롬 1:18).

그러고 나서 바울은 현재와 미래에 하나님이 그들을 심판하실 죄의 목록을 나열한다.

나는 이 성경 구절에 대한 현대의 은혜 설교자들의 답을 듣고 싶다.

MacArthur Q&A [Psalm 11:5], YouTube Video, May 5, 2017, https://www.youtube.com/watch?v=DXX0r8enBdY.

[8] Joseph Prince, *Destined to Reign: The Secret to Effortless Success, Wholeness and Victorious Living* (Tulsa: Harrison House Publishers, 2007), 49-50.

> 환난을 받는 너희에게는 우리와 함께 안식으로 갚으시는 것이 하나님의 공의시니 주 예수께서 자기의 능력의 천사들과 함께 하늘로부터 불꽃 가운데에 나타나실 때에, 하나님을 모르는 자들과 우리 주 예수의 복음에 복종하지 않는 자들에게 형벌을 내리시리니, 이런 자들은 주의 얼굴과 그의 힘의 영광을 떠나 영원한 멸망의 형벌을 받으리로다 (살후 1:7-9).

하나님은 매우 복잡한 분이다. 사랑과 정의, 진리와 진노가 균형을 이루고 있다. 새 은혜 교사의 특징은 다음과 같다.

첫째, 죄인에 대한 하나님의 현재와 미래의 진노를 인정하지 않는다.
둘째, 율법이 은혜의 원수로 제시된다.

브라운은 '초월적 은혜'의 꽤 유명한 지도자를 섬겼던 남자를 만난 이야기를 들려준다. 이 남자는 이렇게 말했다.

> 누군가에게 어떤 행위를 하지 말라고 말한 적이 있다면 율법주의다. … 그것은 율법주의 또는 그들이 부르는 '도덕주의' 기독교다.[9]

그들의 관점에서 은혜와 율법은 완전히 분리되어야 한다. 명령에 순종할 의무가 있다고 느끼는 것은 우리를 다시 율법 아래 두는 것이다. 신약의 명령(로마서 12장과 같은)조차 경시하거나 우리가 은혜 아래 있으면 그런 명령은 자연스럽게 따르게 될 것이라고 한다. 그들의 주장에 따르면 그리스도인의 신앙 훈련조차도 '행위 구원'의 기반이 된다.

나는 은혜 운동의 설교자들이 죄를 조장한다고 말하는 것이 아니다. 그들은 사람들을 죄에서 구하는 것이 그들의 은혜의 메시지라고 말할 것이

---

9 Brown, *Hyper Grace*, 13.

다. 그러나 역사적으로, 그들의 완전한 율법 거부는 율법 폐기론자(Antinomianism)라고 불려왔고, 많은 경우 세속적 삶의 정당화로 이어졌다.

한 설교자가 사실상 "내가 아버지 앞에서 그리스도의 온전함 안에 거하기 때문에 내가 하는 일들은 중요하지 않다"라고 말하는 것을 들었다. 그러나 유다서는 "우리 하나님의 은혜를 방탕한 것으로 바꾸는 사람들"에 대해 경고하고 있다(유 1:4).

바울은 갈라디아서에서 다시 율법 아래 놓일 위험에 대해 경고했다. 그렇지만 이것을 우리가 율법을 통해 훈련해서는 안 된다는 의미로 해석하면 안 된다. 우리가 신약성경의 명령에 순종한다면, 우리 자신을 율법의 아래에 두지 않을 것이다. 하나님은 마음의 변화 없이 오직 순종만을 요구하신다고 생각하면 율법 아래 있는 것이다. 바울은 자신의 은혜에 관한 메시지가 오해받을 수 있다는 것을 알고 경고했다.

> 형제들아 너희가 자유를 위하여 부르심을 입었으나 그러나 그 자유로 육체의 기회를 삼지 말고 오직 사랑으로 서로 종 노릇 하라(갈 5:13).

셋째, 은혜 교사들은 그리스도인들이 결코 자신의 죄를 회개할 필요가 없다고 말한다.

예수님이 과거, 현재, 미래를 용서하셨기 때문에, 우리가 죄를 짓더라도 이미 용서받았다는 것을 인정하기만 하면 된다. 그들은 주님의 기도가 우리에게 모범이 된다는 것을 단호히 부인한다. 주님이 가르쳐 주신 기도는 분명히 용서를 구하고 있다. 그리고 그들은 잘 알려진 요한일서 1:9("만일 우리가 우리 죄를 자백하면 …")은 그리스도인이 아니라 구원받지 못한 사람들을 위한 것일 뿐이며, 그리스도인들도 회개해야 한다고 가르친다면 우리는 합법적인 바리새파가 되는 것이라고 말한다.[10]

---

10 Brown, *Hyper Grace*, 25.

그러나 예수님은 요한계시록에서 일곱 교회 중 다섯 교회를 향해 회개하라고 말씀하셨다. 이는 은혜주의자들의 말에 예수님은 확실히 동의하지 않으신다는 사실을 보여 준다.

브라운이 보여 준 것처럼, 이런 잘못된 은혜의 가르침이 때때로 동성애 행위를 받아들이게 하고, 결국, 모든 사람이 구원받을 것이라는 급진적 이단으로 연결된다는 사실에 놀라지 말아야 한다.[11] 은혜 교사 중 일부는 이런 은혜 메시지를 가르치지 않는 교회에 참석하는 사람들은 '폭군과 교활한 자'의 통제하에 있다고 주장한다.[12]

성경적 은혜는 죄와 싸운다. 자유재량이 허용된 은혜는 당신에게 죄를 짓게 한다. 신약성경의 은혜는 우리에게 의를 교육한다.

> 모든 사람에게 구원을 주시는 하나님의 은혜가 나타나, 우리를 양육하시되 경건하지 않은 것과 이 세상 정욕을 다 버리고 신중함과 의로움과 경건함으로 이 세상에 살고, 복스러운 소망과 우리의 크신 하나님 구주 예수 그리스도의 영광이 나타나심을 기다리게 하셨으니(딛 2:11-13).

앞 장에서 우리는 예레미야 시대의 거짓 예언자들과 마주쳤는데, 그들은 하나님이 국가를 선택했다고 일방적으로 강조한다. 따라서 그들의 잘못된 생활방식에도 불구하고 하나님의 끝없는 호의를 기대할 수 있다고 한다. 거짓 예언자들은 백성들이 무조건 주님의 은총에 의지할 수 있다고 말했으나, 그 후 하나님은 그들에게 심판을 내리셨다.

> 그들이 내 백성의 상처를 가볍게 여기면서 말하기를 평강하다 평강하다 하나 평강이 없도다(렘 6:14).

---

11 Brown, *Hyper Grace*, 20.
12 Brown, *Hyper Grace*, 30.

나는 다시 강조한다. 하나님의 은혜를 방탕으로 바꾸는 것은 우리가 은혜 아래 있으므로 죄를 지어도 안전하다는 인상을 준다. 우리가 하나님의 징계와 심판을 배제하면서 은혜만을 강조할 때, 우리가 지옥에 대해서는 절대 말하지 않으면서 천국에 대해서만 말할 때, 예레미야서는 우리에게 이렇게 말씀한다.

> 너희는 우리 민족의 상처를 너무 가볍게 대하고 있다.

17세기 청교도 목사 토머스 왓슨은 이렇게 말했다.

> 죄가 쓰라릴 때까지는 그리스도는 달콤하지 않을 것이다.[13]

2. 사회 정의의 복음

"요즘에 무엇을 설교하고 있습니까?"
나는 중서부에서 목회 중인 한 목사에게 물었다.
그의 대답은 이랬다.
"지금은 사회 정의의 복음인 왕국 복음 시리즈를 설교하고 있습니다."
고맙게도 나는 그가 그리스도를 믿는 신앙을 통한 개인의 회심의 필요성을 믿고 있음을 잘 알고 있다. 그러나 나는 또한 개인적 회심의 복음이 그의 우선순위 목록의 맨 아래에 있다는 것도 잘 알고 있었다. '사회 정의'는 사람들에 따라 여러 가지를 의미할 수 있다.

---

13 Thomas Watson, "The Doctrine of Repentance", 1668, http://www.gracegems.org/Watson/repentance3.htm.

어떤 사람들에게는 정부의 개입, 통제, 소유권 제한을 통해 자원이 균등하게 분배해야 한다는 마르크스주의적 개념인 사회주의의 복음이다. 이것은 그들의 마음속에 올바르고 공정한 사회로 귀결된다. 그래야만 억압받는 사람들이 '사회 정의'를 경험할 수 있다.

또 다른 사람들은 구원을 경제적, 사회적 억압에서의 자유로 보는 해방 신학의 관점에서 정의한다. 동성 결혼은 종종 사회 정의 문제로 간주한다. 일부 대학은 다양한 사회 정의 이론의 헌신적인 발제자라면 소수민족의 정의를 요구해야 한다고 단언한다. 대안적이고 온건한 목소리가 억압받고, 때로는 극단적인 '정치적 올바름'의 구실로 동기가 부여되는 폭력이 있다.

다른 한편으로는 문화와는 별개로 부흥을 위해 기도하면서도, 가난과 인종차별 그리고 불의와 싸우는 데는 관여하지 않는 복음주의자들이 많다. 사회적 양심을 갖고 공동체의 개입을 통해 복음을 실천하고, 가난한 사람들과 억압받는 사람들 그리고 필요한 사람들을 도우면서 은혜의 복음을 저버리지 않고 살아온 젊은 세대에게 박수를 보내야 한다. 그리스도인들은 항상 자신이 있는 곳에서 인간의 불행과 불의를 완화하기 위한 강한 헌신을 해야만 한다. 아프리카의 많은 병원이 기독교 사역으로 지어졌다.

하지만 위험은 우리 앞에 놓여 있다.

20세기 초, 많은 교회가 '그리스도의 십자가' 설교를 중단하고 '선행'을 주제로 한 설교로 대체했다는 것을 잘 알고 있다. 그들은 구약성경의 구절을 인용 그들의 입장을 정당화했다.

> 선행을 배우며 정의를 구하며 학대받는 자를 도와주며 고아를 위하여 신원하며 과부를 위하여 변호하라 하셨느니라(사 1:17).

그리고 예수님은 우리가 감옥에 있는 그분의 제자들을 방문할 때 예수님을 방문하는 것이라고 가르치셨다(마 25:35-40)고 한다. 따라서 죄인을 구하기 위해 돌아가시고 부활하신 그리스도의 완성된 사역을 사회적 관심으로 대체했다. 사실 죄에서 우리를 구하는 하나님의 복음은 거의 완전히 무시되었다. 반면에 근본주의자들은 사회적 복음을 거부했고, 대부분 복음의 사회적 역할을 무시하면서 개인 개종의 시급한 필요성에 국한했다.

오늘날 역사는 반복되지만 다른 방식으로 반복된다. 보수 정치와 복음주의의 로맨스에 맞지 않다고 느끼는 많은 밀레니엄 세대는 사회 정의에 헌신할 것을 선택했다. 슬프게도 그들 중 많은 사람이 개인적 회개 교리를 버리고, 가난하고 궁핍한 사람들을 돕는 '사회 정의의 복음'이 더 실용적인 복음이라고 보고 그것을 선택했다.

나는 이런 묘사에 정확히 맞는 교회를 안다. 교회는 사람들이 다양한 형태의 사회사업에 참여하도록 독려하지만, 그리스도 안에서 하나님의 구속에 관한 복음을 무시한 지 오래되었다. 이것의 또 다른 예는 신흥 교회 운동으로, 대부분은 이 땅의 관심으로 영원에 관한 관심을 대체한다. 이 교회들은 정의에 관해 말하지만, 심판에 관해서는 말하지 않는다.[14]

자신의 교단이 어떻게 복음을 버리게 되었는지 설명하는 한 지도자는, 우리 1세대가 어떻게 복음을 전파하고 복음의 사회적 구실을 어떻게 제시했는지 설명했다. 2세대는 복음을 추정하고 소홀히 했으며 사회적 합의를 계속했다. 3세대는 복음을 완전히 무시하고 심지어 거부했지만, 사회적 합의를 계속한다.

아프리카에서 복음을 전하는 두 선교사는 이렇게 말했다.

> 그곳의 복음주의 선교사들이 이제는 교회 개척이 아니라 사회 구제에 초점을 맞추고 있다. 교회는 신학적 부록으로 다루어진다. 모든 면에서 교회 개척과 지도자 양성 훈련에서 사회 정의 또는 사회 활동을 향한 복음주의 선교로의 대대적인 변화가 있다.[15]

---

14 Trevin Wax, *Counterfeit Gospels: Rediscovering the Good News in a World of False Hope* (Chicago: Moody, 2011), 68.
15 Joel James and Brian Biedebach, "Regaining Our Focus: A Response to the Social Action

우리는 그리스도처럼 본질적으로 살면서 다른 사람들의 영과 혼과 육의 필요에 따라 헌신하라는 명령을 받았다. 복음은 말로만 전해지는 것이 아니라, 다른 사람들을 위해 모든 것을 기꺼이 희생하려는 진정성을 가지고 헌신하는 그리스도인을 통해 전해진다. 따라서 우리는 항상 그들을 영생으로 이끄는 다리를 건설할 기회를 찾고 구속적(redemptive) 사고방식으로 봉사해야 한다.

그러나 만약 우리가 복음의 메시지가 절대적으로 중요하다는 것을 알지 못하면, 우리는 영원한 영혼을 현세의 임시적인 육신으로 대체하게 된다. 모든 그리스도인 행위의 궁극은 구원, 복음에 초점이 맞춰져야 한다.

저자이자 인기 블로거인 트레빈 왁스(Trevin Wax)의 말을 인용한다.

> 나는 천국과 지옥을 이야기하는 복음주의에 대한 혐오가 성경적 근거가 아니라 현재의 문화적 분위기와 더 관련성 있다는 것이 두렵다. 오늘날 사람들은 영원에 대해 걱정할 가능성이 훨씬 적다. 많은 사람이 죽음이나 심판에 대해 생각하지 않고 대부분의 삶을 살아간다.[16]

당신이 영원한 미래에 대해 거의 생각하지 않고 평생을 산다고 상상해 보라. 복음주의자들은 우리의 성경적 뿌리로 돌아가 천국에 관해 이야기하고 지옥에 대해 경고해야 한다. 우리는 그들이 궁핍하고, 그들이 예수 그리스도를 믿기 원하기 때문에 섬기는 복음 중심의 사회사업이 필요하다. 물론 우리는 그들이 그리스도를 믿든지 그렇지 않든지 계속해서 그들을 섬겨야 한다.

그러나 우리 마음의 외침은 그들이 복음을 믿고 구원받기를 바라는 것이다.

Trend in Evangelical Missions, *The Master's Seminary Journal*, Spring 2014, 29.
16 Wax, *Counterfeit Gospels*, 184.

연민이 우리에게 이 세상의 고통을 덜어 주도록 돕는 동기를 부여한다면, 다가올 세상에서 영원한 고통을 덜어 주기 위해 복음을 공유하도록 우리에게 얼마나 더 많은 동정심으로 동기를 부여해야 하겠는가?

내 친구 콜린 스미스(Colin Smith) 목사는 자신에게 질문함으로써 자신이 복음을 전파하고 있는지 알 수 있다고 말한다.

이 메시지 때문에 회당이나 모스크에서 쫓겨날 것인가?

몰몬 성전에서 설교하였는데 분노를 일으키지 않았다면 복음을 전파하지 않은 것이다. 복음은 모든 남녀에게 그들의 죄를 회개하고 영원한 구원을 위해 오직 예수 그리스도를 믿도록 촉구한다. 복음은 우리가 예수님을 위해 할 수 있는 일이 아니라 예수님이 우리를 위해 하신 일임을 기억해야 한다. 우리는 이 세대에게 사회 정의가 아무리 좋은 것일지라도 그것은 복음이 아니라고 말해야 한다!

사탄이 도시를 점령하면 어떻게 될까?

장로교 목사인 도널드 그레이 반하우스(Donald Grey Barnhouse)는 만약 사탄이 필라델피아를 점령한다면, 술집은 닫히고 음란물이 추방되고 깨끗한 거리에서 서로 미소 짓는 깔끔한 사람들로 가득 차게 되리라 추측했다. 욕설은 사라질 것이다. 아이들은 "예", "아니요"라고 말하고 교회는 주일마다 가득 찰 것이다 … 그리스도가 전파되지 않는 곳에서.[17]

> 다른 이로써는 구원을 받을 수 없나니 천하 사람 중에 구원을 받을 만한 다른 이름을 우리에게 주신 일이 없음이라 하였더라(행 4:12).

영원, 불멸이 위태롭다.

---

17 Quoted by Michael Horton in *Christless Christianity* (Grand Rapids: Baker, 2008), 15.

3. 신시대 영성의 복음

많은 젊은 복음주의자들은 교회에서 편안함을 느끼지 못한다. 그들은 정직한 공유와 가난한 이들을 돌보고 지속적인 관계에 개인적으로 참여할 수 있는 그룹에 끌린다. 그들은 더 개방적이고, 그래서 더 취약하고, '조직화 된 종교'의 지시를 따르는 경향이 적다. 대본을 따르는 예측 가능한 공식적인 예배는 일부 사람들이 찾는 활력이 부족하다.

그들은 종종 일부 교회에서 요구하는 예의범절의 기준을 벗어난 소외된 사람들을 더 많이 받아들인다. 그들은 장엄한 교회보다 체육관 모임을 선호할 것이다. 그들은 "추구하는" 세대이며, 자신이 무엇을 믿어야 하는지 듣는 것에 대해 불편함을 느끼지만, 자신에게 맞는 신앙을 찾는 데 전념한다.

존경할 만한 많은 자질에도 불구하고, 이 세대는 성경 교리와는 다른 영적 경험을 추구할 수도 있다. 따라서 이들과 더 많은 관련성을 높이기 위해 우리 문화에서 널리 받아들여지는 뉴에이지 영성이 종종 복음주의 교회와 신학교에서 성경적 가르침과 함께 가르쳐진다.

우리는 교회, 신학교, 기독교 대학에서 영성 수업을 하고 있다는 사실에 우리는 용기를 얻을 수 있다. 그러나 대부분 사용되는 교과서에는 성경보다는 하나님에 대한 신비로운 경험에 근거한 뉴에이지 가르침이 포함되어 있다. 예를 들어, 영성 수업에 종종 사용하는 책을 쓴 한 저자는 예수님이 들판의 백합에 주의를 기울이는 말씀을 언급하고 다음과 같이 말한다.

> 이 내용을 쓴 사람은 사람들이 성경에 주의를 기울이는 것만큼 세상에 주의를 기울임으로써 하나님의 방식에 대해 많은 것을 배울 수 있다고 믿었다.[18]

---

[18] Barbara Brown Taylor, *An Altar in the World—A Geography of Faith* (New York: HarperCollins, 2009), 13.

그런 책들은 특정한 성경 교리 없이도 쉽게 하나님을 만나는 경험을 할 수 있는 것처럼 보여 주므로 인기가 높다. 그러나 우리는 하나님에 대한 확실한 지식은 오직 성경에만 근거하고 있다는 사실을 사람들에게 가르쳐야 한다. 우리가 하나님을 체험하든 그렇지 않든 믿어야 한다.

보름스 회의에서 대결하기 전날 저녁 마틴 루터에게 하나님 경험은 전혀 없었다. 그는 하나님께 도와달라고 간청했지만, 침묵만 있었다. 다음날, 하나님의 계시 말씀인 성경 외에는 그를 인도할 아무것도 없는 상황에서 루터는 철회를 거부했으며, 우리는 여전히 그 사건을 교회 역사의 중요한 전환점으로 언급한다.[19]

나의 요점: 우리는 세상의 경험을 통해 하나님에 대해 몇 가지를 배울 수 있겠지만, 오직 성경에만 하나님을 만나고 구원을 얻도록 이끄는 믿을 만한 가이드가 있다. 때때로 우리는 하나님을 전혀 경험하지 않더라도 "우리는 보는 것이 아니라 믿음으로 걷는다"(고후 5:7).

> 이는 우리가 믿음으로 행하고 보는 것으로 행하지 아니함이로라(고후 5:7).

학생들에게 영성을 가르칠 때 어떻게 성경을 공부하고, 성령 안에서 행하며, 성경적 믿음으로 성장하는지 가르치는 것이 더 나은 선택이 될 것이다.

묵상기도의 주제로 넘어가 보자. 묵상과 마찬가지로 명상은 오늘날 스트레스가 많은 세상에서 매우 필요한 훈련이다. 나는 성경에서 말하는 묵상기도를 믿는다. 그러나 묵상기도와 관련된 독특한 비틀기가 있다. 즉 기도에 집중하기 위해 고대 기술을 배워야 한다고 말하는 가톨릭 교사들이 크게 의존하는 기도 방법인 일명 '사막 교부'의 신비주의로 돌아가는 것이

---

19 Hezekiah Butterworth, *The Story of the Notable Prayers of Christian History* (Boston: D. Lothrop and Company, 1880), 92–97.

다. 이것은 하나님과의 관계에 '더 깊이 들어가고자' 하는 그리스도인들에게는 매우 매력적이다. 그들은 '명상'을 통해 자신의 영혼 안에서 하나님과 연결될 수 있다고 확신한다.

어떤 사람들은 '센터링'으로 시작한다. 즉, 그들 안에 있는 신과 연결되도록 돕는 단어나 문구에 마음을 집중하는 것이다. 그들이 모르는 사이, 그들은 신학에서 분리된 영적 경험을 가지고, 그들이 하나님이라고 생각하는 그들의 신비로운 존재를 만나고 있을 수 있다. 그들은 놀랍게도 곧 동양 종교의 일반적인 어조와 기법에 빠져들고 있다.

바르나 연구(Barna Research)는 놀라운 결과를 보여 준다. 실천하는 그리스도인들이 이 새로운 영성이 제공하는 유혹을 쉽게 받아들이는 것은, 아마도 이것이 종교에 대해 긍정적인 견해를 갖고 있고 초자연적인 것을 강조하기 때문이라고 본다. 동시에 제도에 대한 불만이 증가한 때문이라는 것을 보여 준다.

'실천하는 그리스도인'의 약 28퍼센트는 "모든 사람이 영적 존재에 어떤 이름을 사용하더라도 같은 신이나 영적 존재에게 기도하는 것이다"라고 강력하게 주장한다. 더구나 이들은 "의미와 목적은 모두 하나의 존재를 통해 나온다"라고 믿는다.[20] 특정한 교리나 성경적 가르침이 필요 없다. 중요한 것은 내 안에 있는 '신'에게 접근하는 기술이다. 뉴에이지 기독교는 다양한 이유로 교회에 실망한 사람들에게 매력적인 안식처다.

사람들은 영성을 원하지만, 종교는 원치 않는다. 종교사회학 교수인 제롬 P. 바게트(Jerome P. Baggett)에 따르면 그 사람들은 이렇게 말한다.

> 그래, 나는 신성한 것과 연결되고 싶다, 그러나 내 조건에 따라 할 것이다. 그 조건은 나를 분별력 있고 사려가 깊은 행위자로 그리고 나의 일상생활

---

[20] "Competing Worldviews Influence Today's Christians", Barna, May 9, 2017, https://www.barna.com/research/competing-worldviews-influence-todays-christians/.

을 긍정하고 존중하는 것이다.[21]

내 조건에 맞는 종교!

가톨릭교인 토마스 머튼(Thomas Merton)은 사람들이 자신의 조건에 맞는 신을 찾을 수 있도록 돕는 권위자로 자주 언급되는 지도자 중 한 사람이며, 동양 종교의 영향을 많이 받은 교사다, 그를 잘 아는 일부 사람들은 그가 그리스도인보다 불교도에 더 가깝다고 말했다.

헨리 나우웬(Henry Nouwen)은 그의 저서 『살기 위한 기도』(*Pray to Live*)에서 머튼은 이렇게 말했다고 한다.

> 교리(신조)를 넘어 동서양의 지혜가 내적 경험의 깊은 곳에서 통합되어 흐르는 흐름을 발견할 수 있었다 … 머튼은 동양의 영적 철학을 수용하여 직접 실천을 통해 이 지혜를 자신의 삶에 통합했다.[22]

머튼 자신은 이렇게 말한다,

> 우리 존재의 중심에는 죄와 미혹이 닿지 않은 무(無)의 지점, 순수한 진리의 점이 있다 … 이 작은 무의 지점 … 우리 안에 있는 하나님의 순수한 영광이다. 그것은 모든 사람 안에 있다.[23]

진정 우리 안에 죄의 영향을 받지 않고 우리 안에 하나님의 순수한 영광이 있는 곳이 있는가?

머튼은 또한 이렇게 말한다.

---

21 Anthony Bright Atwam, *Building Your Life on the Principles of God: The Solid Foundation* (Bloomington, IN: AuthorHouse, 2014), 86.
22 Henri Nouwen, *Pray to Live* (Notre Dame, IN: Fides Publishers, 1972), 19–28.
23 Thomas Merton, *Conjectures of a Guilty Bystander* (New York: Doubleday, 1989), 157–58.

> 인류의 일원이 되는 것은 영광스러운 운명이다. 나는 이제 우리가 모두 무엇인지 깨닫는다. … 만약 [사람들]이 자신을 있는 그대로 볼 수 있다면 … 나는 우리가 엎드려 서로를 경배하리라 생각한다.[24]

우리가 있는 그대로 서로를 본다면 엎드려서 서로 경배할 것이다!
정말?

거기에는 수십 명의 뉴에이지 교사가 있지만, 몇몇 사람들이 리처드 로어(Richard Rohr) 신부의 글을 읽기 위해 복음주의자들이 몰려들고 있다고 말했을 때, 나는 그의 책 『신성한 춤: 삼위일체와 당신의 변화』(The Divine Dance: The Trinity and Your Transformation)를 읽어 보기로 했다.

> 이 책은 자신이 이미 신성한 흐름 안에 있다는 것을 알지 못하는 순진한 사람들에게 헌정되었다.[25]

머리말은 『오두막』의 저자인 윌리엄 폴 영이 썼으며, 『사랑이 이긴다』(Love Wins)의 저자 롭벨(Rob Bell)이 지지했다. 놀랍게도 로어는 출판사에서 젊은 복음주의자들이 자신을 인기 작가로 만드는 데 도움을 주고 있다고 들었다.

로어의 책은 삼위일체에 관한 것이 아니라, 오히려 자신의 독특한 영적 가르침의 배경을 제공하기 위해 상상력으로 삼위일체 언어를 사용한다. 이 책은 참여하는 사람들에게 '신성한 흐름'을 설명하기 위한 구실로 삼위일체의 언어를 사용한다. 할 말이 많지만 간단히 대응하고자 한다.

---

24 Merton, *Conjectures of a Guilty Bystander*, 157–58.
25 Richard Rohr, dedication in *The Divine Dance, The Trinity and Your Transformation* (United Kingdom: SPCK Publishing, 2016).

첫째, 이 책과 그와 유사한 다른 책들은 교리나 종교의 가르침 없이 하나님을 만나려는 인간의 본성, 우리의 '신성' 그리고 우리의 능력을 높이 평가한다. 죄를 회개하거나 거룩하신 하나님 면전에서 우리가 누구인지 보는 것은 강조되지 않는다. 아버지께 나아가는 유일한 길이 오직 예수 그리스도뿐이라는 것을 부정한다. 결국, 어떤 종교든 영적 여정 중 어디에 있든지 상관없이 "당신은 이미 그 흐름 안에 있다"라는 것이다.

둘째, 로어의 책은 동양 종교의 모든 주제를 다룬다. 범신론(Pantheism 만유신론; 모든 사물은 자체가 신이거나 신을 가지고 있다), 하나님은 "흐름"이고, 모든 피조물(인류만 아니라)은 그 흐름의 일부이며, 따라서 창조는 "복된 삼위일체의 네 번째 사람"이다.[26] 그는 보편주의를 조장하고,[27] 그 '흐름'에 들어가기 위해 당신의 교리적 또는 생활방식에 대한 시험이 없다고 말한다. 다만 당신이 이미 그 속에 있다는 것을 깨닫기만 하면 된다.[28] 하나님에 대한 의무에 대해 걱정할 필요가 없다.

> 이 모든 것을 종합해 보면, 나는 하나님 안에 진노가 전혀 없다고 믿는다. 그것은 하나님이 삼위일체일 때는 신학적으로 불가능하다.[29]

이 책이 모든 신앙 전승들이 참여할 수 있는 다양한 기도로 끝나는 것도 당연하다. 영혼의 깊은 곳에서 신을 발견하면, 결국, 당신의 의식은 '신'이 된다. 그렇다, 모든 사람은 이미 그 안에 '신'이 있다는 것이다.

누군가 말했다.

"우리는 천국에 아버지가 계신 것을 원하지 않는다. 우리는 천국에 할아버지, 아이들이 노는 것을 즐겁게 지켜보시는 할아버지를 원하고, 설령 아

---

26 Rohr, dedication in *The Divine Dance, The Trinity and Your Transformation*, 67.
27 Rohr, dedication in *The Divine Dance, The Trinity and Your Transformation*, 68.
28 Rohr, dedication in *The Divine Dance, The Trinity and Your Transformation*, 58.
29 Rohr, dedication in *The Divine Dance, The Trinity and Your Transformation*, 140.

이들이 장난을 치더라도 그는 그 모든 것을 기뻐하고, 하루가 끝났을 때 '모두 즐거운 시간이었다.'라고 말씀하시는 할아버지가 필요하다."

뉴에이지 영성은 무엇 때문에 그렇게 매력적인가?

마침내 사람들은 모든 면에서 자신에게 동의하는 신을 갖게 되었다!

그들은 자신을 난처하게 만들지 않는 신, 그들처럼 생각하는 신을 원한다.

그들은 죄의 공포를 줄여 주고, 인간인 우리가 실제로 얼마나 선한지를 과장하는 신학을 원한다!

자기 구제는 여러 가지 형태를 가지고 있으며 매우 매력적이다. 우리는 우리만큼 넓은 마음을 가진 신을 원한다.

사도 바울은 우리에게 다음과 같은 말을 전한다.

> 때가 이르리니 사람이 바른 교훈을 받지 아니하며 귀가 가려워서 자기의 사욕을 따를 스승을 많이 두고, 또 그 귀를 진리에서 돌이켜 허탄한 이야기를 따르리라(딤후 4:3-4).

그날이 지금이다.

4. 성적 취향에 관한 복음

복음주의 교회는 교회 규율에 관한 성경적 가르침을 기꺼이 실천할 것인가?

대부분은 아니라고 말할 것이다. 나는 사람들이 영적으로 어떤 상태에 있든지, 즉 교회가 반대하는 생활양식을 가진 사람들, 함께 사는 미혼 부부나 자녀를 둔 동성애 커플 등을 교회의 회원으로 허용한다고 말한 한 목사와 이야기를 나누었다. 그러나 그 교회는 "당신은 교회의 회원이 될 수 없다"라고 말하기보다는 믿음의 성장을 위해 회원으로 받아들여야 한다고 결론지었다. 요컨대, 이 교회는 모호한 일반성을 넘어 교회 회원의 자격을 높이는 것을 꺼렸다.

교회가 교회 규율에 따라 집행하는 것을 꺼리는 또 다른 이유가 있다. 그들은 수치를 당하고, 경멸을 당하고, 표적이 되는 힘을 알고 있다. 그들은 사랑하려는 것보다 증오한다는 비난을 받고 싶지 않다. 그들은 저녁 뉴스에서 비난을 받고 싶지 않다.

1) 동성 결혼과 교회 규율

우리는 시카고 하나님의사도교회 목사인 바이런 브레이저(Byron Brazier) 목사의 용기와 성경에 대한 충실함 그리고 옳은 일을 하고 대가를 치르겠다는 그의 의지에 박수를 보낸다. 2017년 7월 30일 일요일, 그는 한 여성이 동성 상대와 결혼했다는 사실을 알고 회원 자격을 박탈했다고 신자들에게 설명했다. 브레이저 목사는 그 여성에게 개인적으로 교회의 입장을 설명했다. 그녀는 교회의 결정을 이해하고 받아들인 것 같다. 그러나 소식이 전해지자 다른 사람들은 이 여성을 수치스럽게 만들고(비록 그녀의 이름이 공개적으로 공개되지는 않았지만) 그녀를 거절했다는 이유로 교회에 대해 화를 냈다. '사랑'은 항상 이겨야 한다.

LGBTQ 회중의 한 대변인이 '공공의 수치심'이라고 부르는 것에 항의하기 위해 약 50명의 사람과 함께 교회 밖에 몰려왔다. 예상대로, 시위대는 브레이저에 대한 증오심에 불타서 외쳤다. 시위대들은 성경을 읽고 기도하고 찬송가를 부르는 것으로 집회를 시작했다. 이 시위자들은 '증오와 배제'가 아니라 '사랑과 포용'이라는 기치 아래 동성 커플을 환영하는 진보적인 교회 출신이었다.

한 연설자는 종교의 자유에 관한 문제를 다루었다. 그녀는 "LGBTQ 커뮤니티는 교회들이 그들의 종교 자유를 포기할 것이라고는 전혀 예상하지 못했다"라고 말했다. 그녀의 말은, "신앙의 공동체가 살아남으려면 차별해서는 안 된다. 종교의 자유는 LGBTQ 사람들의 해방이 필요하다." 필요하다면 그 진술을 다시 읽어 보라. 그들이 말하는 종교의 자유란 진보주의자들의 성적 취향과 별개의 종교적 실천을 믿는 것에 동의하는 것이다. "종교의 자유는 내 생활방식과 신념에 의해 제한되어야 한다."

또 다른 연사는 "만약 우리가 성경 작가들이 여성에 대해 … 노예 제도에 대해 말하는 것에 도전할 수 있다면, 우리는 성경 저자들이 동성애에 대해 말하는 것에 대해서도 분명하게 도전할 수 있다."

시위자들은 "오, 내가 예수를 얼마나 사랑하는지"를 부르며 교회 밖에서 집회를 끝냈다.[30]

결론: 그들은 동성애에 대한 성경적 가르침은 제쳐 둘 수 있다. 동성애 관계는 죄가 아니라 그 사람의 인간성에 대한 대체적인 표현이다. 예수님은 증오가 아니라 사랑이 전부다. 그분을 따르는 것은 상처와 수치심을 주는 것이 아니라 그들을 돕는 길을 택하는 것이다.

브레이저 목사는 우리 교회가 다양한 죄인들로 가득 차 있다는 사실을 고려하여 그가 한 일에 대한 항의를 받고, 그는 교회에는 다른 죄인들이 있고 아무도 완전하지 않다는 데 동의했다.

"그러나 우리가 깨달아야 할 것은, 주님이 이미 정죄하신 죄를 제도화할 수 없다는 것이다."

다시 말해서 우리는 모두 죄인이지만, 동성 결혼을 허용하는 것은 하나님을 고의로 공격하는 행위를 용납하는 것이며, 그 가정은 분명한 선을 넘는 것이다.

---

30 "Windy City Times: LGBT Protest at Apostolic Church of God, 7-30-2017", YouTube. com playlist (video 9, 7:06, and video 10, 0:36), posted by Tracy Baim, Windy City Times Media Group, last updated July 30, 2017, https://www.youtube.com/playlist?list=PLO7LP6UYPfqyfATlG 7IktA7hcwgsRNWwx.

2) 진리와 사랑

앞서 나는 두 세계 사이에 갇힌 밀레니얼 세대에 관해 이야기했다. 그들은 과거의 메아리를 듣지만, 현재 우리 문화의 격한 목소리에 맞춰져 있다. 그들은 배려심과 사려 깊은 동성애 친구들이 있으므로 성경과 문화 중 하나를 선택하라는 요청을 받으면 문화에 편승하고 다음 단계로 나아가 동성 결혼을 지지해야 한다는 강박감을 느낀다. 그러나 우리는 동성애 성향과 행동을 구별해야 한다. 우리는 또한 모든 사람에 대한 존중과 그들의 행동에 동의하는 것을 구별해야 한다.

또한 LGBTQ 생활양식을 수용하는 사람들이 도덕적으로 높은 선택을 했다는, 널리 퍼진 잘못된 개념에 대응해야 한다. 결국, 그것들은 '배제'가 아니라 '포용'에 관한 것이다. 그들은 '증오'가 아니라 '사랑'을 나타낸다. 복음주의자로서 우리는 이런 기본 전제가 매우 잘못되었다는 것을 보여주어야 한다. 계속된 부정적 결과 없이는 자연법을 공격할 수 없다. 하나님은 이 논의에서 중립적인 방관자가 아니시다.

LGBT 커뮤니티에서 자랐고 현재 캘리포니아 시미밸리에 있는 디스커버리교회(Discovery Church)의 수석목사로 있는 케일럽 칼텐바흐(Caleb Kaltenbach)는 이렇게 말한다.

> LGBTQ 사람들과 교류할 때 수용과 승인 사이에 그리고 그런 사람들에게 도전하는 방법 사이에 긴장이 발생한다. 은혜와 진리 사이에는 긴장감이 있다. 누군가의 성적 취향을 바꾸는 것이 우리의 일이 아니라는 사실을 우리는 알아야 한다. 사람들의 삶에 진실을 말하는 것이 우리의 일이다.[31]

---

[31] "The Table Briefing: Engaging the LGBT community with Truth and Love", *Bibliotheca Sacra* 73, no. 692(October–December 2016), 478.

동의한다.

2017년 9월, '내슈빌 성명서'(Nashville Statement)라는 문서가 언론에 공개되었다(초안을 작성하기 위해 만난 사람들이 내슈빌에서 작성해서 그렇게 불렀다).[32] 그것은 14개의 긍정과 부정의 표현이었고, 성에 대한 성경적 가르침을 제시한다. 결론은 결혼이란 한 남자와 한 여자 사이에서 이뤄지며, 동성애는 죄악이라는 것이다. 소위 복음주의자라고 주장하는 사람들까지 즉각적이고 심각한 부정적 반응을 나타냈다. 동성 관계를 포용하는 복음주의자들은 '사랑과 연민'에 호소했다. 복음주의 한 블로거는 "전시된 선동은 구역질이 난다"라고 썼고, 서명한 사람들은 현대의 바리새인이 되었고. 따라서 내슈빌 성명서는 사랑스럽지도 않고 비판적이라고 비난받았다.

주의하라!

우리는 성경을 거스르는 방식으로 연합, 사랑, 수용, 포용과 같은 단어들이 정의되고 있는 시대에 살고 있다. 우리는 하나님이 종종 편협한 사랑을 행사하는 질투심 많은 하나님이라는 사실을 잊고 있다. 우리는 하나님이 모든 것에 대해 우리에게 동의하신다는 생각에서 벗어나야 한다. 문화적 압박을 받는 복음주의자들은 성경적 가르침을 버리기 쉽고, 오히려 우리 문화의 기대에 부응한다.

그리고 그것은 훨씬 더 악화할 수도 있다.

성경에 기반을 둔 기독교 대학이 자연 결혼이 하나님이 승인하시는 유일한 결혼이라는 주장을 버리지 않으면 문을 닫게 하려는 시도가 있을 것이다. 그리고 교회는 성경적 신념 또는 성 문제에 관한 모든 종교의 자유를 억누르는 국가의 무거운 '장화' 중에서 선택해야 할 것이다. LGBT 단체는 이미 자신들의 신념이 종교의 자유를 능가한다는 사실을 입증했으며, 분명히 그들이 선호하지 않는 법에 대해 거부권을 가지고 있다.

---

[32] "Nashville Statement", https://cbmw.org/nashville-statement/.

홈스쿨 교육을 받는 아동을 감시하기 위해 아동보호 서비스를 소집하고, 필요하다면 심각한 '편협 인격장애' 진단을 받은 부모에게서 아동을 격리하는 날이 올지도 모른다.[33] 그런 행동에 반대하는 그리스도인들은 적으로 고착되고, 편협한 숭배자들의 편을 든다고 비난받을 것이다. 그들은 정신적으로 무능하다고 치부될 수도 있다.

우리는 편협하거나 인종차별주의자라고 불리는 것에 대한 두려움을 극복하고, 교회와 사회 모두에게 그리스도를 진정으로 따르면서 자해(성전환 수술 같은)와 동성애를 지지할 수는 없다고 분명하게 선언할 필요가 있다. 마치 우리의 침묵이 하나님의 성전을 파괴하려는 사탄의 목적에 복종하는 것으로 해석되어 침묵한다면, 우리는 이웃에 대한 경건한 사랑을 나타낼 수 없다. 다시 한번 말하지만, 동정심, 사랑, 배려, 사려 깊은 마음으로 거짓말을 하는 것보다 가혹하다고 비난받는 것이 낫다.

> 인자로 말미암아 사람들이 너희를 미워하며 멀리하고 욕하고 너희 이름을 악하다 하여 버릴 때에는 너희에게 복이 있도다 그 날에 기뻐하고 뛰놀라 하늘에서 너희 상이 큼이라 그들의 조상들이 선지자들에게 이와 같이 하였느니라(눅 6:22-23).

3) 복음주의의 분열

"그가 반대하기 전에 반대했습니까?"

"그는 정말로 그것에 반대합니까?"

알 몰러의 유진 피터슨(Eugene Peterson)의 기묘한 이야기에 관한 첫 질문이다.[34]

1991년부터 은퇴한 피터슨은 이런 질문을 받았다.

---

[33] John S. Dickerson, *The Great Evangelical Recession* (Grand Rapids: Baker, 2013), 53.
[34] Al Mohler, "The Agonizing Ordeal of Eugene Peterson", *Albert Mohler* (blog), July 17, 2017, https://albertmohler.com/2017/07/17/eugenepeterson/.

"오늘도 여전히 목회하고 있다면 동성 결혼식을 집례할 것인가요?"

그는 "그렇다"고 대답했다.

이어진 맹렬한 반대와 기독교 서적 시장에서 그의 책이 퇴출당할 거라는 우려가 있고 난 뒤, 그는 마음을 바꾸었고, 이제 결혼은 남자와 여자 사이에만 이뤄진다고 믿는다고 말한다. 그가 진심으로 믿는 것이 무엇인지 우리는 결코 알지 못할지도 모른다.

이것이 복음주의의 분수령 문제다. 알 몰러가 말했듯이, "안전을 위해 도피의 집으로 도망친 사람들은 그 집이 무너졌음을 알아야 한다. 항상 그렇다."³⁵

그곳에는 숨을 곳이 없다.

당신의 교회가 사랑으로 확고하게 동성애에 맞서기 때문에 증오 집단으로 낙인찍히고, 그 때문에 복음에 피해를 줄 것이라며 두려워하는 목사는 다 바울의 입장이 되어야 한다. 로마서 1:18-32을 다시 읽어 보자. 그리고 그가 당시 모든 종류의 성적인 죄로 가득 찬 문화 속에서 교회에 글을 쓰고 있었다는 것을 기억하라.

그러나 그는 자신의 편지가 신자들에게 공개적으로 읽히리라는 것을 알고 동성애에 대한 하나님의 견해에 대해 솔직하게 썼다. 그는 진실이 아프다는 것을 알았지만, 또한 치유된다는 것도 알았다(고전 6:9-11).

마틴 니묄러가 히틀러의 의제에 용감하게 반대한 후, 그의 동료 목사들은 민감한 정치 문제들을 좀 더 세련되게 처리할 수 있다고 생각하며 그를 강력하게 비난했다. 이에 대해 니묄러 목사는 이렇게 답변했다

> 우리의 모습이 천국에서 어떻게 보이느냐가 중요한가, 독일이 우리를 어떻게 보느냐가 중요한가?³⁶

---

35 Mohler, "The Agonizing Ordeal of Eugene Peterson".
36 Chuck Colson, *Kingdoms in Conflict* (Grand Rapids: Zondervan, 1989), 146.

좋은 질문이다.
그렇다면 예수 그리스도의 교회는 천국에서 어떻게 보일까?

> 그러나 사데에 그 옷을 더럽히지 아니한 자 몇 명이 네게 있어 흰 옷을 입고 나와 함께 다니리니 그들은 합당한 자인 연고라(계 3:4)

5. 종교 간 대화의 복음

나는 '단번에 성도들에게 전해졌던 믿음'에 대해 무거운 마음과 큰 걱정으로 이것을 쓴다. 문화는 이슬람에 복종하기로 했고, 교회도 그에 따르라는 문화적 압력을 받고 있다. 나는 먼저 강단 밖에서 두 종교의 차이에 관한 대화의 장에 무슬림들을 참여시키는 사람들을 반대하지 않는다고 밝힌다. 나도 그런 교류를 즐겼다. 그러나 관용, 사랑 그리고 심지어 복음주의를 말하는 일부 사람들은 이슬람교도들을 교회에 초대해 특별히 수정된 이슬람 버전을 발표하도록 하고 있다.

앞 장에서 강조했듯이, 무슬림들과 친구가 되는 것은 주님이 우리에게 주신 특권이다. 그리고 나는 보여 주기 위해 논쟁하고 누가 옳은지 증명하려고 애쓰며 비난하는 것에 반대한다. 우리는 논쟁에서 이기려고 시도할 것이 아니라 존중과 배려를 보여 주고 신뢰를 얻으려고 노력해야 한다. 사실 기독교로 개종한 무슬림들에게서 증언을 들은 적이 있는데, 이 모든 이야기는 예상치 못한 그리스도인들의 사랑과 배려라는 주제를 가지고 있다.

그러나 이 장의 목적은 일부 이슬람교도나 이슬람 단체가 사람들에게 입맛에 맞는 이슬람의 버전을 제시하기 위해 채택하는 계획적이고 조직적인 포럼인 '종교 간 대화'와 관련이 있다.

이와 관련 가톨릭 신자인 스티븐 커플린(Stephen Coughlin)은 자유주의 가톨릭 신자들의 이슬람 수용을 슬퍼하며 폭로했다.

가톨릭 신자들이 어리석게도 자신의 신앙에 충성하는 것보다, 그들의 인정과 거짓 우정을 우선시하는 종교 간 파트너와의 유혹적인 관계에 찬성하여, 그들 자신의 핵심 신념을 기꺼이 침몰시키려고 한다.[37]

커플린은 이런 종교 간 공동체의 전복을 통해, 특히 무슬림형제단이 타 종교의 신앙을 더욱 혼란에 빠뜨리려고 노력한다고 썼다. 미국의 대학과 단과대학에서 그토록 효과를 발휘했던 것이 이제 우리 교회에 들어오고 있다. 커플린은 "종교 간 대화의 장소는 무슬림형제단이 종교 단체의 지도력에 침투하기 위한 최적의 플랫폼이다"[38]라고 설명한다.

종교 간 대화에서 교회는 무슬림 지도자들에게 공개적으로 말할 수 있는 반론의 여지가 없는 플랫폼을 제공하고 무슬림 국가에는 존재하지 않는 이슬람 버전을 제시하도록 초대한다. 이슬람의 역사나 그 기초적인 글에 근거한 것도 아니다.

1) 종교 간 대화의 목표

무슬림의 관점에서 종교 간 대화의 목표는 이집트 무슬림형제단의 대표인 사이드 쿠틉에 의해 다음과 같이 명시되어 있다.

> 이슬람과 자힐리야(불신자들의 사회; 이슬람을 믿지 않는 모든 사람) 사이의 틈새는 크다. 양측의 사람들이 서로 건너지 못하고, 오직 자힐리야 사람들만 이슬람으로 건너올 수 있는 다리를 건설해야 한다.[39]

---

37 Stephen Coughlin, *"Bridge-Building" to Nowhere: The Catholic Church's Case Study in Interfaith Delusion* (Washington, D.C.: The Center for Security Policy, 2015), 9.
38 Coughlin, *"Bridge-Building" to Nowhere*, 19.
39 Coughlin, *"Bridge-Building" to Nowhere*, 8.

이와 같은 맥락에서 '미국이슬람관계위원회'(Council on American Islamic Relations)의 창립자인 오마르 아마드(Omar Ahmad)는 이렇게 말한다.

> 우리 중 언론인[무슬림형제단의 구성원들]은 당신이 두 가지 메시지를 보낸다는 것을 알아야 한다. 하나는 미국인에게, 다른 하나는 이슬람교도들에게 보낸다.[40]

무하마드 샤피크(Muhammad Shafiq)와 모하메드 아부니머(Mohammed AbuNimer)의 저서 『종교 간 대화: 무슬림을 위한 안내서』(Interfaith Dialogue: a Guide for Muslims)는 대부분 그리스도인이 받아들일 수 있도록 중립적인 어조로 말한다. 저자는 공정성, 공손함, 세심한 경청, 공존의 필요성에 관해 이야기한다.[41]

간단히 말해서, 그것은 샤리아법과 배교자에 대한 가혹한 처벌이나 그들의 신앙을 포기하는 이슬람교도들에 대한 문제에 대해서는 논의하지 않고, 그것의 신성한 텍스트와 역사를 재해석함으로써 이슬람교의 세탁된 버전을 비이슬람인들에게 제시하기 위해 쓰였다. 또한, 이슬람이 저지른 그리스도인에 대한 폭력, 특히 중동에서의 역사적인 폭력은 언급하지 않는다.

무슬림은 신뢰의 정신을 장려해야 함에도 "꾸란은 순수한 유일신론의 예언적 개념을 복원하기 위해 순화된 교재"라는 사실을 잊어서는 안 된다.[42]

다음 내용을 주의 깊게 읽어 보자

---

40 "C.A.I.R. IS HAMAS: How the Federal Government proved that the Council on American-Islamic Relations is a front for terrorism", Center for Security Policy, n.d., https://www.centerforsecuritypolicy.org/wp-content/uploads/2016/12/CAIR_is_HAMAS.pdf.
41 Muhammad Shafiq and Mohammed Abu-Nimer, *Interfaith Dialogue, A Guide for Muslims* (Herndon, VA: The International Institute of Islamic Thought, 2011).
42 Shafiq and Abu-Nimer, *Interfaith Dialogue, A Guide for Muslims*, 59.

이슬람 외부에서 그들의 모습을 묘사할 수 있도록, 각 대화 상대는 자신의 종교와 신념을 정의할 권리가 있다.[43]

다시 말해, "이들 세미나는 기독교와 이슬람교의 모든 신조를 다루고 각각에 대한 비교 견해를 제공하되, 두 종교 사이를 판단하려고 시도해서는 안 된다."[44]

결론: 종교 간 대화에 참여한 무슬림들은 꾸란의 바람직하지 않은 언급이나 이슬람의 자국민, 특히 그 가르침에 동의하지 않는 사람들에 대한 학대에 관한 토론이 없이 수정된 이슬람의 버전을 제시하는 데 논란의 여지가 없는 플랫폼을 원한다.

각 대화 참가자는 상대방의 말을 액면 그대로 받아들여야 한다. 즉, 각 종교에 대한 비판적 분석은 권장되지 않는다. 그들은 이슬람이 개방적이고 관대한 것으로 보이기 위해 친근한 분위기가 중요하다고 믿는다.

2) 들어 보자

이라크, 이란, 이집트 또는 사우디아라비아에 있는 그리스도인이며 억압과 박해를 직접 목격했다고 상상해 보자. 당신은 이 이슬람 버전이 어떻게 개정되었는지 모를 수도 있다. 다음은 미국인들에게 이슬람을 제시하는 방법을 가르치기 위해 이슬람 연설자들에게 준, 종교 간 대화에 대한 지침이다.

첫째, 이슬람은 '민권을 보호하고 강화하는 것'으로 제시되어야 한다.[45]
둘째, 무슬림 참가자들은 이슬람이 남성과 여성의 권리를 보호한다는 점

---

43 Shafiq and Abu-Nimer, *Interfaith Dialogue, A Guide for Muslims*, 31.
44 Shafiq and Abu-Nimer, *Interfaith Dialogue, A Guide for Muslims*, 108.
45 Shafiq and Abu-Nimer, *Interfaith Dialogue, A Guide for Muslims*, 42.

을 강조해야 한다.[46]

셋째, 서구에 사는 많은 사람이 이슬람이 복수의 종교라고 믿는다. 이슬람의 핵심 가르침이 용서와 자비라는 것을 모르기 때문이다.[47]

넷째, 무슬림은 유대인, 그리스도인, 힌두교도, 불교도 또는 다른 사람들이 결국 지옥에 빠질 것이라는 말을 해서는 안 된다.[48]

다섯째, 만약 지옥에 대해 말하려면, 불쾌하지 않은 방법으로 해야 한다. 평화로운 생활과 공존은 이슬람이 모든 무슬림에게 명령하는 것의 중심에 있기 때문이다.[49]

여섯째, "무하마드는 … 유대인, 그리스도인, 이슬람교도, 이교도를 포함한 종교 간 연합을 건설했다. 그의 목표는 모든 사람이 평화롭게 함께 살 수 있는 방법을 찾는 것이었다. [무하마드]는 개인 간의 차이를 조정하기 위해 항상 용서와 자비의 이슬람 원칙을 사용했다.[50]

아마도 이제 우리는 이슬람 공동체를 위한 종교 간 대화의 가치를 이해할 것이다.

종교 간 대화는 긍정적이고 건설적인 무슬림과 비이슬람 관계를 육성하는 데에만 그치지 않고, 이를 해외로 전파하고 그런 관계가 상호 작용을 위한 안내 모델이 될 수 있도록 하는 완벽한 설정이다.[51]

무슬림들은 이런 종교 간 대화 규칙에 따라 역할을 할 기독교 지도자들, 심지어 자신의 기독교 신앙을 희생시키면서까지 무슬림 이야기를 비판 없

---

46 Shafiq and Abu-Nimer, *Interfaith Dialogue, A Guide for Muslims*.
47 Shafiq and Abu-Nimer, *Interfaith Dialogue, A Guide for Muslims*, 45.
48 Shafiq and Abu-Nimer, *Interfaith Dialogue, A Guide for Muslims*, 70.
49 Shafiq and Abu-Nimer, *Interfaith Dialogue, A Guide for Muslims*, 78.
50 Shafiq and Abu-Nimer, *Interfaith Dialogue, A Guide for Muslims*, 103.
51 Shafiq and Abu-Nimer, *Interfaith Dialogue, A Guide for Muslims*, 100–101.

이 받아들일 기독교 지도자들을 찾는다.

미국에서 이슬람에 관한 지식이 가장 해박한 이슬람 학자인 프랭크 개프니(Frank Gaffney)는 이렇게 말한다.

> 특히 가톨릭교회는 정교한 조작 전략, 즉, 소중히 여기는 좌파 위장 그리고 인정, 포용, 수용이라는 자유의 가치 아래 이슬람 율법(샤리아)에 대한 복종을 앞당기는 신앙의 포기를 목표로 하는 전략에 특히 취약하다는 것이 증명되었다.[52]

개신교 교회들, 심지어 복음주의 교회들도 그 뒤를 따르고 있다.

불행하게도, 이슬람의 새로운 버전을 제시하는 무슬림들은 무슬림형제단과 같은 집단이 타 종교에 대해 관대하고 평화롭고 존경스럽다고 믿고 싶어 하는 준비된 미국 청중들에게 기댈 수 있다. 또한, 꾸란과 하디스를 읽어 본 적이 없는 사람들에게 말하고 있다는 사실에 의지할 수 있다. 그들은 이슬람의 역사를 연구한 사람들이 별로 없으며, 그들의 의도가 서양 문명을 내부에서부터 파괴하려는 것이라고 말하는 무슬림형제단 지도자들의 진술을 사람들은 전혀 모를 것이라고 확신할 수 있다.

무슬림형제단의 공언된 목표와 급진적 이슬람교도들에 의해 행해진 테러 공격의 횟수에 상관없이, 이슬람의 역사에 상관없이 그리고 우리가 이슬람의 요구에 찬성함으로써 우리의 자유를 축소해야 한다는 주장이 증가해도, 이슬람 지도자들은 미국의 많은 사람이 이슬람은 관용과 평화의 종교라는 이야기를 받아들이고 있다는 것을 알고 있다.

종교 간 대화와 복음주의로 이어질 '다리 건설'에 참여해야 한다고 말하는 복음주의자들에 대한 나의 반응은 두 가지다.

---

52 Coughlin, *"Bridge-Building"*, 7.

첫째, 성경은 거짓 교사가 어떤 조건에서든 교회에서 말하는 것을 금지한다(요이 1:6-11 참조).

둘째, 복음주의는 서로 다른 신앙을 가진 이웃과 우정을 나누고 진지하게 토론하고 봉사할 수 있다. 그러나 거짓 종교의 대표자에게, 특히 교회 환경에서 면밀하게 조작된 속임수로, 일방적인 청문회가 될 수밖에 없는 플랫폼을 제공하는 것은 옳지 않다.

만약 교회가 이슬람이 믿는 것을 배우고 싶다면, 이슬람교에서 개종한 사람을 교회에 초대해 그들 자신의 이야기를 듣는 것은 어떨까?

나는 개인적으로 이런 증언들이 서구 가치관의 영향 없이 이슬람 국가들의 삶을 이해하는 데 도움이 된다는 것을 발견했다. 우리는 배울 것이 많고, 우리에게 가르쳐 줄 수 있는 사람들 또한 많다.

전도를 위해 그리스도의 사랑과 복음의 메시지로 무슬림에게 다가갈 또 다른 기회가 있다. 그리스도인과 무슬림은 가정, 학교, 이웃 그리고 직장에서 서로 연결될 수 있다. 예수님은 우리에게 틈을 가로질러 손을 뻗으라 부르시고, 우리가 자신을 발견하는 곳이면 어디에서든지 그분을 잘 대표하라고 부르신다. 지금이야말로 예수님이 제자들에게 당부하신 말씀을 기억해야 할 때다.

> 보라 내가 너희를 보냄이 양을 이리 가운데로 보냄과 같도다. 그러므로 너희는 뱀 같이 지혜롭고 비둘기같이 순결하라(마 10:16).

감사하게도 우리는 매 순간 선한 목자이신 예수님이 우리와 함께할 것이라고 믿을 수 있다.

제9장

십자가를 지고 세상으로
(당당한 복음의 공유)

기독교는 모욕당하신 하나님을 중심으로 삼는 유일한 종교다.

브루스 셸리(Bruce Shelly)는 교회 역사에 관한 그의 책 첫 줄에 이렇게 썼다.[1]

모욕을 당하신 하나님!

오늘날 우리가 십자가를 이해하지 못한다. 한 가지 징후는 십자가에 반대하는 말을 하는 사람을 찾기가 어렵다는 것이다. 십자가는 운동선수와 록스타에 의해 펜던트로 착용된다. 그것은 일반적인 호의와 수용의 상징이 되었다. 십자가는 정의되지 않은 영성과 쉽게 결합하거나, 그 문제에 대해 타 종교와 쉽게 결합할 수 있는 고대의 상징으로 간주한다.

몇 년 전 레베카와 클리블랜드로 가는 비행기에서 나는 십자가가 달린 목걸이를 한 여성과 통로를 사이에 두고 앉아 있었다. 나는 그녀에게 이렇게 말했다.

"그 십자가를 사용해 주셔서 감사합니다. 우리에게는 위대한 구주가 계십니다. 그렇지 않습니까?"

---

1 Bruce L. Shelly, *Church History in Plain Language* (Waco, TX: Word Books, 1982), 15.

이런 말을 건네자 그녀가 대답했다.

"당신은 십자가를 이해하지 못하는 것 같아요 …."

그런 다음 그녀는 십자가를 손에 쥐고 그 뒤에 유대의 별과 힌두교 신 옴의 펜던트를 보여 주었다. 그리고 이렇게 말했다.

"신에게는 가는 길은 여러 가지가 있다고 믿어요."

십자가를 제대로 이해한다면 왜 십자가를 타 종교적 상징과 함께 두지 않으려는지, 이에 대한 흥미로운 토론을 상상할 수 있을 것이다.

오해하면 안 된다. 초기 그리스도인들은 십자가를 최악의 범죄자들을 위한 끔찍한 현실로 보았다. 십자가형은 단순히 그들의 생명을 끊기 위한 것이 아니라 가능한 한 많은 고문을 가하기 위한 것이었다. 그리고, 모든 사람에게 교훈이 되도록, 십자가 처형은 항상 군중이 가장 많이 모이는 장소에서 거행되었다. 사람을 벌거벗겨 매달아 지나가는 사람들이 보고 그를 조롱했다. 그 사람의 인권은 유린당했다.

히브리서 기자가 전하는 말씀을 보자.

> 믿음의 주요 또 온전하게 하시는 이인 예수를 바라보자 그는 그 앞에 있는 기쁨을 위하여 십자가를 참으사 부끄러움을 개의치 아니하시더니 하나님 보좌 우편에 앉으셨느니라 (히 12:2).

십자가가 "유대인에게는 거리끼는 것이요 이방인에게는 미련한 것"(고전 1:23)이라고 바울이 쓴 것은 당연하다(헬라어 '스칸달로스'는 "스캔들"이다). 유대인들은 구약성경이 십자가에 매달린 사람들은 저주를 받았다고 선언한 것을 알고 있었다. 바울은 갈라디아서 3:13-14에서 이것을 인용한다. 헬라인과 로마인은 십자가를 패배라고 생각했다. 누구도 패자를 따르고 싶지 않았을 것이다.

누가 제정신으로 자신의 영원한 운명을 죽은, 특히 십자가에 못 박혀 죽은 지도자의 말과 행동에 걸고 싶겠는가?

제자 베드로를 포함한 누구에게도 자칭 메시아의 굴욕적인 죽음이 하나님의 가장 영광스러운 구원 역사라는 생각은 이치에 맞지 않았다. 그는 십자가에 못 박히기 위해 예루살렘으로 간다고 말씀하신 예수님께 강하게 따졌다(마 16:22-23). 예수님의 가장 충실한 제자들에게도 십자가에 못 박힌 메시아를 상상할 수 없었다.

1. 무거운 십자가, 강력한 증거

어깨에 무거운 십자가를 지는 꿈을 꾸는 남자에 관한 이야기가 있다.

그는 지쳐 있었다. 그는 자신의 십자가가 더 가벼워졌으면 하고 바랐다. 꿈속에서 그는 도끼를 든 나무꾼을 보고 십자가의 긴 부분을 잘라 달라고 했다. 그 후 그 남자는 십자가가 훨씬 가벼워진 것에 감사하며 행복한 여행을 재개했다.

그는 산을 여행하다가 길에 큰 틈이 있는 것을 발견했다. 그는 계속 가고 싶었지만, 그 틈을 메울 수 없다는 것을 알았다. 십자가가 더 길었더라면 그것으로 다리를 놓고 건널 수 있었을 것이다. 그러나 십자가는 너무 짧았다. 십자가는 잘린 길이만큼 짧았다.

그 남자가 깨어났을 때, 그는 이것이 꿈이라는 것에 안도했다. 그는 이제 무거운 십자가를 기꺼이 지고 다니는 사람들만이 다음 산을 오를 수 있다는 것을 깨달았다.

더 가벼운 십자가를 끊임없이 찾는 사람들은 그리스도의 영토 확장을 위해 결코 멀리 가지 못할 것이다. 순종의 대가가 너무 높다는 결론을 내릴 것이다. 장애물이 만만치 않다.

그리스도인으로서 십자가의 거리낌과 무게를 기꺼이 감당하도록 요청받았음을 잊었는가?

가끔 우리 그리스도인들이 "나는 암에 걸렸다. 이것이 나의 십자가다"라고 한다.

이것이 예수님이 우리에게 십자가를 지라고 하실 때 말씀하신 것인가?

나는 그렇게 생각하지 않는다. 십자가를 지고 있다는 것은 예수님을 믿고 따를 때 겪는 어려움을 받아들이는 것을 의미한다. 이것은 조롱, 수치심, 종종 우리 구주와 동일시되는 박해를 기꺼이 받아들이는 것을 의미한다. 요컨대, 대중문화, 심지어 친구들과 갈등하면서도 우리를 예수님과 기꺼이 동일시함을 의미한다.

종종 우리의 십자가가 무거울수록 우리의 증언은 더 강력해진다. 불행히도 우리는 종종 문화적 압력에 굴복하여 십자가를 가볍게 만든다.

2. 무방비 상태의 세대에 사는 것

우리 세대는 불쾌한 세대다. 뭐가에 불쾌감을 느끼고, 불쾌감을 느끼지 않을 권리가 있다고 믿는다. 처벌 대상이 되는 다양한 범죄를 상세히 기술한 뉴욕시의 법에는 성전환자 공동체의 희망을 저버렸을 때 받는 처벌이 포함되어 있다. 여자가 남자로 식별되었는데, 고의로 여성 대명사를 계속 사용한다면 벌금을 물 수 있다. 이 벌금은 25만 달러(약 3억 원)까지 부과될 수 있다.[2]

예를 들어, 브루스 제너를 케이틀린이라는 이름의 '그녀'가 아니라 '그'라고 부른다면, 당신은 그 범죄에 대해 벌금을 물 수 있다. 한 이슬람교도는 애

---

[2] "NYC Commission on Human Rights Announces Strong Protections for City's Transgender and Gender Non-Conforming Communities in Housing, Employment and Public Spaces", *Official Website of the City of New York*, December 21, 2015, http://www1.nyc.gov/office-of-the-mayor/news/961-15/nyc-commission-humanrights-strong-protections-city-s-transgender-gender.

국가를 부르는 것은 '집단 학습'의 수단이기 때문에 불쾌하다고 말했다.

이런 불쾌한 문화가 우리 사회를 위태롭게 하고 있다. 그런데도, 그것은 언론, 정치인 그리고 우리 정부에 의해 홍보된다. 그리고 다양한 운동 단체가 홍보하고 있다. 마치 헌법에서 새로운 '권리'가 발견된 것 같다.

나를 불쾌하게 하는 것은 어떤 것도 듣거나 보고 싶지 않다. 사실, 나에 대한 공격은 나에게 너무 큰 상처를 주므로 나를 불쾌하게 하는 것은 무엇이든 불법이어야 한다. 아니면 적어도 공격적인 사람은 공개적으로 수치심을 느껴야 한다.

우리 문화는 "나를 기분 나쁘게 만들면 당신은 나쁜 사람이다"라고 말한다.

한 그리스도인에게 이발사가 자신의 신앙에 관한 질문을 했는데 일반적으로 대답했다고 말했다. 그는 그 이발사가 '모욕감'을 느끼는 것이 두려워 구원에 관해 직접 이야기하지 않았다고 털어놓았다. 그러나 적어도 어떤 수준에서는 '상처'를 받지 않는 한 아무도 구원받을 수 없다.

베드로는 시편 118편을 인용했다.

> 그러므로 믿는 너희에게는 보배이나 믿지 아니하는 자에게는 건축자들이 버린 그 돌이 모퉁이의 머릿돌이 되고(벧전 2:7-8).

예수님은 '거리끼는'(offense) 걸림돌이시다!

십자가의 걸림돌을 제거하는 것은 그 힘을 제거하는 것이다.

바울이 두려워했던 일, 즉 십자가의 걸림돌을 제거하는 일은 어떻게 일어나는지 살펴보겠다.

3. 구원에 선행이 필요하다고 가르치면 십자가의 걸림돌을 제거한다

바울은 그가 할례를 가르친다면 "십자가의 걸림돌이 제거되었기" 때문에 더는 박해를 받지 않을 것이라고 말한다(갈 5:11). 간단히 말해서, 우리는 우리의 행위가 구원의 공로라고 가르칠 때 걸림돌이 되는 십자가를 제거한다. 구원을 위해 할례, 침례, 최후의 의식 또는 다른 의식이 필요하다고 말하면 복음은 타협되고 그 '걸림돌'이 제거된다.

얼마 전 '성경 해설자'로 알려진 행크 해네그라프(Hank Hanegraaff)는 동방정교회로 개종했다.[3] 이 일은 구원이 오직 그리스도 안에서 믿음으로만 이루어지며, 우리와 하나님의 협력으로 얻을 수 있는 것이 아니라고 믿는 많은 그리스도인을 충격과 혼란에 빠뜨렸다.

지면상, 복음주의 신앙과 정교회(그리고 로마가톨릭 신자들) 신앙 사이의 차이점에 대한 더 긴 논의는 하지 않겠다. 다만 구원은 우리의 행위가 아니라 오직 그리스도의 완성된 행위에 기초하여 회개하는 죄인들에게 주는 자유로운 선물이라는 신약성경의 내용은 제외하고 말이다.

복음주의자로서 우리에게도 위험이 있다. 우리 교회에서 예배하는 사람 중에는 어떻게든 하나님의 은혜에 합당해야 한다고 믿고, 구원의 확신을 얻기 위해 자신의 선함이나 영적 의식을 바라보는 사람들이 얼마나 많은지 알면 놀랄 것이다. 어떤 형태로든 행위에 따른 구원을 생각하는 것은 우리의 자연스러운 기본 성향이다.

사도 바울은 우리가 구원을 위해 해야 할 일이 있다고 가르친다면 구원은 더는 은혜가 아니라고 말한다.

---

[3] Sarah Eekhoff Zylstra, "'Bible Answer Man' Converts to Orthodoxy", *Christianity Today* online, April 12, 2017, http://www.christianitytoday.com/news/2017/april/bible-answer-man-hankhanegraaff-orthodoxy-cri-watchman-nee.html.

> 그러므로 사람이 의롭다고 하심을 얻는 것은 율법의 행위에 있지 않고 믿음으로 되는 줄 우리가 인정하노라(롬 3:28).
>
> 너희는 그 은혜에 의하여 믿음으로 말미암아 구원을 받았으니 이것은 너희에게서 난 것이 아니요 하나님의 선물이라. 행위에서 난 것이 아니니 이는 누구든지 자랑하지 못하게 함이라(엡 2:8-9).

사람들은 구원을 위해 하나님과 협력하기에는 죄가 너무 크다는 말을 듣고 기분이 상한다. 그들은 우리가 구원을 위해 할 수 있는 유일한 것이 자신의 죄를 인정해야 한다는 말을 듣고 불쾌해한다. 하나님은 그리스도의 의의 선물과 믿음을 공급하신다. 십자가는 하나님이 우리를 구속하시기 위해 가야만 했던 여정을 보여 주심으로써 우리 자신의 죄상을 드러내신다.

비유적으로 말하면, 십자가는 우리를 겸손하게 한다. 하나님이 우리를 구원하기로 하셨을 때, 그분은 우리의 모든 행위를 가져다가 선반에 올려놓고 그 위에 "쓸모없다"라고 쓰셨다. 그분은 우리의 부패한 노력을 제쳐두고 친히 우리의 대속자가 되셨다.

이곳 시카고에서는 매주 일요일 수천 명의 사람이 교회에 참석하여서 '구원을 위해 예수님이 필요하다'라고 들었다. 그들이 말하지 않은 것은 '예수님만으로 충분하다'라는 것이다.

하나님이 우리를 위해 하신 일에 의지하기보다 구원받기 위해 뭔가를 해야 한다고 믿을 때, 우리는 우리 자신에게 약간의 공로를 돌린다. 참회하는 세리와 함께 서서 가슴을 치며 단순히 "죄인인 나에게 자비를 베푸소서"라고 말하는 사람은 복이 있다. 복음에 행위를 더하면 십자가의 은혜가 제거된다. 찬송가 작가 아우구스투스 몬타구 토플라디(Augustus Montague Toplady)는 다음과 같이 썼다.

내 손에는 내가 가져온 것은 아무것도 없습니다. 오직 당신의 십자가에 매달립니다.

구원에 있어서 십자가는 인간의 공로를 하나님이 마지막으로 거부하신 것이다.

4. 예수님이 우리 대신 하나님의 의로운 진노를 지지 않으셨다고 할 때 십자가의 걸림돌을 제거한다

놀랍게도, 교리를 대신할 것을 찾는 복음주의자들이 있다.

스티브 초크(Steve Chalke)는 미국에서 많이 알려지지 않았을지도 모르지만, 그는 영국의 복음주의 방송인이자 유명 작가다. 『예수의 잃어버린 메시지』(The Lost Message of Jesus)에서 그는 복음에 대한 새로운 이해를 요구한다. 그는 기독교가 서구에서 심각하게 실패하고 있으므로 변화가 필요하다고 말한다.[4]

안타깝게도, 그는 속죄에 대한 더 수용 가능한 지식을 찾고 있는 바다 이쪽에 있는, 점증하는 복음주의자들을 대변하고 있다.

스티브 초크는 예수님이 십자가에 못 박혀 죽으셨을 때 우리의 고통과 괴로움을 짊어지셨지만, 그렇다고 해서 우리의 죄에 대한 하나님의 진노를 흡수했다는 뜻은 아니라고 한다.

> 사실 십자가는 우주적 아동학대의 한 형태(복수심에 찬 아버지는 아들이 저지르지도 않은 범죄에 대해 벌을 주셨다)가 아니다. 당연히 사람들은 내외부 모두 이 뒤틀린 사건들이 도덕적으로 의심스럽고 신앙에 대한 거대한 장벽이라

---

4   Steve Chalke and Alan Mann, *The Lost Message of Jesus* (Grand Rapids: Zondervan, 2003).

는 것을 알게 되었다.⁵

물론, 우리는 아버지를 복수심에 찬 존재로, 아들을 사랑의 대용품으로 여겨서는 안 된다.

결국, "하나님은 세상을 너무 사랑하셨다."

아동학대?

아니다. 그리스도는 우리를 죄에서 구원하기 위해 자발적으로 지상에 오셨다.

> 내가 내 목숨을 버리는 것은 그것을 내가 다시 얻기 위함이니 이로 말미암아 아버지께서 나를 사랑하시느니라. 이를 내게서 빼앗는 자가 있는 것이 아니라 내가 스스로 버리노라. 나는 버릴 권세도 있고 다시 얻을 권세도 있으니 이 계명은 내 아버지에게서 받았노라 하시니라 (요 10:17-18).

구원은 삼위일체 하나님이 동의하신 계획이다.

즉, 성경은 하나님이 죄를 진노하셨고, 예수님이 우리의 형벌을 대신받으셨다고 분명히 말씀한다. 구약과 신약 모두에 하나님의 진노를 그래픽으로 말하는 수십 개의 성경이 있다.

> 여호와는 질투하시며 보복하시는 하나님이시니라 여호와는 보복하시며 진노하시되 자기를 거스르는 자에게 여호와는 보복하시며 자기를 대적하는 자에게 진노를 품으시며, 여호와는 노하기를 더디하시며 권능이 크시며 벌 받을 자를 결코 내버려두지 아니하시느니라 여호와의 길은 회오리바람과 광풍에 있고 구름은 그의 발의 티끌이로다. 그는 바다를 꾸짖어 그것을 말리시며 모든 강을 말리시나니 바산과 갈멜이 쇠하며 레바논의 꽃이 시

---

5 Harry Farley, "Steve Chalke: Heaven is not just for Christians", April 11, 2018, https://www.christiantoday.com/article/stevechalke-heaven-is-not-just-for-christiansexecute1/128317.htm.

드는도다. 그로 말미암아 산들이 진동하며 작은 산들이 녹고 그 앞에서는 땅 곧 세계와 그 가운데에 있는 모든 것들이 솟아오르는도다. 누가 능히 그의 분노 앞에 서며 누가 능히 그의 진노를 감당하랴 그의 진노가 불처럼 쏟아지니 그로 말미암아 바위들이 깨지는도다(나 1:2-6).

바울은 신약에서 우리에게 이렇게 전한다.

또 죽은 자들 가운데서 다시 살리신 그의 아들이 하늘로부터 강림하실 것을 너희가 어떻게 기다리는지를 말하니 이는 장래의 노하심에서 우리를 건지시는 예수시니라(살전 1:10).

요한계시록은 죄인에 대한 하나님의 진노를 생생하게 묘사한다(계 14:8-11 참조). 그런데도 스티브 초크는 조나단 에드워즈의 유명한 설교인 "진노하시는 하나님 손에 있는 죄인들"(Sinners in the Hands of an Angry God)을 비판하고, 그런 "추악한 언사는 과거의 일이라는 것에 감사한다"[6]라고 말했다. 그러나 오직 예수님이 하나님의 진노를 품으셨다는 사실만이 그분의 고통스러운 외침을 설명할 수 있다.

나의 하나님, 나의 하나님, 어찌하여 나를 버리셨나이까(막 15:34).

많은 복음주의자가 죄에 대한 하나님의 진노를 부정하지는 않지만, 하나님의 진노가 '복음'이 되지 않을 것이기 때문에 그것을 무시한다. 그래서 이에 대해 말하거나 쓰지 않는다. 그들은 하나님의 사랑이 더 매력적이라고 믿으면서 기독교 신앙의 긍정적 측면에 집중한다. 그러나 하나님의 사랑의 메시지가 그분의 진노와 정의와는 독립적으로 서 있을 수 있다고 생각하면, 우리는 그 십자가의 걸림돌을 제거하는 것이다.

---

[6] Farley, "Steve Chalke: Heaven is not just for Christians", 56.

존 스토트는 이렇게 말했다.

> 십자가가 우리를 위해 무엇을 했는가를 보려고 하기 전에 … 우리는 그것이 우리 때문에 일어난 일로 보아야 한다.[7]

하나님 사랑의 가장 큰 증거는 어디에서 볼 수 있는가?
십자가에서다!
죄에 대한 하나님의 심판과 진노가 가장 분명하게 보이는 곳은 어디인가?
십자가에서다!
그래서 예수님은 실제로 우리가 져야 할 합당한 하나님의 진노를 대신 짊어지셨다. 더 값싼 방법이 있었다면 하나님은 그분의 아들에게 그 끔찍한 고통을 겪게 하지 않으셨을 것이다. 그러나 예수님은 당신과 내가 받아야 할 고통과 괴로움을 흡수하셨다. 요컨대, 그는 우리의 지옥을 떠맡으셨다. 이제 예수님의 의가 충족되었으므로, 주님은 의로우시고, 나아가 예수님을 믿는 사람들을 의롭게 하실 분이시다(롬 3:26 참조). 이는 이제 하나님이 은혜를 기반으로 자유롭게 활동하시고, 가장 악한 죄인까지 구원하실 수 있음을 의미한다.

그러나 복음의 핵심이 거부되면 다른 교리도 길가에 놓이게 된다. 하나님이 계시하지 않으신, 당신이 믿고자 하는 하나님에 대한 신학을 구성한다면, 선호하는 대로 다른 교리를 자유롭게 형성할 수 있을 것이다.

우리는 하나님의 속성을 선택할 수 없다!

하나님이 자신을 죄인에게 진노하는 분으로 나타내신다면 우리는 이것을 받아들이고, 우리가 구원받을 방법으로 자기 아들의 희생을 제정하신 일에 영원히 감사해야 한다. 가난한 사람들, 멸시받는 사람들, 학대받

---

[7] John Stott, *The Cross of Christ* (Downers Grove, IL: InterVarsity, 2006), 63.

는 사람들 사이에서 일하는 일부 그리스도인들이 복음을 나눌 때 죄를 언급하지 않는다고 말하는 것은 아이러니다. 그것은 "좋은 소식이 아닐 것"이다.

그러나 나쁜 소식은 아주 좋은 소식을 위한 길을 준비한다!

그렇다, 우리는 학대받은 사람들은 이미 죄가 존재한다는 것을 알고 있으므로 그들에게 하나님의 사랑을 강조해야 한다. 그러나 우리는 하나님의 거룩하심과 정의를 배제하기 위해 하나님의 사랑을 강조해서는 안 된다. 하나님의 사랑의 메시지가 그분의 진노와 정의와는 독립적으로 이해될 수 있다고 생각할 때 우리는 그 십자가의 걸림돌을 제거한다.

존 파이퍼(John Piper)는 이렇게 썼다.

> 그리스도께서 우리의 죄를 위해 죽으셨을 때, 사탄은 무장해제되고 패배했다. 즉, 우리가 죄인이기 때문에 사탄과 함께 죽어야 한다고 하나님 앞에서 참소하는 사탄의 영원한 파괴적 무기는 사라졌다. 그리스도가 돌아가셨을 때, 사탄의 비난은 무효가 되었다.[8]

여기에 질문이 있다.

모든 끔찍한 형태의 죄를 인정하는 것이야말로 바로 복음을 그토록 좋은 소식으로 만든다는 것이 사실이 아닌가?

하나님의 은혜와 사랑과 천국에 대한 기대를 만드는 것이 더욱더 놀라운 지옥의 교리가 아닌가?

내 아내 레베카와 나는 다리에 장애가 있는 개 '몰리'를 고치기 위해 수의사에게 수천 달러를 지급한 여성을 알고 있다. 몰리는 심한 불구가 되어 특별한 수술이 필요했다. 이제는 몰리가 집 안에서 돌아다니지만, 몰리는

---

[8] John Piper, "The Fall of Satan and the Victory of Christ", *Decision Magazine*, January 2018, 16.

그녀가 자신을 대신해 치른 대가를 이해하지 못하고 있다.

몰리가 아는 것은 자신이 전에는 걸을 수 없었으나 이제는 걸을 수 있다는 것이다!

마찬가지로 우리는 하나님이 구원을 위해 하나님이 우리를 대신하여 치르신 대가를 파악할 수 없다. 우리가 아는 것은 "우리가 전에는 시각 장애인이었지만, 이제는 본다"라는 것이다.

5. 타 종교가 하나님께 인도한다면 십자가의 걸림돌을 제거한다

역사적으로 복음은 문화뿐만 아니라 타 종교에도 맞서야 했다. 그리고 서구가 민족적으로나 인종적으로나 더욱 다양해짐에 따라 타 종교의 도전이 함께 온다. 1993년, 나는 시카고에서 열린 세계 종교회의에 참석했다. 그곳에서 6,000명의 전 세계 각국 대표가 백 개 이상의 타 종교를 대표해 다양한 종교를 하나로 합치는 방법을 모색하기 위해 만났다. '신성한생명의사회'(Divine Life Society)의 스와미 친다난사(Swami Chindanansa)는 말한다.

> 효과적이고도 똑같이 유효한 종교가 많다. 그러므로 그들은 똑같이 존경받고, 똑같이 인정받고, 똑같이 사랑받고, 소중히 여겨져야 한다. … [힌두 경전에는] '사람이 어떤 식으로 접근하든, 나도 그들에게 간다.'[9]

8일간의 대회 기간에 열린 700개가 넘는 워크숍에서 그리스도는 어디에 계셨을까?

---

9 Swami Chindanansa, "Authentic Religion", The Divine Life Society, last updated May 29, 2017, http://www.dlshq.org/religions/authrel.htm.

때때로 예수 그리스도는 고대와 현대의 타 종교 교주들보다 다양하게 존경받고 인용되었으며 호의적으로 비교되셨다. 예수님은 종교의 진화적 발전에서 하나의 단계처럼 여겨졌다. 참으로 그분은 매우 필요하고 중요한 무대였지만, 그분은 많이 깨달은 사람 가운데 오직 한 분일 뿐이었다.

내가 회의에서 보고 들은 것은 우리 학교, 기업, 지역 사회의 축소판이다. 옆집에 사는 사람들과 직장 동료들은 모든 신이 궁극적으로 다른 이름으로 가려진 같은 신이기 때문에 신은 우리가 무엇을 기도하든 상관없다고 생각할 것이다. 각 종교는 아름다운 꽃의 하나의 꽃잎에 불과하다.

그리스도는 부처, 크리슈나, 바하우엘라, 조로아스터, 무함마드와 같은 반열에 있는가?

그리스도처럼 그런 지도자들(그리고 다른 사람들)은 다소 고상한 윤리적 아이디어를 가르쳐 왔다.

그리스도가 다른 사람들보다 더 크신 분이라고 해도, 우리는 그리스도께 그분의 정당성을 부여하였는가?

아니면 그분은 완전히 다른 반열에 놓여야 하는가?

내가 회의에서 겪은 경험을 기초로 대답하겠다. 나는 모든 종교가 그들의 출판물을 이용할 수 있는 전시장으로 갔다. 나는 내 죄를 지고 가실 수 있는 죄 없으신 구주를 찾았다(결국, 나와 같은 처지인 다른 죄인이 내 죄를 빼앗을 수는 없다!). 나는 힌두교, 불교, 그다음 이슬람교 책임자들에게 나에게 추천할 죄 없는 구세주가 있는지 물었다. 그들은 그들이 단지 권위자와 예언자만을 가지고 있다는 것을 인정했다. 그들 중 일부는 깨달음을 가졌다고 주장했지만, 아무도 죄가 없다고 주장하지는 않았다.

그리고 아무도 그 권위자 또는 예언자가 죄를 용서하고 우리를 거룩하게 하나님께 바칠 수 있는 자격 있는 구세주라고 주장하지 않았다. 나는 내가 이미 알고 있는 것을 재빨리 확인했다. 세계의 종교 지도자 중에서, 예수님은 완전히 홀로 서 계셨다.

타 종교들도 죄에 대한 피의 희생을 요구하는 것은 일부 사람들이 주장하는 것처럼 사실이다. 그러나 기독교에서는 하나님 자신이 제물이 되셨다.

> 그리스도 안에서 하나님은 세상을 자기와 화목하게 하셨다(고후 5:19).

오직 기독교에만 홀로 구세주이신 하나님이 계신다. 타 종교에서는 인간이 신을 찾는다. 그러나 오직 기독교에서만 하나님이 인간을 찾아오셨다. 라비 재커라이어스가 말한다.

> 내 전제는 '모든 종교는 근본적으로는 같으며 표면적으로만 다르다'라는 대중적 격언이 사실이 아니라는 것이다. 모든 종교가 기껏해야 표면적으로는 비슷하지만, 근본적으로 다르다고 말하는 것이 더 정확하다.[10]

기독교는 정말로 근본적으로 다르고, 즉, 죄인들을 위한 가장 큰 해결책을 제공하는, 죽으시고 부활하신 구세주를 가지고 있다. 십자가와 그것이 일으킨 구원은 기독교에만 존재한다.

예수님에 관한 모든 좋은 주장은 우리 편이다. 우리는 종교 다원주의의 어스름한 황혼에 우리의 빛을 비춰야 한다. 지금은 십자가를 숨기거나 무시할 때가 아니다. 십자가와 부활을 받아들이고, 선지자이실 뿐만 아니라 그분의 자격을 증명하신 구주가 있다는 사실을 기뻐하자. 우리의 관점에서 보면 십자가는 하나님의 전성기였다.

타 종교와의 연합에 대해서는 J. C. 라일(J. C. Ryle)이 가장 적절하게 말했다.

---

10 Interview with Ravi Zacharias, "Ravi Zacharias: Jesus Talks with Krishna", *CBN*, n.d. http://www.cbn.com/entertainment/books/raviz-qa.aspx?mobile=false&u=1.

복음이 없는 연합은 쓸모없는 연합이다. 그것은 바로 지옥의 그 연합이다.[11]

1) 십자가를 지고 세상으로

어떻게 예수님의 초대에 복종하여 십자가를 지고 그분을 따라갈 것인가? 우리는 다른 사람들을 섬김으로써 우리의 십자가를 지고 세상으로 간다. 예수님은 섬김을 받으러 오신 것이 아니라 섬기러 오셨다고 하셨다. 당신은 초기 교회가 북아프리카 전역에 어떻게 퍼져 나갔는지 물어볼지도 모른다. 테르툴리아누스(Tertullian)은 이렇게 썼다.

> 많은 반대자의 눈에 우리를 브랜드화하는 것은 무력한 자를 돌보는 우리 사랑의 실천이다.
> '봐라!'
> 그들이 말한다.
> '그들이 서로를 얼마나 사랑하는지'
> 그들이 서로를 위해 어떻게 죽을 준비가 되어 있는지 보라.'[12]

베를린에서 나는 제2차 세계대전 때 폭격을 당한 카이저 빌헬름 교회를 방문했다. 전쟁이 끝난 후 재건되었을 때 그리스도의 동상 오른팔은 발견되지 않았다. 그러나 이 동상은 오른팔 없이 눈에 띄는 곳에 전시되고 있다. 그것은 상처받고 절망적인 세계에서 우리가 그리스도의 팔임을 상기시키며 서 있다.

나는 한 신학자의 말을 의역한다.

---

11 J. C. Ryle, *Warnings to the Churches* (Edinburgh: Banner of Truth, 1967).
12 George Sweeting, *Who Said That? More Than 2,500 Usable Quotes and Illustrations* (Chicago: Moody, 1995), 78.

"당신이 얼마나 많이 주변 사람들의 고통 속으로 들어갔는지 말해 주면, 나는 당신이 그들을 얼마나 사랑하는지 말씀드리겠다."

6. 복음주의에 따른 민족 간 단결을 통해 십자가를 지고 세상으로

나는 인종 문제가 머릿기사를 지배하는 시기에 글을 쓰고 있다. 분노에 중독된 국가에서, 이처럼 고조되는 분쟁 속에서, 교회는 어느 한 편에 동조하지 않고 차분한 이성의 목소리와 폭넓은 정치적 수용을 유지해야 한다. 우리는 십자가 아래 계속해서 단결해야 하며, 배경, 인종, 정치적 성향 또는 이민 신분과 관계없이 다른 죄인들을 우리와 함께하도록 초대해야 한다. 교회는 여전히 미국의 최고 희망이다.

십자가는 공통점이 없는 사람들을 형제자매로 만든다. 한 구주께서 그들 모두를 같은 피로 사들여 하늘에 계신 같은 아버지의 앞에 데려오셨다.

그리스도께서는 십자가를 통해 하나의 새로운 성전인 "성령님의 거처를 세우셨다"(엡 2:14-22 참조).

교회는 다민족 경험과 사역을 의도적으로 개발하는 것 이상의 일을 해야 한다. 그래야 '인종 간 화해'가 단순한 구호가 아니라 현실이 된다. 화해와 공동 사역은 복음의 핵심을 나타내는 것으로 보고, 믿고, 설교해야 한다. 인종 간 화해는 억압받는 사람들을 위한 정의와 소외된 사람들을 위한 평등을 추구하는 우정에서 가장 잘 나타난다.

무디교회의 목사로 재직하는 동안, 나는 교인들에게 인종의 다양성은 우리에게 천국을 위해 준비하도록 한다고 말했다. 하나님의 뜻은 천국에서 모든 지파, 방언, 국가의 사람들이 함께하는 것임을 안다(계 5:9-11 참조). 일요일 아침에 무디교회에서 우리와 함께 예배를 드리는 사람들이 70개 이상의 다른 나라에서 왔다는 사실이 정말 감사하다. 우리가 추구했던 통합을 완전히 달성하지 못했지만 우리는 계속 전진하고 있다.

마틴 루터 킹 주니어(Martin Luther King Jr.)의 "버밍햄 감옥에서 온 편지"(Letter from Birmingham Jail)를 읽지 않았다면, 읽어 보기 바란다. 이것은 미지의 인종주의와 형제·자매를 위해 정의를 추구해야 할 필요성을 이해하는 출발점이 될 것이다. 우리는 이제 막 시작했다. 이 중요한 주제에 대한 나의 논의가 너무 짧다는 것을 알고, 다른 사람들은 이 주제에 대해 공평하게 글을 썼기 때문에, 나는 여러분에게 그들의 글을 인용하고자 한다. 예배와 사역 그리고 증인이 되는 것으로 절대로 끝나지 않을 것이다(추가로 읽을 책을 이 장의 끝에 추천한다).

7. 정치적 성향보다 십자가를 높여 십자가를 지고 세상으로

이 책은 정치적 논쟁과 인종적, 민족적 긴장의 시기에 쓰고 있다. 그러나 나의 관심사는 이것이다. 현존하는 유독한 정치적, 도덕적, 인종적 갈등은 우리를 갈기갈기 찢어버리는 첨예한 긴장감을 불러일으켰다. 하나의 언어, 하나의 공통된 가치의 핵심 그리고 존중하는 국경들에 의해 함께 묶여 있는 국가의 생각이 우리를 스쳐 지나가고 있다.

나는 정치가 중요하다고 믿는다. 그리스도인들은 모든 공직에 나가야 한다. 그리스도인들은 또한 그들이 가장 좋아하는 후보를 지지하는 데 앞장설 수 있다.

또한, 나는 그리스도인으로서 우리가 법에 따라 일하고, 우리의 자유를 위해 법에 호소하는 법적 단체를 지지해야 한다고 믿는다. 사도 바울은 로마 시민권을 이용하여 자신에게 채찍질해서도 안 되며, 로마 법정에서 재판을 받아야 한다고 말했다(행 22:22-29 참조).

그러나 정치적 변화는 설교단이 아니라 공통의 은혜라는 기치 아래 가장 잘 발전한다. 목사들은 어떤 정당이나 후보자가 기독교적 가치와 더 밀접하거나 일치하더라도 그들을 지지하는 것을 자제해야 한다.

러셀 무어가 말한 대로 될 것이기 때문이다.

> 올바른 대통령, 올바른 의회 그리고 잘못된 그리스도를 얻는 것은 비극이 될 것이다.[13]

나는 히틀러의 정치적 의제에 반하여 설교한 독일의 목사들을 칭찬한다. 실제로 나는 독일 신학자 헬무트 틸리케(Helmut Thielicke)의 말에 동의한다. 그는 독일이 십자가를 '만자'(나치독일의 상징 문양)로 대체했기 때문에 심판을 받았다고 말했다. 필요하면 정당의 강령에 반대도 해야겠지만, 기독교적인 것처럼 보인다고 대안 정당과 연계하면 위험이 따른다. 독일이나 미국에는 뚜렷한 '기독교 정당'이 없다.

서구의 목회자로서 우리는 낙태, 동성 결혼, 종교의 자유에 대한 침해 등과 같은 정치와 관련된 성경적 문제에 대해 설교해야 한다. 또는 다른 현명하지 못한 복음주의와 우익 정치의 연관은, 그렇지 않은 기독교의 메시지에 열려 있을 수 있는 많은 사람에게 걸림돌이 되었다.

또한, 일부 복음주의자들은 정치적으로 좌파 또는 극좌로 표류하거나 정치적 논쟁을 하지 말 것을 촉구했다. 많은 사람에게 십자가는 여러 가지 의제를 붙인 게시판처럼 서 있다. 나의 요점은 십자가가 정치인과 영향력을 추구하는 그들 자신보다 위에 서야 한다는 것이다. 우리는 언제나 그리스도의 십자가가 정치적 성향과 관계없이 모든 정당을 심판한다는 것을 분명히 밝혀야 한다. 우리는 모두에게 "예수 그리스도를 당신의 구주로 겸손하게 영접하지 않고 십자가의 사역을 받아들이지 않는다면 지옥에 있게 될 것이다"라고 말한다.

나는 빌리 그래함의 이 말을 좋아한다.

---

13 Russell Moore, *Onward: Engaging the Culture without Losing the Gospel* (Nashville: B&H, 2015), 31.

나는 새의 왼쪽 날개나 오른쪽 날개가 아니라 새 전체를 위하는 것이다.¹⁴

8. 믿음을 증명함으로써 십자가를 지고 세상으로

우리는 '복음'이라는 기치 아래 그 메시지를 숨기지 않을 때 우리의 십자가를 진다. 어떤 그리스도인들은 누구에게도 불쾌하게 하고 싶지 않아 십자가의 축복과 필요성을 설명하지 않는다. 우리는 종종 너무 착하고, 너무 소심하고, '불쾌한' 것에 너무 민감하다.

공격적인 그리스도인이 많다. 그들은 나에게 불쾌감을 준다. 그들은 당신에게도 불쾌감을 준다. 그들은 비판적이다. 그들은 친절을 모른다. 그들은 매력적이지 않다. 그들은 비난할 사람을 찾고 있으며 모든 것에 대해 '옳다'라고 한다. 그들은 진실을 가진 사람들의 '버튼 홀'(듣고 싶지 않은 말을 잠자코 듣는다)을 좋아한다. 복음을 위한 가장 훌륭한 광고는 잘 듣고 환영하며 다른 사람들을 섬기기를 열망하는 그리스도인이다.

가장 위대한 광고는 깊은 신념을 가지고 구원의 길로 인도하기 위해 행동하는 사람들이다. 이 그리스도인들은 큰 대가를 치르고 그들의 믿음을 나누며 "치욕을 짊어지고 영문 밖으로 나가는 사람들"(히 13:13)이며, 그들은 기쁨으로 그것을 자원한다.

쉘든 바나우켄(Sheldon Vanauken)은 그의 책 『잔인한 자비』(*A Severe Mercy*)에서 그리스도인과의 첫 만남에 관해 이야기한다. 그날 밤 그는 다음과 같은 글을 썼다.

---

14 Billy Graham as quoted in Larry Ross, "The Preacher and the Press", *Christianity Today*, April 2018, 112.

기독교에 대한 최고의 주장은 그리스도인이다. 그들의 기쁨, 확실성, 완전성. 그러나 기독교에 대한 가장 강력한 주장 역시 그리스도인이다. 그들이 우울하고 기쁨이 없을 때, 그들이 독선적인 자기 만족의 헌신으로 잘난 척할 때, 편협하고 억압적일 때, 그때 기독교는 수천 명의 죽음을 겪는다. … 참으로 긍정적인 기쁨이 기독교에 있으며 다른 곳에서는 없을 것이라는 인상적인 징후가 있다. 그것이 확실하다면, 그것은 매우 높은 질서의 증거일 것이다.[15]

많은 그리스도인이 그리스도에 관한 믿음에 대해 침묵하고 있다. 왜냐하면, 그들은 '광적인 복음 전도자'로 알려지거나 보수적인 종파로 낙인찍히기를 원하지 않기 때문이다. 그러나 그런 고정 관념을 없애는 방법은 희생과 애정 어린 배려의 태도와 함께 깊은 개인적 확신으로 우리의 믿음을 공유하는 것이다.

예수님은 그와 동일시되는 것을 부끄러워하는 사람들을 위해 다음과 같이 말씀하셨다.

> 누구든지 이 음란하고 죄 많은 세대에서 나와 내 말을 부끄러워하면 인자도 아버지의 영광으로 거룩한 천사들과 함께 올 때에 그 사람을 부끄러워하리라(막 8:38).

그리스도와 동일시되는 특권을 누리지 못한다면, 우리는 하나님의 은혜를 받을 수 없을 것이다. 예수님이 말씀하셨다.

> 우리의 이름이 그를 위해 악에 던져진다면 우리는 복을 받는다(눅 6:22의 그리스어 문자 그대로).

---

15 Sheldon Vanauken, *A Severe Mercy* (New York: Harper & Row, 1977), 85.

복음에 대한 세계의 증오가 우리 때문이 아니라 메시지 때문이라면 긍정적인 신호일 수 있다.

"전도는 거지가 빵을 찾았다고 말하는 것이다."

지친 영혼을 위한 음식을 발견한 우리 자신의 테이블로 비참한 세상을 초대하자. 거기서 우리는 하나님이 우리의 증언을 듣기 위해 예비하신 사람들을 찾을 것이다.

9. 보복 없이 거절을 받아들임으로써 십자가를 지고 세상으로

잠시 반대의 주제로 돌아가 보자. 우리가 고난을 겪을 때 십자가를 지고 세상으로 간다. 미국인으로서 우리는 우리가 믿고 가르치는 것 때문에 박해받는 것은 근본적으로 용납될 수 없다는 개념을 버려야 한다. 우리는 진실을 옹호하고 우리의 신념을 드러내는 일에 겁쟁이가 되어서는 안 된다. 마틴 루터처럼 우리는 양심이 '하나님의 말씀에 사로잡힌' 그리스도인이 필요하다.[16]

그러나 가능한 한 우리는 원한이나 위협, 보복이나 손가락질하지 않고 이런 신념을 유지해야 한다. 우리는 예수님의 모델뿐만 아니라 사도 바울의 모델을 따라야 한다.

> 바로 이 시각까지 우리가 주리고 목마르며 헐벗고 매맞으며 정처가 없고, 또 수고하여 친히 손으로 일을 하며 모욕을 당한즉 축복하고 박해를 받은즉 참고, 비방을 받은즉 권면하니 우리가 지금까지 세상의 더러운 것과 만물의 찌꺼기같이 되었도다(고전 4:11-13).

---

16 John MacArthur, "A Conscience Captive to God's Word", *Grace to You*, April 3, 2014, https://www.gty.org/library/blog/B140403.

우리는 예수님이 고난받는 방법에 관한 모범을 남겨 주셨다는 것을 잊지 말아야 한다.

> 욕을 당하시되 맞대어 욕하지 아니하시고 고난을 당하시되 위협하지 아니하시고 오직 공의로 심판하시는 이에게 부탁하시며(벧전 2:23).

우리가 복음을 전할 때뿐만 아니라 거절당했을 때 반응하는 방식이 중요하다.

10. 최악의 죄인들을 복음으로 초대함으로써 십자가를 지고 세상으로

무디교회와 '무디신학대학교'를 설립한 디.엘 무디는 최악의 죄인들을 구할 수 있는 하나님의 능력에 대해 의심할 여지 없는 믿음을 가지고 있었다. 그의 설교 중 하나를 발췌한다.

> 어젯밤 한 젊은이가 나에게 자신은 구원받기에는 너무 큰 죄인이라고 말했다.
> 왜 그들이 그리스도가 뒤따라온 바로 그 사람인가? …
> 그들의 그리스도에 대한 유일한 혐의는 그분이 나쁜 사람들을 받아들이고 있다는 것이다. 그들은 그분이 기꺼이 받아들이는 바로 그런 부류의 사람이다. 당신이 해야 할 일은 당신이 죄인임을 증명하는 것이다. 그러면 나는 당신이 구주를 얻었다는 것을 증명할 것이다. 그리고 죄가 클수록 구주도 커진다. 당신은 당신의 마음이 강퍅하다고 말한다. 물론 당신은 그리스도께서 그것을 부드럽게 하시기를 원한다. 스스로 할 수는 없다. 마음이 강퍅할수록 더욱 온유한 그리스도가 필요하다. 당신의 죄가 어두운 산처럼 당신 앞에 떠오르면, 예수 그리스도의 피가 모든 죄에서 깨끗하게 하신

것을 기억하라. 그리스도의 피로 덮지 못할 그렇게 크거나, 부패하거나 사악한 죄는 없다.[17]

나는 『뉘른베르크에서의 사명』(Mission at Nuremberg)이라는 제목의 매혹적인 책을 읽었는데, 뉘른베르크에서 21명의 나치를 교수형에 처할 때 참관 목사였던 루터교 목사의 이야기였다.[18]

헤르만 괴링(Hermann Goring)은 처형이 예정된 전날 밤 청산가리 캡슐을 삼켜 처형자들을 속였다. 미국 정부는 이 범죄자들을 위한 목사가 있어야 한다고 결정했다. 몇몇 사람들은 동의하지 않았지만, 헨리 제렉(Henry Gerecke)이 선택되었다. 그는 세인트루이스에서 왔지만, 독일어를 유창하게 구사했고, 그래서 이 범죄자들에게 참관 목사가 되어 달라는 요청을 받아들였다.

사람들은 그에게 지침을 주었다.

"이 사람들과 악수하면 안 됩니다!"

그가 대답했다.

"그들이 내 메시지를 믿으려면, 나는 그들과 친하게 대해야 한다."

21명의 죄수는 가톨릭 신자 6명과 15명의 개신교 신자들이었다. 예배에서 이 나치 중 일부는 주기도문을 암송했으며 신조를 알고 있었다. 헨리 제렉에 따르면, 이 범죄자 중 5명(어쩌면 7명)은 죽기 전에 예수 그리스도에 대한 믿음을 구하러 왔다고 한다.

히틀러의 외무부 장관이었던 리벤트로프(Ribbentrop)는 처형되기 전에 세상의 죄를 지고 가는 어린양의 피를 믿는다고 말했다.[19]

---

17 Timothy George, ed., *Mr. Moody and the Evangelical Tradition* (New York: T&T Clark International, 2004), 5.
18 Tim Townsend, *Mission at Nuremberg: An American Army Chaplain and the Trial of the Nazis* (New York: HarperCollins, 2014).
19 Townsend, *Mission at Nuremberg*, 271.

히틀러의 사악한 심복 중 일부가 천국에 있을 것이라는 사실은 우리에게 불쾌한 일이다. 특히 그들이 괴롭힌 사람 중 일부가 천국에서 그들과 합류하지 못할 수 있다는 것을 깨닫는다면 더욱더 그렇다. 그러나 그것은 정확히 십자가 스캔들의 일부다. 하나님의 은혜는 우리의 죄의 깊이에 상관없이 복음을 믿도록 요구한다.

요컨대, 하나님은 이렇게 말씀하신다.

> 나는 예수 그리스도가 십자가 위에서 했던 일을 자주 생각한다. 어떤 범죄자라도 그가 예수를 믿는다면 나는 그를 용서할 수 있다. 하지만 예수를 믿지 않는다면, 그가 제정신이고 점잖고 세금을 내는 미국인일지라도 용서하지 않을 것이다."

다시 말하자면, 은혜는 우리의 공로를 요구하지 않기 때문에 우리가 생각하는 것과는 전혀 반대되는 것이다. 사실 하나님의 은혜는 우리의 공로가 전혀 없을 때 가장 뚜렷하게 나타난다. 하나님의 은혜, 그것을 받는 사람들에게는 무제한이다.

11. 예수 나약한 예수님, 왕으로 즉위

무슬림으로 자랐지만, 기독교로 개종한 고 나벨 쿠레시(Nabeel Qureshi)는 『알라를 찾다가 예수를 만나다』(*Seeking Allah, Finding Jesus*)라는 훌륭한 책을 썼다. 그는 이슬람교도로서 그리스도의 십자가를 하나님의 기독교 개념에서 약점으로 생각했다고 증언했다. 그것은 패배였다. 하지만 그 순간, 그는 더 깊이 생각하면서, 오직 신이 주권자이며 모든 힘을 가진다면, 그것이 신의 전부라면, 그는 그저 독재자일 뿐이며, 복종을 요구하는 폭군일 수도 있다는 것을 깨달았다. 우리는 그런 신이 자비롭다고 가정할 근거가

없을 것이다.[20]

그러나 이제 그리스도인으로서 쿠레시는 십자가의 권능을 이해했다. 나는 그가 어떻게 십자가를 하나님의 힘으로 보았는지 설명하는 것을 들었다. 그는 예수 안에 전능하실 뿐만 아니라 우리에게 사랑스럽고 자비로운 하나님이 계신다는 것을 깨닫기 시작했다. 처음에 약점으로 보였던 것이 사실은 강점이었다.

이것은 바로 신약성경에서 바울이 가르친 것이다.

> 그리스도께서 약하심으로 십자가에 못 박히셨으나 하나님의 능력으로 살아 계시니 우리도 그 안에서 약하나 너희에게 대해 하나님의 능력으로 그와 함께 살리라(고후 13:4)

여기 멋진 그림 같은 이야기가 있다.

아프리카에서 불이 났고, 오두막은 삽시간에 불길에 휩싸였다. 가족 중 한 명을 제외한 모든 사람이 죽었다. 낯선 사람이 불타는 오두막으로 달려가 작은 소년을 구출했다. 다음날 부족은 이 소년을 어떻게 해야 할지 궁리하며 둘러앉아 있었다. 한 남자가 말했다.

"나는 현명해. 그래서 내가 이 소년을 데리고 있어야 해."

다른 사람이 말했다.

"그래, 하지만 나는 돈이 있어."

그 토론 중 낯선 사람이 나타나서 자기에게 우선권이 있다고 말했다. 그리고 그들에게 전날 밤 소년을 구조할 때 불에 데인 그의 손을 보여 주었다.

---

[20] Nabeel Qureshi, *Seeking Allah, Finding Jesus: A Devout Muslim Encounters Christianity* (Grand Rapids: Zondervan, 2014).

마찬가지로 예수님의 상처도 예수의 희생과 우리에 관한 주장을 이야기한다.

> 다른 신들은 강했습니다. 그러나 당신은 약했습니다. 그들은 보좌에 올라갔지만, 당신은 보좌에서 내려오셨습니다. 그러나 우리의 상처에 대해서는 오직 하나님의 상처만이 주장할 수 있는데, 다른 신은 상처가 없지만, 당신 혼자만 상처가 있습니다.[21]

예수님은 보좌에서 내려오셔서 연약한 가운데 십자가에 못 박히셨지만, 그분은 왕이셨고 왕이시다. 그분은 심지어 십자가에서도 통치하셨다.
"오늘 네가 나와 함께 낙원에 있으리라."
그 강도는 나쁜 친구들과 아침을 먹었지만, 죽으시는 구세주의 권위에 따라 저녁에는 왕이신 그리스도와 함께 식사했다!
예수 그리스도의 십자가는 세상을 인종이나 국적이나 성별이나 나이로 나누는 것이 아니라 구원받은 자와 그렇지 않은 자로 나눈다.

> 십자가의 도가 멸망하는 자들에게는 미련한 것이요 구원을 받는 우리에게는 하나님의 능력이라(고전 1:18).

바울은 이렇게 썼다.

> 그러나 내게는 우리 주 예수 그리스도의 십자가 외에 결코 자랑할 것이 없으니 그리스도로 말미암아 세상이 나를 대해 십자가에 못 박히고 내가 또한 세상을 대해 그러하니라(갈 6:14).

---

21 Edward Shillito, "Jesus of the Scars", *The Jesus Question*, posted October 28, 2013, https://thejesusquestion.org/2013/10/28/jesus-ofthe-scars-by-edward-shillito/.

분명히 세상은 죽지 않았지만, 우리는 이미 그것에 대해 죽었다. 헬무트 틸리케는 『역사의 드라마가 끝났을 때』(When the drama of history is over)에서 이렇게 말했다.

> 예수 그리스도는 무대에 홀로 서실 것이다. 역사의 모든 위대한 인물들은 그들이 단지 또 다른 사람이 연출한 드라마의 배우였었다는 것을 깨닫게 될 것이다.[22]

무대에 예수님이 홀로 서시고, 그분의 구속받은 백성들은 모두 그분 옆에 함께 있을 것이다.

추천 도서

『모두 함께 다름』(All Together Different)-브라이언 터커와(J. Brian Tucker)와 존 코슬러(John Koessler)

『믿음으로 구별: 복음주의 종교와 미국 인종 문제』(Divided by Faith: Evangelical Religion and the Problem of Race in America)-마이클 에머슨(Michael Emerson)과 크리스천 스미스(Christian Smith)

"버밍햄 감옥에서 온 편지"(Letter from a Birmingham Jail)-마틴 루터 킹 주니어(Martin Luther King Jr.)

『버밍햄 감옥에서 온 편지』(Letter from a Birmingham Jail)

『하나의 피: 인종과 사랑에 관해 교회에 보내는 이별』(One Blood: Parting Words to the Church on Race and Love)-존 퍼킨스(John Perkins)

『통일성 수용: 화해, 왕국 그리고 함께하는 강해지는 법』(Oneness Embraced: Reconciliation, the Kingdom, and How We Are Stronger Together)-토니 에반스(Tony Evans)

---

[22] Helmut Thielicke, The Waiting Father, quoted in Paul E. Little, Know What You Believe (Downers Grove, IL: InterVarsity, 2003), 184.

제10장

교회 문밖에 서 계신 예수님
(기도 없는 강단, 만족한 성도 그리고 영적 실명)

원크라이(OneCry) 사역은 그리스도인들을 교회, 우리나라 그리고 세계를 위한 기도라는 주제를 중심으로 통일하는 데 전념하고 있다. 그들의 서문에는 다음과 같이 적혀 있다.

> 무거운 마음으로, 우리는 미국의 교회가 영적 비상사태에 처해 있다는 것을 인정한다. 요한계시록에서 경고한 교회들처럼 우리는 미온적이고 타협하게 되었으며, 증인의 빛은 희미해졌다. 우리는 역사상 다른 어떤 신자들보다 더 많은 자원과 성경적 가르침을 접할 수 있음에도 불구하고 우리는 성령의 초자연적 능력에 의해 특징 지워지지 않는다고 고백한다. 그리고 우리는 상실과 붕괴하는 문화에 대한 그리스도의 광범위한 영향이 부족함을 인정한다.[1]

그리스도인들은 교회의 실제 영적 건강에 초점을 맞출 때다. 예수님의 눈과 고대 교회에 대한 그분의 평가를 통해 그것을 볼 수 있다. 이것은 오늘날 우리와 직접적인 관련이 있다. 그때와 마찬가지이며, 지금이 그때다.

---

1 "A Declaration of Spiritual Emergency", OneCry, https://onecry.com/join/.

우리는 세 가지 질문에 답을 찾는다.

첫째, 예수님은 왜 라오디게아 교회의 문을 두드리시며 그분을 다시 초대하라고 요청하셨을까?

둘째, 어떻게 그분을 교회와 개인의 삶으로 다시 초대할까?

셋째, 예수님은 영광스러운 초대를 받는 사람들에게 어떤 상을 약속하시는가?

이 장은 책망이자 희망과 격려다. 기억하자, 예수님은 우리에게 그분의 영광을 위해 필요한 모든 것을 공급할 준비가 되어 있으시다. 그렇다. 우리는 이 단어를 여러 번 읽었지만 가르칠 수 있는 마음과 열린 귀로 다시 읽어 보겠다. 그분은 우리에게 말씀하고 계신다.

> 라오디게아 교회의 사자에게 편지하라 아멘이시요 충성되고 참된 증인이시요 하나님의 창조의 근본이신 이가 이르시되, 내가 네 행위를 아노니 네가 차지도 아니하고 뜨겁지도 아니하도다 네가 차든지 뜨겁든지 하기를 원하노라. 네가 이같이 미지근하여 뜨겁지도 아니하고 차지도 아니하니 내 입에서 너를 토하여 버리리라. 네가 말하기를 나는 부자라 부요하여 부족한 것이 없다 하나 네 곤고한 것과 가련한 것과 가난한 것과 눈 먼 것과 벌거벗은 것을 알지 못하는도다. 내가 너를 권하노니 내게서 불로 연단한 금을 사서 부요하게 하고 흰 옷을 사서 입어 벌거벗은 수치를 보이지 않게 하고 안약을 사서 눈에 발라 보게 하라. 무릇 내가 사랑하는 자를 책망하여 징계하노니 그러므로 네가 열심을 내라 회개하라. 볼지어다 내가 문 밖에 서서 두드리노니 누구든지 내 음성을 듣고 문을 열면 내가 그에게로 들어가 그와 더불어 먹고 그는 나와 더불어 먹으리라. 이기는 그에게는 내가 내 보좌에 함께 앉게 하여 주기를 내가 이기고 아버지 보좌에 함께 앉은 것과 같이 하리라. 귀 있는 자는 성령이 교회들에게 하시는 말씀을 들을지어다(계 3:14-22).

본문을 있는 액면 그대로 받아들인 한 장면을 보자.

1. 목회자들을 위한 말씀

예수님은 각 편지에 "교회의 사자(천사)에게 …"라는 말로 시작한다.
"이 사자들은 누군가?"
이것은 실제 천사에 대한 언급이 아니라 메신저를 의미할 가능성이 크다. 분명히 각 교회에는 예수님의 편지를 신자들에게 보내는 전령이 있었다. 우리는 목사로서, 예수님에게서 우리 교회에 전달된 이 편지를 가장 먼저 생각해야 한다. 우리 목회자들은 현상을 유지하기보다, 즐겁고 희생적인 사역으로 교회가 잠재력을 발휘하도록 도와야 하는 소명이 있다. 속담에 있듯이 설교단의 상태는 교회의 상태다.

독일 핸드벨 합창단이 연주하는 콘서트에 참석했다고 이야기하는 친구가 있었다. 그때 술에 취한 사람이 걸어와 테이블에서 천을 휙 잡아당겨 핸드벨 합창단을 당혹스럽게 했다.

하지만 곡은 끊임없이 연주되었다!

사실 미리 프로그램된 음악이 스피커에서 울려 퍼진 것이다. 연주자들은 연주하는 동작만 하고 있었다!

그냥 동작만!

1) 그냥 다른 콘서트

나는 목사로서 종종 나 자신에게 물었다.

만약 하나님이 우리 교회 게시판에 기재되지 않은 일을 하고 싶어 하신다면?
우리는 목사로서 성령의 인도에 개방되어 있는가?
아니면 우리는 현재와 미래를 위한 신선한 바람 없이 과거에만 의존하고 있는 것일까?

곡을 연주하고 있는가?

아니면 그냥 흉내만 내고, 연주하는 것처럼 행동하고 있는 것인가?

지금부터 몇 가지 어려운 질문을 해 보도록 하겠다.

우리 중 소수의 교회만이 중독과 실패한 결혼생활에서 구출되는 교인들과 제멋대로인 자녀들이 하나님의 가족으로 돌아오는 것을 보는 이유는 무엇인가?

예수님은 그분의 편지에서 기도를 언급하지 않으셨지만 (잠시 후에 보겠지만) 기도는 회개에 대한 그분의 강조에 암시되었다.

나는 브루클린 태버너클(Brooklyn Tabernacle)의 짐 심발라(Jim Cymbala)에게 화요일 밤 기도 모임을 위해 교회 문이 열리기 전부터 사람들이 왜 교회 주변에 줄 서 있는지 물었다.

그는 이렇게 대답했다.

"만약 하나님이 기도에 응답하신다고 믿으면 하나님의 백성들은 기도할 것입니다."

하나님이 기도에 응답하신다고 믿으면!

나는 내 마음속 냉소주의에 대해 즉시 유죄판결을 받았다.

변화를 줄 거라 믿지 않아서 기도하지 않았던 적이 얼마나 되는가?

우리는 모두 응답받지 못한 기도로 환멸을 느끼고 그런 경험이 많다면 이렇게 말하고 싶은 유혹을 받는다.

"무슨 소용이 있나?"

우리는 응답받지 못한 모든 기도가 하나님께 더 직접 의지하도록 상기시키는 일이라는 것을 잊어버린다. 절망은 회개와 희망을 부른다.

설교가 사람들을 죄와 중독에서 구원한다면 우리는 아마도 거룩한 백성이 될 것이다. 그러나 성령의 기름 부음과 그리스도의 몸의 영향이 없는 설교, 성경 공부 그리고 세미나는 지속적인 결과가 없다. 결과적으로 신자들은 정서적, 영적 성장이 거의 없는 가운데 수년간을 보낸다. 그들은 같은 죄, 같은 행동 패턴, 같은 내적 및 외적 갈등과 씨름한다.

우리는 예수님이 이 교회에 주신 진단을 주의 깊게 듣는 것이 좋다. 그는 "아멘이시오, 충성되고 참된 증인이시오"(계 3:14)라고 말하면서 시작한다. 아멘이라는 단어는 충실함을 의미한다. 진실함을 의미한다.

예수님께서는 이렇게 말씀하실 것이다.

> 나는 네가 누구인지에 대해 진정한 분석을 할 것이다. 내 진단은 100퍼센트 정확하다. 나는 너 자신에 대한 진실을 말할 것이다. 특히 네가 보지 못하는 것들이지만 나에게 큰 의미가 있는 것들을 말이다.

'여호와의 증인' 친구들이 '태초에 하나님'이라는 문구가 '예수님이 창조되었다'라는 의미라고 주장하는 것은 틀린 것이다. 오히려 그 의미는 단순히 예수님이 창조자 하나님이시라는 뜻이다.

> 만물이 그에게서 창조되되 하늘과 땅에서 보이는 것들과 보이지 않는 것들과 혹은 왕권들이나 주권들이나 통치자들이나 권세들이나 만물이 다 그로 말미암고 그를 위하여 창조되었고(골 1:16).

A. W. 토저(A. W. Tozer)는 다음과 같이 썼다.

> 설교자가 진리를 설교할 때 듣고 자신의 삶에 적용하는 사람은 못 박힘과 찔림의 고통을 느낄 것이다. 그는 힘겨운 삶을 살지만, 영광스러운 삶을 살 것이다. 하나님이 그런 선지자들을 많이 일으키시기를 바란다. 교회는 그들을 절실히 필요로 한다.[2]

---

2   A. W. Tozer, *Of God and Men* (Chicago: Moody, 2015), 25–28.

아멘! 이제 우리의 창조주와 구세주이신 우리의 머리 되신 주님의 말씀을 들어 보자.

2. 교회 밖에 계신 예수님

교회를 사랑하고 자신의 영광을 위해 교회를 창조하신 예수님이 교회에서 환영받지 못하는 이유는 무엇인가?
왜 그는 밖에서 들여다보며 두드리시는가?

1) 인정받지 못한 미지근함

예수님은 교회의 영적 온도를 지적하셨다.

> 내가 네 행위를 아노니 네가 차지도 아니하고 뜨겁지도 아니하도다. 네가 차든지 뜨겁든지 하기를 원하노라. 네가 이같이 미지근하여 뜨겁지도 아니하고 차지도 아니하니 내 입에서 너를 토하여 버리리라(계 3:15-16).

우리가 구주의 입에서 토해진다고 상상해 보라!
이 구절은 종종 잘못 해석되었다. 예수님이 이런 의미로 말씀하셨다는 것이다.

> 네가 정말 뜨거웠으면 좋겠다. 그러나 네가 뜨겁지 않다면, 나는 네가 돌처럼 차갑게 죽었으면 한다. 하지만 내가 가장 싫어하는 것은 네가 미지근해지는 것이다.

그러나 나는 그것이 잘못된 해석이라고 생각한다.

몇 년 전 레베카와 나는 요한계시록 교회의 일곱 도시를 방문했다. 우리는 고대 라오디게아의 폐허를 걸었다. 우리는 고원에서 불과 몇 마일 떨어진 곳에 히에라폴리스(Hierapolis)가 있다는 사실을 발견했다. 히에라폴리스는 뜨거운, 사실상 끓고 있는 큰 호수로, 아직 흔적이 남아 있는 수로를 통해 뜨거운 물이 라오디게아로 내려왔다. 그러나 도시 반대편에는 골로새 방향에서 흘러들어오는 찬 물줄기가 있었다.

예수님은 뜨거운 물과 차가운 물을 모두 받아들일 수 있다고 말씀하셨다. 뜨거운 물은 당신을 치유한다. 찬물은 당신을 상쾌하게 한다. 둘 다 필요하며 둘 다 축복이다. 무기력하고 절망적인 사람들을 치유할 수 있도록 뜨거워져야 한다. 지친 사람을 새롭게 할 수 있도록 차가워야 한다.

둘 중 하나가 되고 미지근하지 마라. 그렇지 않으면 입에서 너희를 토해낼 것이다.

우리 교회 중 많은 교회는 미온으로 넘쳐나고 있는데, 무관심, 자기 만족, 그리스도에 대한 열정 부족, 절박함의 부족으로 정의될 수 있다. 많은 사람이 더는 기도회를 하지 않는다. 간증하는 사람은 거의 없다. 한 교회 신자가 내게 말한 것처럼, "우리 교회에서는 우리 시의 축구팀이 이기고 있는 한, 다른 것은 중요하지 않다."

사도행전에 있는 교회를 떠올려 보라. 그들은 로마 원로원에 아무런 대표도 없었다. 그들은 예루살렘의 통치자들 사이에서 영향력을 행사하지 않았다. 정치적으로는 무력했지만 무시할 수는 없었다. 때로는 영적으로 죽어 있는 사람들에게 생명을 불어넣는 뜨거운 물줄기 같았다. 다른 때는 사람들이 되살아날 수 있는 차가운 분수 같았고 그리스도를 위해 그들의 증언을 계속할 용기를 찾을 수 있었다.

오늘날 복음주의자들인 우리는 우리의 문화에 겁을 먹고 있다. 이미 강조했듯이, 우리는 누구에게도 기분 상하게 하고 싶지 않다. 우리는 우리를 힘들게 하는 법원의 결정 또는 우리를 마치 정처 없는 통나무처럼 떠내려가게 하는 문화적 흐름에 저항하는 태도를 보이고 싶어 하지 않는다. 우리는 말해야 할 때 침묵한다. 우리는 행동해야 할 때 수동적이다.

예수님이 우리에게 빛과 소금이 되라고 하셨지만, 우리는 거의 그렇지 않다. 소금이 그 맛을 잃으면 "사람들의 발밑에 버려져 짓밟힌다"(마 5:13). 그리고 빛이 깜박이고 희미해지면 어둠이 군림한다.

예수 그리스도의 교회가 세상에 가장 좋은 희망이라는 것을 우리는 잊었단 말인가?

오히려 우리의 고난을 충실함의 시험으로 보기보다는 약하고, 분노로 들끓거나, 절망으로 무너지는 것으로 보는 듯하다.

고대 라오디게아는 오늘날 폐허가 되었다. 그 돌들 사이를 걸으면서 나는 "예수님이 입에서 토해진 교회의 모습"이라고 생각했다. 물론 나는 역사적으로 그것이 완전히 정확하지 않을 수도 있다는 것을 안다. 왜냐하면, 예수님이 이 편지로 지시한 교회가 회개했을 수도 있기 때문이다. 그러나 장기적으로 보면 라오디게아의 빛은 수세기 동안 꺼져 왔다고 말할 수 있다. 온수와 냉수가 도시로 유입된 육교의 흔적을 볼 수 있다. 오늘날은 가루가 되어 있을 정도로 건조하다. 도시를 축복했던 개울이 사라진 지 오래되었다.

예수님은 그들을 미지근함, 무관심, 세상의 의제에 대해 심판하셨다. 그들은 교회 내에서는 미지근했지만 그들의 문화의 가치를 받아들일 때는 생기가 넘쳤다.

2) 재물에 만족한 교회

예수님은 계속해서 말씀하셨다.

> 네가 말하기를 나는 부자라 부요하여 부족한 것이 없다 하나 네 곤고한 것과 가련한 것과 가난한 것과 눈 먼 것과 벌거벗은 것을 알지 못하는도다(계 3:17).

이 교회는 마을 교회였다. 그들은 '부유한' 매력적인 사람들이었다. 그들은 거의 자급자족했다. 라오디게아는 중요한 무역로의 교차로에 있었다. 그래서 그 도시는 바로 근처의 다른 도시들보다 더 번영했다. 사실, 근처는 세계 치유의 중심지였다. 그들은 눈의 퇴화를 막기 위한 온천과 고약이 있었다.

이런 약용 요법은 그들을 유명하고 부유하게 했다.

직물에 관해 이야기해 보자!

그들은 그 지역의 특산품인 옷, 양탄자, 특별한 라오디게아 옷을 가지고 있었다. 그들은 잘 차려입었다.

왜 아니겠는가?

하나님의 축복과 번영의 약속을 누리지 않겠는가?

그러나 예수님은 항상 그들 자신에 대한 진실을 말씀하겠다고 하셨다.

> 네가 … 곤고한 것 … 가련한 것 … 가난한 것 … 눈 먼 것 … 벌거벗은 것 … (계 3:17).

복음주의자들은 미국의 삶의 방식과 기독교의 삶의 방식을 구별하지 않은 것 같다. 분명히 번영은 모든 존경할 만한 복음주의 그리스도인의 권리로 간주된다. 나는 나와 내 가족이 번영하는 중산층 생활을 살았으며 특별히 빈곤한 적이 없었음을 처음으로 확인했다. 그러나 나는 예수님의 이 말씀에 사로잡혀 나 자신에게 묻는다.

어느 정도의 편안한 생활양식이 내 마음과 사랑의 참된 상태를 눈멀게 했는가?

최근에 우리는 체코를 방문했는데, 공산주의가 몰락하기 전에는 교회가 활기찼다고 들었다. 성도는 많지 않았지만, 자신의 믿음을 타협하지 않았고 그리스도께 충실했다. 그들의 헌신은 그들의 기도와 기독교 공동체를 통해 강화되었다. 안타깝게도 공산주의의 붕괴 이후 교회의 초점은 사라지고 번영하는 젊은 세대는 기독교, 성경, 복음 자체에 거의 무관심하다. 그들은 돈을 벌고, 세상을 즐기고, 한마디로 번영하는 문화의 일부가 되느라 바쁘다. 그들은 미국인처럼 살고 싶어 한다.

미국에서 수년 동안 번영하면서 교회와 기독교 사역에 부모 세대만큼 충성스럽지 않은 젊은 세대가 탄생했다. 많은 사람이 저급한 영화나 다른 성적 생활방식 그리고 다양한 교리적 타협을 거부할 소지가 작다. 그런 사람들은 스스로 흡수한 문화에 매료되었다. 미국 문화를 잘 살펴보면 당신은 우리 '교회 문화'를 보게 된다.

예수님은 육체적 가난이 반드시 하나님과 영적으로 더 활기찬 관계로 이어진다고 가르치지 않으셨다. 그러나 그는 번영하는 문화에서는 참 예배자들을 키우는 것이 거의 불가능하다고 경고하셨다. 부자가 천국에 들어가는 것은 가능하지만 어렵다. 오늘날 그리스도인의 삶의 방식은 미국의 삶의 방식이다. 좀 더 명확하게 말하면, 우리가 바로 그 문화다.

윌버 리스(Wilbur Rees)는 그의 저서 『3달러어치의 하나님』($ 3.00 Worth of God)에서 위험 없는 공짜 믿음을 다음과 같이 설명했다.

하나님을 3달러어치만 사고 싶다. 내 영혼을 폭발시키거나 잠을 깨우기는 정도는 필요없고, 따뜻한 우유 한잔이나 햇살 아래에서 잠을 잘 수 있을 만큼이면 충분하다. 나는 하나님이 나에게 흑인을 사랑하게 만들거나, 이민자와 함께 사탕무를 따도록 할 만큼 그를 원치 않는다. 나는 변화가 아닌 황홀경을 원한다. 나는 새로운 탄생이 아니라 자궁의 온기 정도만 원한다. 나는 영

원한 1파운드의 봉투를 원한다. 나는 3달러어치만 하나님을 사고 싶다.[3]

하나님을 3달러어치만!

우리는 병원이라기보다 컨트리클럽에 가깝다. 우리는 사실 두 세계 중 가장 좋은 것을 가질 수 있다고 말했다. 이쪽은 이 땅, 저쪽은 천국을 즐길 수 있다. 당신이 지상에 있는 동안 여러분의 유일한 책임은 일요일에 교회에 참석하고 '감명받은' 만큼 기부한 다음, 자녀를 교회학교와 캠프에 보내는 것이다. 그런 사람은 예수님이 이렇게 말씀하시기를 기대한다.

"잘했다!"

"너는 3,345개의 설교를 들었기 때문에 너는 선하고 충성된 종이다!"

그러나 예수님은 우리에게 "너희는 부자라고 자부하지만, 나는 너희를 가난하고 벌거벗은 사람으로 본다"라고 말씀하셨다. 많은 텔레비전 설교자가 가르치는 이른바 번영의 복음이 교회가 사명에서 벗어나게 만드는 사악한 계획이라고 해도 억지는 아닐 것이다. 이 가르침은 신자들을 세상의 욕망으로 유인하고 그들이 주님을 섬기고 있다는 환상을 갖게 한다.

그런 가르침은 이란, 이라크, 이집트에서 순교하는 그리스도인들에 대해 어떻게 말할까?

박해, 순교 그리고 치유를 위한 응답 없는 기도의 신학은 어디에 있는가?

라오디게아 교회는 부유해서 자신들이 영적으로 잘하고 있다고 착각했다. 그래서 그들은 예수님께 책망을 들었다. 그런 환상은 분명히 사라진다.

하지만 최악의 진단은 아직 오지 않았다.

---

[3] Wilbur E. Rees, *$3.00 Worth of God* (Valley Forge, PA: Judson Press, 1971).

3) 자기 기만의 교회

이제 우리는 문제의 핵심에 도달한다. 우리는 이미 자기 기만의 개념을 도입했지만, 예수님은 그것을 분명히 밝히셨다. 교회는 스스로 "재물이 증가하고 있으므로 아무것도 필요하지 않다"라고 생각했다. 반대로 예수님은 "너희는 비참하고 불쌍하며 가난하고 눈이 멀고 벌거벗은 사람이라는 것을 깨닫지 못한다"라고 말씀하신다.

이 그리스도인들은 솔직히 예수님과는 전혀 다르게 보았다. 예수님은 그들이 매우 뜨겁다고 생각할 때, 미지근하다는 사실을 지적하셨다.

감사합니다!

예수님은 스스로 부유하다고 생각한 그들을 가난하다고 말씀하셨다. 그들은 회개할 이유를 전혀 찾을 수 없었다. 그들의 성적표는 그들이 매우 잘하고 있다고 말했다.

"돈도 충분하고 친구도 충분하고 교회도 안정적이야!
3달러어치이 하나님이시여!"
예수님은 그들에게 이렇게 말씀하셨다.

> 네 곤고하고 가련하고 가난하고 눈멀고 벌거벗은 것을 알지 못한다(계 3:17).

예수님의 말씀을 번역해서 우리 자신에게 적용하자.

"우리가 비참하고 거지 같다는 것이 무슨 소리야?
우리가 돈이 없나?
우리가 최신 기술을 사용하지 않는가?
우리 교회가 성장하지 않는가?
우리는 도시에서 존경받지 못하는가?
비참하고 거지 같다니, 무슨 소리지?"

예수님은 아직 끝내지 않으셨다.

"그리고 너는 시각 장애인이고 벌거벗은 상태다."

우리가 시각 장애인이라고?

라오디게아 교인들은 아마도 예수님께 길 건너편에 퇴행성 시력을 가진 사람들이 더 잘 볼 수 있도록 도와주는 치유 센터에 연고가 있다는 것을 상기시켰을 것이다(계 3:18). 그러자 예수님이 말씀하셨다.

"그래, 시각 장애인아 연고를 사서 바르거라."

그리고 또 "너는 벌거벗었다."

우리가 이런 응답을 들어야 하나?

"우리가 알몸?"

우리는 모두 라오디게아 최고의 옷을 입고 있다. 우리는 다른 도시들 사람들이 갖고 싶어 하는 옷을 입었다. 우리 코트에는 다른 사람들이 탐낼 수밖에 없는 상표가 있다. 그러나 예수님은 "그렇지만 너희는 벌거벗었어"라고 말씀하셨다.

그들의 문제?

그들은 그들 자신의 의견이 있었고, 예수님은 다른 의견을 가지고 계셨다. 그들은 교회의 성공에 만족하였고, 예수님은 그들에게 낙제점수를 주셨다. 그들이 있는 그대로의 사물을 보지 못하도록 하는 것은 그들의 영적 실명 때문이었다. 그들이 원하는 방식으로만 사물을 볼 수 있었다. 무디신학대학교 목회자 회의에서 우간다의 한 목사는 "우리 교회는 이 끔찍한 학살을 겪을 때까지 기도하지 않았다"라며 자신의 나라에서 일어난 대재앙에 관해 이야기했다. 그런 다음 그는 청중인 우리에게 물었다.

"당신네 미국인들은 절망의 때에 하나님을 찾을 것인가?

아니면 황폐해졌을 때 하나님을 찾을 것인가?"

나는 당신이 황폐할 때가 아니라 절망적 일 때 소망을 갖고 나와 함께하리라고 확신한다. 예수님은 우리가 외적인 것을 보고 판단한다는 것을 상기시켜 주신다. 그분은 우리의 마음을 판단하신다. 그분은 그분에 대한 우리의 사랑으로 우리를 판단하신다. 그분은 우리 내면을 보시고 이렇게 말씀하시는 것 같다.

> 교회 안에 있는 내 공간이 다른 관심사에 의해 묻혀 있는 것 같아서 문밖으로 나왔다. 나는 너희를 떠나지 않았다. 문밖에서 기다린다.
> 다시 초대하라!

3. 예수님을 다시 교회로 초대

예수님은 우리를 그곳에 홀로 남겨 두지 않으신다. 예수님은 어떻게 그분을 우리 교회로 다시 초대할 수 있는지 말씀하신다.

그들의 가난을 위해 그는 특별한 금을 제공하신다.

> **불로 정련한 금을 내게서 사라**(계 3:18).

예수님은 시장 언어를 사용하신다.

"나랑 거래하자!"

구원은 살 수 없다. 그분의 정련된 금은 회개한 자에게 무료로 제공된다. 그분은 우리가 진정한 부유함, 영적 자원을 경험하도록 그분께 오라고 말씀하신다.

그리고 예수님과 거래를 할 때, 우리는 그분의 '재물'이 실제로 얼마나 많은지, 또 그것이 무료라는 것에 놀랄 것이다!

다윗은 이렇게 고백했다.

> **금 곧 많은 순금보다 더 사모할 것이며 꿀과 송이꿀보다 더 달도다**(시 19:10).

'정련된 금'은 예수님 자신을 가리킨다.

"너희는 나보다 돈에 더 많은 가치를 두는구나. 네가 이 세상의 일을 나보다 소중하게 여기면, 내 입에서 너를 토해 낼 것이다."

"내 금으로 너희는 정말 부자다."

그들의 눈이 멀었기 때문에 그분은 그들에게 "안약을 사서 눈에 발라 보게 하라"(계 3:18) 라고 권고하신다.

뭘 보라고?

우리 자신을 이해하려는 것이 아니라 우리 자신을 있는 그대로 본다. 마침내 우리는 지금까지 몰랐던 자아도취와 자부심을 인정한다. 우리는 부패가 우리 삶에서 거의 논란의 여지 없이 자라도록 허용했음을 인정한다. 그들의 벌거벗음 때문에 그분은 그들에게 특별한 옷을 주셨다.

흰옷을 사서 입고 벌거벗음의 수치심이 보이지 않게 하여라(계 3:18).

의로움의 의복은 물론 회개의 정화이기도 하다. 예수님은 우리가 우리 자신에게 보이는 것이 아니라 그분께 보이는 그대로 우리를 보신다.

우리 삶과 교회의 모든 숨겨진 수치가 드러날 것이라고 상상할 수 있겠는가?

고맙게도 우리는 우리의 모든 무지함을 다른 사람들에게 노출할 필요가 없지만, 회개는 우리의 모든 더러움을 용서하시고 깨끗하게 해 주실 수 있는 예수님께 드러내는 것을 의미한다.

얼마나 아름다운 광경인가!

예수님이 이 교회와 우리의 영적 필요에 대한 완전한 답을 가지고 계신다는 사실을 놓치지 마라. 반복해서 말하면, 그분은 그들의 가난 때문에 금을 가지고 계시고, 그들의 눈이 멀었기 때문에 안약을 가지고 계시며, 그들의 벌거벗음 때문에 옷을 가지고 계신다.

1) 열심 있는 회개

예수님은 아직 끝내지 않으셨다.

> 내가 사랑하는 자를 책망하여 징계하노니 그러므로 네가 열심을 내라 회개하라(계 3:19).

우리가 뉘우쳐야 할 것이 무엇인가?

회개하는 데 드는 비용, 우리 자신을 넘어 이웃, 동료, 친구, 친척들을 보는 데 드는 비용이 있다. LGBT 이웃이나 길 아래쪽에 있는 무슬림 가족을 사랑하는 데는 비용이 들 수도 있다.

나는 여기 이 성경 구절에서 말씀하지 않았지만 몇 가지 제안이 있다. 나는 성경의 다른 우선순위에서 정당화될 수 있다고 믿는다. 이것은 단지 또 다른 '할 일' 목록이 아니라는 것을 이해해 주기 바란다. 진심 어린 회개 없는 새로운 결심은 아무 의미가 없다. 나는 우리가 우리의 마음을 돌아보는 데 자극받도록 이것들을 나열하고자 한다.

첫째, 소음이 너무 많고 시끄럽다. 비디오와 이메일이 너무 많고 텔레비전 프로가 너무 많다. 개인 예배와 말씀 묵상을 위해 정기적으로 소음을 끄도록 하자.

둘째, 우리는 너무 많은 자기 홍보와 자아도취를 하고 있으며, 질책받지 않는 탐욕, 자부심, 개인주의를 가지고 있다. 상처받은 사람, 가난한 사람, 외로운 사람의 삶에 의도적으로 참여하자.

셋째, 우리는 인종적, 성적으로 또는 종교적으로 다른 사람들에 대한 독선과 우월감을 너무 많이 가지고 있다. 모든 사람이 하나님의 형상대로 창조되었기 때문에 하나님이 사람을 보시는 것처럼 우리도 그렇게 보도록 구하자. 그리고 그들과 친구가 되자.

넷째, 우리는 구원받은 자와 구원받지 못한 자들 모두를 위해 너무 적은 기도를 했고, 너무 적게 울었다. 하나님에 대한 열정은 너무 적고 우리 자신의 일정과 관심사에 대한 열정이 많다. 우정을 통해 다른 사람들의 영적 여정을 도우면서 증거하자.

다섯째, 우리는 돈과 시간에 너무 이기적이다. 우리가 하나님의 왕국에 바치는 작은 것은 우리에게 개인적 만족감을 줄 수 있지만, 우리를 향한 하나님의 너그러움을 나타내지 않는다. "주는 것이 받는 것보다 복이 있다"라는 예수님의 말씀을 증명하자.

여섯째, 그리스도인 부부이지만, 그들의 갈등이 해소될 기미가 없는 위기에 처한 가정이 너무 많다. 우리 자신의 결혼에 우선권을 주고, 상처받는 사람들, 이혼한 사람들, 미혼모, 외로운 아이와 친구가 되자.

일곱째, 우리는 인종적으로, 경제적으로 그리고 민족적으로 연합하는 데 너무 적은 노력을 기울이고 있다. 우리 교회 안팎에서 다른 사람들과 교제하고 배우고 듣기 위해 의도적으로 우정을 쌓자.

예수님은 우리가 회개에 대한 열심을 가져야 한다고 말씀하셨다. 회개는 단순한 사건이 아니라 삶의 양식이다. 그것은 우리가 하나님께 전적으로 의존하고 있음을 매일 인정하는 것이다. 날마다 그리스도를 위해 사는 것이 은혜를 받는 길이다. 회개와 믿음에 초점을 맞춘 기도 모임이 필요하다. 회개는 우리의 빛은 달의 빛처럼 빌려온 것임을 기억하는 것이다.

하나님 앞에서 회개하면 사람들을 향한 관심에 예민함을 갖게 된다. 하나님에 대한 무관심은 다른 사람들에 대한 무관심으로 이어진다. 우리는 그리스도를 위해 미국을 이겨야 한다고 하지만, 사실 우리는 한때 우리가 알고 있던 미국이 사라진 것에 자만하고 분개한다. 우리는 다른 사람들을 친절하게 대하지 않는다. 무디신학대학교의 전 회장인 조지 스위팅(George Sweeting)은 한 여성이 목사에게 이렇게 말했다고 한다.

"내 삶에 문제가 있다는 것을 알고 있지만 그게 뭔지 모르겠습니다."

이에 그녀의 목사는 이렇게 대답했다.
"그냥 무릎을 꿇고 기도해 보세요!"
우리는 마음 깊은 곳에 회개해야 할 것을 있다는 사실을 분명히 안다. 1980년대 초 안와르 사다트(Anwar Sadat)가 이집트에서 암살당했을 때 빗발치는 총성에 죽은 사무엘 주교는 내 친구에게 기독교가 북아프리카를 어떻게 정복했는지를 말했다.

> 그리스도인들은 소외되었고, 현장에서 일하거나 쓰레기를 모으는 등 가장 힘든 직업을 갖게 되었다. 전염병이 왔을 때, 시체들은 쌓여서 불에 탔다. 그런데 기회가 있을 때마다 그리스도인들은 시체를 씻고 묻으며 부활에 비추어 볼 때 악인조차도 올바른 매장을 할 권리가 있다고 주장했다.

그들은 우리처럼 낙태하지 않았지만, 누군가가 원하지 않는 아기들은 거리나 골목에서 굶겨 죽였다. 교회는 버려진 아기들을 찾기 위해 "아기 돌봄"(baby runs)을 조직했다 물론 당시에는 우유병이 없었기 때문에 아기들은 수유모에게 데려갔다. 그리고 이교도들은 물었다.
"그 모든 사랑은 어디에서 오는가?"
키프리아누스(Cyprian)는 전염병이 창궐한 상황에서 그리스도인들이 다른 사람들을 위해 자신의 목숨을 걸고 희생할 의지를 보여 주기 때문에 북아프리카에서 교회가 부흥했다고 말했다. 이교도들이 본 또 다른 사실은 그리스도인들이 소망 가운데 죽었고, 그 때문에 이교도들은 그 모든 희망이 어디에서 왔는지 궁금해했다. 기독교 장례식에 참석한 이교도들은 "승리한 듯, 죽은 자들을 데리고 갔다"고 말했다. 세상이 우리보다 더 많고, 우리를 즐겁게 하고, 더 많은 재정을 늘릴 수 있게 하지만, 그것이 우리를 더 사랑할 수 있다고 결코 말해서는 안 된다.
왜냐하면, 하나님의 사랑은 성령님에 의해 우리 마음에서 우리에게 주어진 사람들에게로 흘러나가기 때문이다. 예수님은 우리의 회개, 즉 우리가 하는 모든 일에서 겸손하게 그분을 높이지 않으면 우리 교회에서 편안함을 느끼지 못하실 것이다. 그분에 대한 우리의 사랑은 그분을 다시 환영하는 것이다.

4. 응답하는 자에 대한 보상

예수님은 이 편지를 교회 전체에 지시하셨지만, 실제적인 호소는 개인에게 있다.

> 누구든지 내 목소리를 듣고 문을 열면 내가 그에게로 들어가서 그와 함께 먹고 그가 나와 함께 먹을 것입니다(계 3:20).

누군가 내 목소리를 듣고 문을 열면 … , 당신의 교회는 예수님을 진지하게 다시 초대한다는 생각에 개방적이지 않을 수 있더라도, 당신은 마음속에서 완전한 교제를 위해 개인적으로 그분을 초대할 수 있다.
"내가 그와 함께 먹고 그는 나와 함께 먹을 것이다."
중동에서는 그런 식의 식사 교제는 친한 친구를 위한 것이었다. 나는 내가 그리스도와의 교제를 원하지만, 그분이 나와의 교제를 원하신다는 것은 놀라운 일이다.
존 스토트가 이렇게 말했다.

> 그분이 우리 집에 오실만한 자격이 우리에게는 없다. 그런데 그분이 우리 식탁에 앉으시다니![4]

---

4   John Stott, "What Christ Thinks of the Church", in *Preaching for Today* (Grand Rapids: Eerdmans, 1959), 124.

그 그림은 공유된 기쁨 중 하나다. 그리고 예수님은 아직도 끝내지 않으셨다. 일곱 편지에서 그분은 "이기는 자"에 대해 말씀하셨다.

그러면 그리스도인은 모두 이기는 자인가?

많은 신학자가 이 약속을 바탕으로 "예"라고 대답한다.

> 하나님에게서 난 모든 사람은 세상을 이긴다. 이것은 세상을 이긴 승리다. 우리의 믿음이다(요일 5:4).

한 가지 면에서는 그렇다. 그리스도인은 하늘에 도착한다는 의미에서 모두 이기는 자(정복자)이다. 그러나 나는 자신과 죄를 위해 산 그리스도인이 이 구절에서 묘사된 것처럼 이기는 자라는 것은 상상할 수 없다.

모든 그리스도인이 똑같이 보상을 받지는 않을 것이다. 바울은 그리스도인들에게 이렇게 경고했다.

> 우리는 모두 그리스도의 심판대 앞에 나타나서 각 사람이 선하든 악하든 몸으로 행한 일에 대해 합당한 것을 받을 수 있도록 해야 한다(고후 5:10).

다른 곳에서 바울은 나무나 풀이나 짚의 터 위에 목숨을 건 그리스도인들에 대해 전한다. 그리고 그런 사람들은 결국 구원을 받을 것이지만, 또한 이 땅의 삶에 대한 평가를 받을 것이다.

> 누구든지 그 공적이 불타면 해를 받으리니 그러나 자신은 구원을 받되 불 가운데서 받은 것 같으리라(고전 3:15).

천국의 모든 사람이 기쁨으로 가득 차서 하나님께 영광을 돌릴 것이라고 믿는다. 그러나 어떤 전구가 다른 전구보다 더 많은 빛을 내는 샹들리에처럼 하늘에서는 더 큰 신실함에 대해 더 큰 보상을 받을 것이다. 훌륭한 신학자들은 나의 의견에 동의하지 않지만, 나는 모든 그리스도인이 예수께서 정복자들에게 하신 약속, 즉 우리의 상상을 초월하는 약속을 상속받으리라 생각하지 않는다.

> 이기는 그에게는 내가 내 보좌에 함께 앉게 하여 주기를 내가 이기고 아버지 보좌에 함께 앉은 것과 같이 하리라(계 3:21).

왕좌는 정복, 권위, 책임의 상징이다. 그리고 그 보좌는 구속받은 신자들과 공유된다!

예수님은 정말로 우리가 정복하면 그분과 함께 그분의 보좌에 앉을 것이라고 말씀하시는 것인가?

그렇다. 바로 그 말씀이다. 그분은 우리를 지옥에서 구해 그분의 궁전으로 우리를 들어 올리신다. 그분은 우리의 진흙을 닦으시고 우리에게 대리석 위를 걸으라고 초대하신다. 이것은 우리가 신이 된다는 뉴에이지 개념과는 아무런 관련이 없다. 그것은 과분하고 이해할 수 없는 은총과 관련이 있다.

5. 성령의 말씀을 듣자

이 편지의 결론을 주의 깊게 살펴보자. 예수님은 초기 교회의 하나인 라오디게아 교회에 편지를 쓰셨다. 그러나 그분은 우리 모두에게 이렇게 말씀하신다.

> 귀 있는 자는 성령이 교회들에게 하시는 말씀을 들을지어다(계 3:22).

교회가 복수형으로 표현된 것도 잊어서는 안 된다. 이것은 모든 시대의 모든 교회를 위한 그리스도의 말씀이다. 이것이 우리에게 보내는 그분의 편지다.

나는 9·11에 비행기가 펜타곤에 충돌했을 때에 관한 기사를 읽었다. 큰 방 중 하나가 연기로 가득 차고 불길이 다가오고 있는 상황에서 사람들은 방향을 잃고 출구를 찾을 수 없었다. 그러나 문을 찾은 한 사람이 계속 외쳤다.

"내 목소리를 따라오세요, 내 목소리를 따라오세요!"

그래서 사람들은 짙은 그을음과 연기에 눈을 뜰 수 없었지만, 안전지대로 이끄는 목소리를 따랐다.

국가적 혼란과 필요의 시기에 우리를 이끄는 목소리를 들을 수 있을까?

"성령이 교회들에게 하시는 말씀을 듣는 사람은 복이 있다!"

예수님, 우리는 당신을 우리 교회로 다시 초대합니다!

제11장

바벨론에서 살아남을 교회
(적대적인 문화에서의 우세)

"예상대로 그런 일은 일어나지 않았을 뿐이라고!"

2017년 12월 3일 일요일 미시간주 폰티악에 수천 명의 사람이 모여 1975년 문을 연 거대한 경기장 디트로이트 실버돔의 철거를 목격했다. 이제 노후화된 시설로 더는 사용되지 않게 되어 귀중한 땅을 매립하기 위해 건물을 철거해야 했다. 폭발물은 각 강철 기둥 근처에 놓였고, 관중은 정확히 오전 8시 30분에 경기장이 무너지는 광경을 보기 위해 모였다.

다이너마이트가 폭발하는 순간, 경기장 바닥에서 먼지와 파편이 튀었지만 놀랍게도 그 구조물은 그대로 서 있었다. 강철 빔은 손상되었지만, 여전히 경기장을 똑바로 유지할 수 있었다. 한 관찰자는 이렇게 말했다.

"너무 튼튼하게 잘 지어졌다!"

예수 그리스도의 교회는 철거하기에는 '너무 잘' 지어졌다. 그것의 기둥은 우리가 믿는 것보다 더 강하다. 아마도 미국 복음주의 교회의 죽음은 과장된 것일 것이다. 비록 몇몇 예언자들이 우리의 약점과 영향력 부족에 대해 허풍을 떨고 있지만, 복음주의의 기둥은 예상보다 강할 수도 있다.

우리는 싸우지 않고 쓰러지거나 사라지는 것이 아니다. 교회의 토대는 대중문화나 비판자 그리고 우리가 어떻게 살아야 하는지를 우리에게 말할 권리가 있다고 믿는 엘리트들에 의해 파괴될 수 없다.

우리의 최악의 적은 우리 자신일지도 모른다.

존 디커슨은 『위대한 복음주의 퇴보』(*The Great Evangelical Recession*)에서 이렇게 말했다.

> 미국의 복음주의 나무는 수세기 전에 심겼다. 미국 복음주의는 뿌리가 깊은 참나무다. 교육, 개혁, 자유, 발명, 직업윤리, 지략, 부와 과학의 나무들이 복음주의 안에서 자라났다.[1]

그러나 그는 우리에게 두 개의 힘이 오래되고 강한 나무를 죽인다는 것을 상기시킨다. 그 안에 있는 생기는 질병으로 시들어진다. 그리고 물론 폭풍과 산불이 있다.

거기에는 생기를 잃게 하는 많은 질병이 있다.

성경 교리의 공동화, 교인들 사이의 갈등 그리고 우리가 우리에게 주어진 중요한 책무를 느끼지 못하는 긴급성과 실패. 이 모든 것은 많은 그리스도인이 아일하고, 기부에 인색하며, 자신 너머는 보지 못한다는 증거이다. 게다가 독선적이고 투명성이 부족해서 우리가 해야 할 일에 영향력을 미치지 못한다.

그리고 교회가 신앙에서 벗어나 공개적인 반역 속에 사는 회원들을 징계하지 않으려고 한다. 요컨대, 우리는 취약해서 우리 자신의 나무를 썩힌다. 한 목사는 교회가 "폭풍이 없으면 안에서 악취를 맡을 수 없다"라는 점에서 노아의 방주를 연상시킨다고 말한 적이 있다.

차분하게 이야기해 보자. 많은 사람은 우리가 역사상 가장 빠른 문화의 변화를 목격하고 있다고 믿는다. 존 디커슨은 다음과 같이 쓰고 있다.

---

1 John S. Dickerson, *The Great Evangelical Recession* (Grand Rapids: Baker, 2013).

> 문화는 전형적인 세계사의 변화보다 더 빨리 변화하고 있다. 기술 발전이 가속화됨에 따라 10년 후에는 훨씬 더 빠르게 변화할 것이다. 그 결과, 미국 문화가 우리 생애 동안 얼마나 빨리 지진을 일으키며 재편될지 예측할 수 없다.[2]

바르나도 동의한다.

> 우리 사회가 발전한 역사적 토대는 심각한 도전에 직면해 있다. 예수님이 이 자리에 그분의 대사로 임명하고 싶어 하시는 그런 그리스도인이 되기가 쉽지 않다.[3]

어떤 교회가 끊임없는 폭풍, 홍수, 화재에 맞서서 서 있을 수 있을까? 심각한 고난이 올 때, 마침내 교회가 정치적, 사회적, 종교적 반대를 견뎌 내도록 던져졌을 때 서 있을 기둥들은 무엇인가?

1. 최종 타격에도 서 있는 기둥

1) 건물이 아닌 사람

살아남은 교회는 건물이 아니라 사람들에게 투자해야 한다.

7세기에 이슬람 군대가 사실상 기독교를 무너뜨리고 북아프리카를 휩쓸었을 때, 교회는 건물, 사제 의식 그리고 지도자 계층 구조로 인식되고 있었다. 기독교 상징을 파괴했을 때 남겨진 몇 안 되는 기독교인들은 살아

---

2 Dickerson, *The Great Evangelical Recession*, 42.
3 George Barna, *Futurecast: What Today's Trends Mean for Tomorrow's World* (Carol Stream, IL: Tyndale, 2012), x.

남을 수 없다는 것을 알게 되었다. 교회는 흔적도 없이 사라졌다.

교회는 건물 없이도 살아남을 수 있지만, 헌신적인 성도 없이는 살아남을 수 없다.

헬무트 틸리케는 제2차 세계대전 당시 그의 집과 교회가 잔해로 전락하는 동안 지켜본 이야기를 한 적이 있다. 그의 손에는 폐허가 된 건물의 열쇠가 남아 있었다. 건물은 사라졌지만 살아남은 그의 성도들은 진정한 교회를 구성했다. 즉, 하나님이 그분의 이름을 위해 증인으로 부르시는 사람들이다. 진정한 교회는 건물을 파괴한 폭탄으로도 파괴되지 않았다.

나는 우리가 교회 건물을 팔거나 보증이 있더라도 새 건물을 짓지 말아야 한다고 말하는 것이 아니다. 내 말은 우리가 건물 밖에서 생각하고 질문하는 것이 더 낫다는 것이다.

교회가 면세 자격을 잃으면 어떻게 될까?

여러 사역에 대한 기부가 줄고 더는 청구서를 지급할 수 없다면 어떻게 될까?

교회가 동성 커플의 결혼을 위해 시설을 사용하지 않으면 막대한 벌금을 내야 한다면 어떻게 될까?

더 많은 그리스도인이 소외되고 일자리를 잃고 교회에 대한 지원이 급락하면 어떻게 될까?

우리는 틀 밖에서 생각하고 질문해야 한다.

회원 대다수가 그리스도를 위한 유지비가 너무 많다고 생각할 때 남은 자들은 어떻게 살아남을까?

그리고 위험은?

2) 군중이 아닌 공동체

몇 년 전 내가 캘리포니아에서 연설을 할 때 친구들이 나를 데리고 가서 하늘 높이 똑바로 자라는 삼나무를 보여 주었다. 나는 이 인상적인 나무들에 관해 뭔가를 배웠다. 삼나무 뿌리는 상대적으로 깊이 내리지 않고 서로 연결되어 있다. 땅 아래에서 본다면, 숲 전체에 걸쳐진 거대한 거미줄처럼 보일 것이라고 들었다. 이것은 큰 장점이 있다. 각 삼나무는 물과 영양 공급을 위해 서로에 다소 의존한다.

한 나무 주위가 건조하면 수분이 많은 지역의 나무가 물과 영양을 공급한다. 삼나무는 개별적으로 심으면 잘 자라지 않을 것이다. 그들은 안정과 힘을 위해 서로를 필요로 한다. 교회 회중은 음악, 설교, 프로그램이나 건물의 위치에 따라 그리고 좋아하는 것과 싫어하는 것에 따라서 왔다 갔다 한다. 그러나 공동체는 사람들이 비슷한 예배 스타일이나 교회 프로그램을 선호하는 것이 아니라 마음과 생각이 일치하는 사람들을 묶는다.

어려운 시기에 살아남을 교회는 소셜 미디어가 아닌 순수한 우정과 타인을 서로 배려하는 이타적인 공동체에 함께 묶여 있는 교회다. 회원들은 좋은 시기나 어려운 시기나 서로 함께한다. 그들은 책임과 사역과 기도를 위해 함께한다. 신약성경에 기록된 '서로'라는 단어는, 하나님은 우리가 바벨론을 홀로 헤쳐나갈 것이라고 절대로 기대하지 않으신다는 증거다. 그런 헌신은 일주일에 한 번 교회에 참석한 다음 자신의 의무를 다했다고 믿고 집에 가는 것 이상이다.

오늘날 우리 교회 예배를 문화적으로, 특히 회심하지 않은 사람들에게 더 배려하여 만드는 방법에 대해 많은 이야기가 있다. 이것이 '구도자'를 끌어들이는 데 효과적일지 모르지만, 초기 교회에서는 그렇게 하지 않았다. 그들의 헌신은 성도들 자신이 있는 곳 어디에서나 증인이 될 수 있게 했다. 주일에 전체적으로 한번 모이는 교회 모임은 세상을 이기지 못할 것이며 교회 성장에 관한 세미나도 더는 효과가 없을 것이다.

오히려 우리에게 필요한 것은 병원, 은행, 공장, 창고, 사무실 건물이나 이웃에 대한 믿음을 공유하는 더 많은 장비를 갖춘 개인이다. 감옥에서 보낸 편지에서 본회퍼는 예수님을 "다른 사람들을 위한 사람"이라고 말했다. 그리고 그분을 따르는 우리는 세상에 동일한 태도를 보여야 한다.

3) 말이 아닌 훈련

우리는 교회 철학을 '말하는 것'에서 '훈련'으로 바꿔야 한다. 이 사실에 대해 최근에 한 목사가 나에게 쓴 편지에서 다음과 같이 묘사했다.

> 나는 내 설교가 내가 생각했던 것만큼 지속하지 않고 있다는 결론에 도달했습니다. 나는 주중에 열심히 일하고, 많은 기도를 하면서 영혼을 구원하려 하지만 사람들은 교회에서 나간 후 몇 분 안에 그들의 관심이 딴 데로 쏠립니다. 나는 사람들의 마음을 깊이 들여다보고 그들이 설교 때문에 어떤 식으로 영향을 받아 변화하는지 볼 수 있으면 좋겠습니다.

일반 교인은 의무감이나 자랑하는 마음으로 교회에 가는 것이지 반드시 예배를 드리고 하나님에 의해 변화되는 것은 아니라는 말을 들었다. 나는 하나님이 복음에 대한 설교를 축복하시겠다고 약속하셨지만, 수년 동안 설교를 한 결과, 유감스럽게도 설교만을 통해서 제자 공동체를 만들 수 없다는 결론에 도달했다.

예수님과 3년 동안 함께 여행하고 살았던 12명의 제자가 있었고, 그들조차도 예수님의 모든 가르침을 이해하지 못했고, 행동하지도 않았다. 예수님은 제자들이 서로 나누며, 투명하게 생활하고, 살피고 관찰하며, 많이 질문하고 대답하는 가운데 가장 잘 만들어진다는 것을 아셨다. 그리고 우리도 똑같이 해야만 한다. 그분의 마지막 말씀은 "그러므로 모든 민족을 제자로 삼으라"라는 것이었다. 우리는 '매력적' 모델을 강조하는 것을 멈추고 교회 철학의 훈련과 전달 모델을 채택해야 한다.

우리 예배의 모든 부분이 분 단위로 짜여 있다. 예배의 모든 부분을 더욱 매력적으로 구성할 수 있다. 우리는 가능한 한 참석자들의 취향에 맞는 곡을 선택할 수 있다. 그리고 실생활에 관한 흥미로운 설교를 준비할 수 있다. 그러나 사람들의 마음과 가치의 핵심은 근본적으로 변하지 않을 수 있다.

글린 해리슨(Glynn Harrison)은 그의 책 『보다 나은 이야기』(A Better Story)에서 다음과 같이 말했다.

> 정통적인 가르침을 받고 지적 충성을 유지하는 곳에서도 수년간 텔레비전과 영화를 보는 사이 마음을 빼앗겼다.
> 평균적으로 재능 있는 설교자가 일주일에 한 번 어색하게 구성한 30분짜리 설교가 그런 문화적 힘에 얼마나 대항할 수 있을까?
> 아버지가 열한 살짜리 아이에게 몇 년 동안 자기 뇌리에서 맴돌던 낯뜨거운 성적 이미지와 이야기들에 반대되는, 성에 대한 이야기를 얼마나 할 수 있을까?[4]

요컨대, 매주 일요일 아침 30분간의 설교에 의존하는 교회들은 기독교적 가치와 정반대며 관능적인 생활방식의 즐거움을 찬양하는 미디어 중심 콘텐츠의 급류에 맞서 무력해질 것이다.

우리는 할 일이 있다.

성에 대한 훈련을 도울 수 있는 많은 자원이 있지만, 우리가 삶과 마음을 나누지 않으면 이것들조차도 부족하다. 옛 격언은 "어떤 것들은 가르치는 것보다 더 잘 잡히는 법이다"라고 한다. 제자도는 단지 아는 것만이 아

---

[4] Glynn Harrison, *A Better Story: God, Sex and Human Flourishing* (Downers Grove, IL: InterVarsity, 2017), 56.

니라, 실천하는 생활방식이다. 앞서 이 책에서 제시한 바와 같이, 우리의 문제는 마른 땅에서 수영 강습을 하려고 한다는 것이다.

4) 프로그램이 아닌 기도

오늘날 우리 교회에서 가장 부족한 요소는 경건한 비전, 기도의 부담, 매일 회개의 생활방식일 것이다. 부분적으로는 기도 모임이 진행된 방식의 문제다. 즉, 똑같은 예전 방식으로, 매번 같은 것을 기도하는 것이다. 그러나 기도 콘서트가 전 세계적으로 행해졌듯이, 하나님이 원하시는 일들을 위한 연합된 몸으로 기도하는 것은 성경을 사용하는 다양한 중보기도 방식과 함께, 영적 필요를 강조하는 연합기도가 어떻게 우리의 시간을 의미 있고 즐거운 시간으로 만들 수 있는지를 보여 준다.[5]

나는 세상에 마음과 가치를 빼앗긴 신자들에게 좋고 필수적인 프로그램들을 적용했을 때, 결과는 기대에 미치지 못 한다는 것을 배웠다. 교회 성장, 교회 관리, 제자 또는 기타 관련 주제에 관한 다음 세미나에 참석하는 것은 영적으로 살아 있는 교회에만 도움이 된다. 이 세미나는 죽은 사람을 살아나게 하거나 성령에 의해서만 생성될 수 있는 열정을 창조할 수 없다. 프로그램은 에너지를 유도할 수 있지만, 생명을 줄 수는 없다.

우리의 죄에 대해 깨짐과 하나님에 대한 끊임없는 의존만이 영적으로 죽은 사람들을 살아나게 할 수 있다.

---

[5] David Smithers, "World Christian Living Concert of Prayer", *The Traveling Team*, http://www.thetravelingteam.org/articles/concert- of-prayer.

5) 긍정적 제안이 아닌 견고한 진리

살아남은 교회는 성경에 대한 전체론적 견해를 가지고 있으며, 성도들의 취향과 적성에 더 부합하는 주제와 가르침을 단순히 선별하지 않는다. 분명한 필요를 위해 설교하는 교회다. 그러나 우리가 거룩하신 하나님의 앞에 설 때 우리에게 가장 필요한 것은 그리스도의 의라고 강조한다. 이 땅에서 사는 법을 가르쳐 주면서 앞으로의 삶을 준비하는 더 큰 목적을 가진 교회다. 지옥에 대해 말하는 것을 두려워하지 않는 교회다.

그런 교회는 다양한 종류의 고난의 원인이 하나님이 우리를 대적하기 때문이 아니라는 것을 이해한다. 실제로 하나님이 우리를 위하신다는 의미일 수 있다. 우리를 시험하신다. 미국의 교회 모두가 성령 충만하고 부흥의 상태에 있다면, 정치인, 판사, 언론 및 이웃들이 우리에게 호의를 보일 것이라는 설득력 있는 가정이 있다. 그러나 이 가정은 교회 역사나 성경으로 증명될 수 없다. 종종 그 반대가 사실이다. 우리가 그리스도께 영광 돌리는 삶을 살수록 반대는 더 많아진다.

바울이 말했듯이, "참으로 그리스도 예수 안에서 경건한 삶을 살고자 하는 자는 박해를 받을 것이다"(딤후 3:12). 우리는 서구 교회에서 종종 무시되는 교리인 고난을 받도록 부름을 받았다는 사실을 잊는다. 바울이 회심했을 때 하나님은 그에게 단순히 설교할 뿐만 아니라 고난을 겪도록 부르셨다. 아나니아가 사울이 개종했다는 사실을 경계하는 것은 당연했다, 그때 주님은 그에게 이렇게 말씀하셨다.

> 주께서 이르시되 가라 이 사람은 내 이름을 이방인과 임금들과 이스라엘 자손들에게 전하기 위하여 택한 나의 그릇이라. 그가 내 이름을 위하여 얼마나 고난을 받아야 할 것을 내가 그에게 보이리라 하시니(행 9:15-16).

고난은 우리에게 복을 위한 전략적 위치를 제공한다. 바울이 교회의 영광에 대해 말한 후, 이렇게 썼다.

> 그러므로 너희에게 구하노니 너희를 위한 나의 여러 환난에 대해 낙심하지 말라 이는 너희의 영광이니라(엡 3:13).

베드로는 우리에게 닥친 불 같은 시험에 놀라지 말라고 한다.

> 너희가 그리스도의 이름으로 치욕을 당하면 복 있는 자로다 영광의 영 곧 하나님의 영이 너희 위에 계심이라(벧전 4:14).

오늘날 중동에서는 그리스도인들이 일상적으로 그들의 집에서 쫓겨나고 있으며, 이슬람교가 완전한 패권을 위한 가차 없는 전쟁을 계속하면서 많은 사람이 목숨을 잃는다. 이슬람은 그리스도인이이 되는 것, 삼위일체와 예수님을 하나님의 아들로 믿는 것은 죽어 마땅한, 가장 큰 신성모독이라고 한다.

우리는 개인적으로 그런 고난을 겪지 않아도 된다는 게 기쁘지만, 박해를 받는 그들에게 심판의 날에 우리가 상상할 수 있는 방식으로 보상을 받을 것이라는 점을 상기시켜 주고 싶다. 박해에 어떻게 대응해야 할지 알려주는 수십 개의 성경 구절 중 나는 이것이 가장 놀랄만한 것으로 생각한다.

> 전날에 너희가 빛을 받은 후에 고난의 큰 싸움을 견디어 낸 것을 생각하라, 혹은 비방과 환난으로써 사람에게 구경거리가 되고 혹은 이런 형편에 있는 자들과 사귀는 자가 되었으니, 너희가 갇힌 자를 동정하고 너희 소유를 빼앗기는 것도 기쁘게 당한 것은 더 낫고 영구한 소유가 있는 줄 앎이라, 그러므로 너희 담대함을 버리지 말라 이것이 큰 상을 얻게 하느니라, 너희에게 인내가 필요함은 너희가 하나님의 뜻을 행한 후에 약속하신 것을 받기 위함이라(히 10:32-36).

이 일을 좀 더 천천히 받아들이자.
이 성도들은 복음을 받자마자 다음과 같은 상황에 처했다.

첫째, 공적 비난과 고통에 노출되었다.
둘째, 스스로 투옥된 다른 성도들과 동일시해 박해가 가중되었다.
셋째, 그들 재산의 약탈을 기쁘게 받아들였다!

그들은 만약 예수님에 대한 사랑으로 이런 일이 일어난다면, 그럴 가치가 있을 것이고, 그들의 보상은 대단할 것이라고 확신한다!

'연단사역훈련네트워크'(Forge Mission Training Network)의 앨런 허쉬(Alan Hirsch) 이사는 다음과 같이 썼다.

> 박해로 인해 초기 기독교 운동과 중국 교회는 사도적 사람들의 진정한 본성을 발견하게 되었다. 박해는 그들을 중앙 집중식 종교 기관에 대한 의존도에서 멀어지게 했고, 그들의 원초적 메시지, 즉 복음에 더 가깝고 더 일관성 있게 살도록 만들었다. … 그것은 불순물과 불필요한 교회 용품에서 그들을 정화했다.[6]

또한, 그들을 제도적 구조보다는 관계형 네트워크에 의존하게 했다.
인생은 짧고 영원은 길다.

---

[6] Alan Hirsch, *The Forgotten Ways—Reactivating the Missional Church* (Grand Rapids: Brazos Press, 2006), 20–21.

6) 안쪽만 보지 말고 바깥쪽도 보라

바벨론에서 살아남는 교회는 슬픔은 물론 설명할 수 없는 기쁨으로 운명을 받아들이는 교회다. 타인에 대한 진정성과 헌신으로 비판자들을 침묵시키는 교회다. 십자가까지 예수님을 기꺼이 따르는 교회다. 사람들을 향해 깊고 지속적인 마음을 가지지 않으면 하나님을 위한 마음을 가질 수 없다.

앞서 나는 기독교 비평가들조차도 우리가 이타적이고 봉사하며 희생한다는 것을 인정할 때 최고라고 강조했다 밝혔다. 자기 만족에 빠진 교회는 멸망을 앞둔 교회다. 이웃의 다양성을 환영하지 않는 교회는 곧 시들어 결국 죽을 것이다. 농부들은 헛간이 아닌 밭에 씨앗을 심는다는 말이 있다.

7) 목사만이 아니라 그리스도

마지막으로 바벨론에서 살아남는 교회는 계속해서 그리스도를 교회의 머리로 보고 만물에 대한 그분의 주권에 전적으로 헌신하는 교회다.

"하늘과 땅의 모든 권세가 내게 주어졌다"(마 28:18)라는 예수님의 말씀에 근본적으로 헌신한 교회다. 그분은 교회뿐 아니라 전 세계에 대한 권위를 가지고 계신다. 그런 교회는 좌절과 낙담을 하나님의 영원한 계획 일부로 받아들일 것이다. 예수님을 따르는 교회는 겸손함과 깨짐 그리고 하나님이 자신의 공동체와 세상을 영화롭게 하시는 것을 보고자 자신을 포기한다. 복음을 전하기 위해 합리적인 위험(때로는 비합리적인 위험까지!)을 기꺼이 감수하는 교회다.

J. 오스왈드 샌더스(J. Oswald Sanders)는 이렇게 말했다.

> 새로운 아이디어에 대한 대담한 실험보다 과도한 조심성에서 더 많은 실패가 발생한다. … 모울 대주교의 아내는 '하나님 나라의 국경은 조심스러

운 남녀들에 의해 전진한 적이 한 번도 없었다'라고 말했다.[7]

하나님의 영광 외에 다른 것은 중요하지 않다. 그리스도를 위해 희생할 방법을 찾는 교회(자신이 아닌 다른 사람들을 위해 사는 교회), 세상에는 항상 그런 교회를 위한 공간이 있을 것이다.

그리고 박해가 표준이었던 교회 초기에 하나님은 무엇을 하셨는가?

야고보가 칼로 죽임을 당했다고 기록한 장은 "하나님의 말씀은 흥왕하여 더하더라"(행 12:24)로 끝나는 같은 장이다.

예수님이 우리를 위해 아직 준비되지 않은 미래로 인도하지 않으신다는 것을 확인함으로써 이 책을 시작했다. 그 길은 고난, 실망, 상실 중 하나일 수 있다. 그러나 그것은 우리가 하나님을 공경할 수 있는 확실한 길이다. 우리는 이생에서 이기지 못할 수도 있지만 다가올 삶에서는 이길 것이다. 다니엘과 그의 세 친구를 생각해 보라. 그들은 역사를 통틀어 문화 흐름에 대항하여 큰 희생을 치른 수많은 남녀와 함께 서 있다. 하나님의 백성은 이교도의 바다에서 항상 의의 섬이었다.

질문: 우리는 그리스도를 따르기 위해 모든 것을 위험에 빠뜨릴 만큼 충분히 그리스도를 사랑하는가?

나의 믿음의 영웅 중에는 히틀러의 나치 독일에 맞섰던 디트리히 본회퍼가 있다. 본회퍼는 "그리스도께서 사람을 부르실 때 그에게 와서 죽으라고 명하신다"[8]라는 유명한 말을 남겼다. 예수님은 요한계시록 2:10에서 다음과 같이 약속하셨다.

---

[7] J. Oswald Sanders, *Spiritual Leadership, Principles of Excellence for Every Believer* (Chicago: Moody, 2007), 155.
[8] Dietrich Bonhoeffer, *The Cost of Discipleship* (New York: Touchstone, 1959), 89.

너는 장차 받을 고난을 두려워하지 말라 볼지어다 마귀가 장차 너희 가운데에서 몇 사람을 옥에 던져 시험을 받게 하리니 너희가 십 일 동안 환난을 받으리라 네가 죽도록 충성하라 그리하면 내가 생명의 관을 네게 주리라(계 2:10).

우리는 이 마지막 말씀으로 끝낸다.

귀 있는 자는 성령이 교회들에게 하시는 말씀을 들을지어다(계 2:29).

감사의 말씀

이 책의 초기 시작부터 완제품까지 수고해 주신 무디출판사 팀 전체에게 감사드린다.

듀안 셔먼(Duane Sherman), 원고 일정이 너무 지연되고 초기 마감일을 정할 수 없다는 것을 알았음에도 불구하고 계속하도록 격려해 주신 것에 하나님이 복 주시기를 기도합니다.

두 번째도, 세 번째도!

덕분에 바쁜 일정과 예상치 못한 지연에도 포기하지 않았습니다.

편집자인 아만다 클리어리 이스텝(Amanda Cleary Eastep)은 내 원고를 그대로 받아들일 것을 거부했지만 내가 전달하고자 하는 내용을 더 정확하게 반영하도록 장을 구성하는 데 도움을 주었습니다. 당신은 각주를 열심히 작업했고, 모호한 참조를 명확히 보완하라고 권면했습니다. 당신의 전문성 덕분에 더 나은 책이 되었습니다!

감사합니다!

에릭 피터슨(Erik Peterson), 당신은 이 프로젝트를 열렬히 받아들이고 당신의 기술을 사용하여 책을 폭넓은 독자에게 보여 줄 수 있도록 만들었습니다. 당신은 이 책의 아이디어를 처음으로 작했을 때부터 '함께' 했습니다.

무디출판사의 다른 모든 영업팀, 광고주, 교정자 여러분, 감사합니다!

이것은 공동체의 일이었습니다.

너무 오래 걸려서 내가 무엇을 쓰고 있는지 자주 궁금해했던 사랑스러운 아내 레베카에게도 감사하고 싶습니다!

여러분의 인내와 격려와 기도가 없었다면 이 책은 결코 빛을 보지 못했을 것입니다. 어떤 식으로든 이 프로젝트에 기여한 모든 분들에게 다음과 같은 약속을 상기시켜 드립니다.

> 하나님은 불의하지 아니하사 너희 행위와 그의 이름을 위하여 나타낸 사랑으로 이미 성도를 섬긴 것과 이제도 섬기고 있는 것을 잊어버리지 아니하시느니라(히 6:10).

마지막으로, 가장 중요한 것은 이 페이지를 작성하도록 도와주신 나의 주님, 구주 예수 그리스도께 감사드립니다. 저는 이 책을 주님께 바치며 죽은 교회를 활성화하시는 데 조금이나마 활용하시기를 기도합니다.

솔라 데오 글로리아!

하나님께 홀로 영광!

부록

학습 안내서

제1강 환영! 바벨론 입성
제2강 양심의 충돌
제3강 국가가 하나님이 될 때
제4강 교회, 기술 그리고 정화
제5강 성전환, 성 정체성 그리고 교회
제6강 이슬람, 이민 그리고 교회
제7강 성도들에게 단번에 주신 믿음 수호
제8강 십자가를 지고 세상으로
제9강 교회 문밖에 서 계신 예수님
제10강 바벨론에서 살아남을 교회

제1강

환영! 바벨론 입성

※ 이 책의 서문, 제1, 2장을 읽으시기를 바랍니다.

1. 요약

   미국이 정치적, 인종적, 도덕적, 종교적으로 양극화되는 시기에 이 글을 썼다. 미국인들의 공통점은 사라진 것 같다. 우리는 분노하고 적대적이며 심지어 폭력적이다. 누군가 우리가 분노에 중독된 나라라고 말했다.

   그러나 우리는 이 날카로운 목소리의 분위기 속에서 그리스도를 대표하도록 부르심을 받았다. 우리가 가진 메시지와 우리가 이끄는 삶은 사회에 스며들어 다가오는 어둠 속에서 빛을 발하는 등대가 되어야 한다. 예수 그리스도의 교회는 여전히 세상을 위한 최고의 희망이다.

   하지만 어떻게?

   어떻게 그리스도의 제자들이 어둠 속에서 빛이 될 수 있을까?

   교회와 기독교인들의 실패로 많은 것이 초래되었다. 우리는 이 점을 겸손하게 인정해야 한다. 우리는 종종 우리가 '저 밖에' 있는 사람들에게 하는 비난을 정죄한다.

   그렇지만 여전히 교회는 우세하다.

나는 교회를 사랑한다. 시카고 무디교회의 수석목사로 일하게 된 36년 동안은 나의 특권이었다. 이 교회는 150년 이상 이 도시에서 계속 사역을 해 온 교회였다. 1980년 취임한 이후 많은 변화를 목격했다. 그 당시 예배 전쟁은 거의 시작되지 않았다. 지난 40년 동안, 우리 사회를 변화시키고 오늘날 우리가 보는 도덕적, 정신적 혼란을 조장하기 위해 몇 가지 큰 문화적 변화가 서로 영향을 끼쳤다.

현대 바벨론의 어둠은 사실 매우 어둡다. 성에 대한 왜곡된 견해, 기술의 음흉한 효과 그리고 반기독교적 편견의 급속한 증가는 오늘날 교회와 마주하고 있다. 따라서 교회는 일부 하나님의 사람들의 잘못된 믿음과 잘못된 태도로 내부에서 위협을 받는다.

하지만 우리는 우리 자신보다 앞서가고 있다. 다음 장들은 이런 긴급한 문제들을 다룰 것이다. 나의 마음으로 여러분에게 전하고 싶은 나의 메시지는 우리를 통해 그분의 목적을 이루실 주권적 하나님을 섬긴다는 것이다. 주님이 예레미야를 통해서 하셨듯이, 다니엘을 통해서 하셨듯이 그리고 낯선 땅에 있는 유대인들을 통해서도 그러셨듯이.

2. 우리를 향한 하나님의 말씀은 무엇인가?

교회를 생각할 때 요한이 소개한 요한계시록의 일곱 교회에 마음이 끌린다. 일곱 촛대 사이를 거니시는 예수님에 관한 말씀을 보자.

> 촛대 사이에 인자 같은 이가 발에 끌리는 옷을 입고 가슴에 금띠를 띠고, 그의 머리와 털의 희기가 흰 양털 같고 눈 같으며 그의 눈은 불꽃 같고, 그의 발은 풀무불에 단련한 빛난 주석 같고 그의 음성은 많은 물 소리와 같으며, 그의 오른손에 일곱 별이 있고 그의 입에서 좌우에 날선 검이 나오고 그 얼굴은 해가 힘있게 비치는 것 같더라 ….네가 본 것은 내 오른손의 일곱 별의 비밀과 또 일곱 금 촛대라 일곱 별은 일곱 교회의 사자요

일곱 촛대는 일곱 교회니라(계 1:13-16, 20).

이 구절을 시각화해 보자.

첫째, 예수님이 일곱 개의 촛대(7개의 교회) 사이를 걷고 계신다.

둘째, 예수님이 오른손에 일곱 개의 별(7개의 교회의 천사 또는 '사자')을 들고 계신다.

예수님은 교회 사이를 걸어가시는 동안 교회를 관찰하시고 오른손에는 교회의 지도력을 쥐고 계신다. 그분의 백성을 구속하기 위해 돌아가신 그분은 그분의 백성을 사랑하신다.

그분은 우리를 관찰하시고, 이 일곱 교회에 하신 것처럼 그분을 기쁘시게 하는 일에 대해 우리를 칭찬하시고, 우리의 실패에 대해 책망하지만, 항상 이기는 자에게 주시는 놀라운 보상을 약속하신다. 그래서 그는 일곱 번 " 귀 있는 자는 성령께서 교회들에 하시는 말씀을 들어라"라고 훈계하셨다.

내 전제는 이것이다. 예수님은 자기 백성을 사랑하시고 그들을 자기 오른손으로 안으신다. 하늘과 땅의 모든 권세를 받으신 분은 우리에게 필요한 모든 것을 우리에게 제공하셨다. 단지 살아남도록 하기 위해서가 아니라 점점 짙어지는 어둠의 시간에 번성하기 위해다.

"성령이 교회들에 하시는 말씀"을 기꺼이 듣는다면, 우리는 준비되지 않은 채 미래로 가지 않을 것이다.

B.C. 605년에 수천 명의 유대인이 이교도 국가의 군대에 의해 포로로 잡혀 800마일이나 떨어져 있는 바벨론으로 끌려갔다. 그것은 평화로운 여행이 아니었다. 일부 유대인들은 예루살렘이 포위되었을 때 죽었고, 다른 유대인들은 기아로 죽었다. 아이들은 영양실조에 시달렸고, 아기들은 모유 부족으로 굶주렸다. 살아남아 바벨론으로 끌려간 사람 중에는 위험한

여행 중 죽은 친척들도 있었다. 마침내 살아남은 사람들은 예루살렘에서 800마일 떨어진 현대 도시 바그다드에서 약 60마일 떨어진 바벨론에 정착했다.

예레미야는 그의 고통에 대한 개인적 심경을 이렇게 기록했다.

> 내 눈이 눈물에 상하며 내 창자가 끊어지며 내 간이 땅에 쏟아졌으니 이는 딸 내 백성이 패망하여 어린 자녀와 젖 먹는 아이들이 성읍 길거리에 기절함이로다(렘 2:11).

그들은 어떻게 적대적인 문화에서 살아남았을까?

예레미야에 따르면 유대인들은 '환란과 핍박'의 대상이 되었다(애가 1:3). 낙담, 절망, 우울증이 만연해 있었다.

그들은 어떻게 반응했을까?

그리고 우리가 우리 자신의 '바벨론'을 항해할 때, 그들의 반응에서 무엇을 배울 수 있을까?

첫째, 유대인들은 바벨론 문화에서 자신을 분리하고 포획자들을 비난했다. 그들의 분노는 그들과 그들의 가족들이 이 무자비한 살인자들에게서 받은 가혹한 대우 때문에 정당화될 것이다.

둘째, 동화였다. 고개를 숙이고, 문화에 동조하며, 당신과 가족이 평화롭게 남겨지기를 바란다.

하지만 하나님은 이렇게 말씀하셨다.

> 나는 침투를 원한다! 그러나 타협 없이, 오염되지 않고!

하나님이 유대인들을 바벨론으로 보냈다고 말씀하신다(렘 29:7, 20).

유대인들은 자신의 타락에 대한 심판으로 바벨론에 있었지만, 이제 그들이 그곳에 왔으니, 그들은 자신들의 역경을 이용하여 바벨론의 악한 백성들에게 하나님의 은총의 증인이 되어야 했다!

그들은 자신들을 하나님의 대사로 그곳으로 보내진 것으로 보아야 했다. 예수 그리스도의 교회인 우리는 그리스도께서 우리를 세상에 보내셨다는 사실을 믿지 않는 한 결코 효과적이지 않을 것이다.

예수님은 우리를 위해 기도하셨다.

> 아버지께서 나를 세상에 보내신 것 같이 나도 그들을 세상에 보내었고(요 17:18).

우리는 끊임없이 변화하는 문화를 추종하지 않는 순례자이지만 교회의 머리 되신 그리스도께서 보내셨다. 교회는 현재의 도덕적 붕괴와 완전한 혼돈 사이의 마지막 보루다.

3. 토론 문제

- 사회를 위협하는 질병에 대한 루처 박사의 진단에 동의하는가?
  어떤 것을 더 추가할 수 있는가?

- "성령님이 교회들에 하시는 말씀을 어떻게 구별할 수 있을까?"
  그분의 지도를 받는 데 방해가 되는 것은 무엇인가?

- 낯선 문화에 대한 '격리', '동화', '침투'의 선택 사항에 대해 논의한다.
  각 교회의 장단점은 무엇인가?
  교회의 접근 방식은 무엇이라고 생각하는가?

- "다른 사람들의 필요를 사심 없이 충족시키는 것, 사랑하는 사람들에 대한 죄를 붙잡고 그들에게 더 나은 길을 보여 주는 것은 언제나 우리의 믿음을 나누는 가장 중요한 문이 될 것이다."

루처 박사는 이런 일을 행하는 사람들의 몇 가지 예를 제공한다. 자신이 관련된 그런 상황을 언급할 수 있는가?
당신의 교회는 어떤가?

4. 기도를 위한 격려의 말씀

여호사밧 왕은 외국 군대와 대치했을 때 이렇게 기도했다.

> 우리 하나님이여 그들을 징벌하지 아니하시나이까 우리를 치러 오는 이 큰 무리를 우리가 대적할 능력이 없고 어떻게 할 줄도 알지 못하옵고 오직 주만 바라보나이다 하고, 유다 모든 사람들이 그들의 아내와 자녀와 어린이와 더불어 여호와 앞에 섰더라 (대하 20:12-13).

찬양대가 하나님을 찬양하자 하나님은 그들에게 승리를 안겨 주셨다.
우리가 경험하고 있는 거친 문화의 물결에서 항해할 수 있는 지혜를 달라고 기도하자. 우리가 주장할 수 있는 하나님의 약속이 있다.

> 너희 중에 누구든지 지혜가 부족하거든 모든 사람에게 후히 주시고 꾸짖지 아니하시는 하나님께 구하라 그리하면 주시리라 (약 1:5).

제2강

양심의 충돌

※ 이 책의 제3장을 읽으시기를 바랍니다.

1. 요약

우리 중 어떤 사람들게는 '바벨론'이 매일 직장에서 나타난다. 기독교인들이 내게 와서 이렇게 묻는다.

"직장에서 이런 상황일 때 어떻게 해야 합니까?
"내가 어떻게 그리스도의 증인이 될 수 있을까요?
"어느 지점에서 타협할 수 있을까요?"

어려운 질문이다.
예전에는 기독교인의 직장 문제가 짓궂은 농담에 참여하지 않거나 나쁜 언어를 사용하지 않거나 하는 정도였다. 그러나 우리가 이미 보았듯이 현재 우리나라는 경건함으로 가는 길에서 멀리 벗어났다. 나는 큰 공립학교에서 가르치는 사람이 생각난다.
"동성 결혼에 대해 침묵하는 것만으로는 충분하지 않다. 인정하지 않고 축하하지 않으면 해고될 수 있다."

때때로 지방정부 또는 연방법 때문에 갈등이 발생한다. 미국 기독교인들은 이 분야에서 많은 질문과 씨름해야 했다. 최근에 기독교 기업이 낙태에 자금을 지원하고 피임약이나 낙태약을 보조하는 국가 의료 프로그램에 참여해야 하는가에 대한 논쟁이 있었다.

우리는 어떻게 선한 양심에 충실하면서도 길을 잃은 나라에서 하나님을 대표할 수 있는가?

우리는 직장에서 얻는 수입과 혜택이 필요하다. 더 중요한 것은 우리가 가는 곳마다 그리스도의 빛을 비추라고 부름을 받았으며, 여기에는 매일 일하는 장소도 포함된다는 것이다.

다양한 업무 환경에서 봉사하는 한 젊은 여성에 대해 들은 이야기다.

그녀는 '개종'하지는 않지만, 그녀의 기독교 신앙과 교회 소그룹에서 힘을 얻는 방법을 분명하게 표명했다. 따뜻하고 쾌활한 그녀는 영적 문제에 관한 대화를 위해 동료들을 찾았다.

그러나 직장에서 그녀와 다른 성도들은, 기독교인으로서 어느 기준선을 가져야 하는지 의문을 가졌다.

"여기까지 갈 수 있지만 더는 안 된다라고 말할 수 있어야 하는가?"

무디교회에 미혼 살 청년이 있었다. 그는 매우 건전하고 의로운 삶을 살겠다고 약속했다. 그는 그에게 동기를 부여한 것이 다니엘 1:8이라고 말했다. 나는 킹 제임스 버전을 좋아한다.

> 다니엘은 자신을 더럽히지 않으려고 마음속으로 작정했다(단 1:8, KJV).

거기가 우리가 있어야 할 곳이다.

2. 우리를 향한 하나님의 말씀

잠시 다니엘과 그의 세 친구를 생각하기를 바란다. 이 이야기를 여러 번 읽었지만, 더 주의 깊게 살펴보면 놀라운 것을 발견할 것이다. 물론 다니엘은 왕의 조언자로 재능을 인정받은 젊은 유대인 중 하나였다. 다니엘과 세 친구는 왕을 섬기기 위해 궁전으로 끌려갔다. 그들은 새로운 이름을 받고, 좋은 예복을 입었으며, 바벨론 젊은이들처럼 교육받았다.

> 왕이 환관장 아스부나스에게 말하여 이스라엘 자손 중에서 왕족과 귀족 몇 사람, 곧 흠이 없고 용모가 아름다우며 모든 지혜를 통찰하며 지식에 통달하며 학문에 익숙하여 왕궁에 설 만한 소년을 데려오게 하였고 그들에게 갈대아 사람의 학문과 언어를 가르치게 하였고(단 1:3-4).

그들은 왕의 궁정에서 호의를 받았지만, 매일 예루살렘의 성전에서 바벨론으로 가져온 그릇들이 이교도 신 므로닥 신전에 놓인 것을 봐야 했다. 므로닥이 이긴 것처럼 보였다.

독실한 유대인 다니엘은 얼마나 비참했을까?

하나님은 자신의 백성이 고통을 겪을 때 어디에 계셨는가?

그러나 그들은 분노와 슬픔을 제쳐 두고 "우리는 하나님을 대표하기 위해 여기에 있다. 우리는 대가를 치르겠다"라고 말해야 했다.

서두르지 말자.

그들은 3년 동안 이 모든 악마적 요소와 함께 바빌로니아 문화를 학습하는 데 집중해야 했다. 사실상, 왕은 개명을 시작으로 그들을 세뇌하려고 했다. "다니엘"이라는 이름은 '하나님은 나의 재판장이심'을 의미하는데, 바벨론 신 벨을 기리기 위해 "벨드사살"(벨의 왕자)로 개명되었다. 바벨론 문화는 성적 문란에서 우상 숭배에 이르기까지 온갖 종류의 유혹이 많았지만, 다니엘과 그의 친구들은 타협하지 않았다. 동시에 성경은 다니엘이 자기 일을 잘했고 꿈을 정확하게 해석했으며 왕의 호의를 받았다고 말씀한다.

다니엘서 1:8은 다니엘이 이런 유혹에 자신을 더럽히지 않기로 결심했다고 말한다. 그는 유대인에게 금지된 음식을 먹지 않았다. 이는 여기까지라고 선언하는 그의 기준선이다.

"나는 모든 것을 할 수 있지만, 이것은 할 수 없다, 이것이 나의 입장이다."

그런 견해를 표명한 결과 그는 왕 앞에 증인이 되었다. 나중에 우리는 그들이 느부갓네살왕을 결코 섬길 수 없는 시점이 왔음을 알게 될 것이다. 그러나 하나님은 "내가 너를 그곳으로 보냈다"라고 말씀하셨다.

나는 우리가 신비주의 교육을 통해 다니엘과 그의 친구들을 모방할 수 있다고 생각한다는 인상을 주고 싶지는 않다. 나의 요점은 하나님이 우리를 심으시는 곳에서 우리를 지키시겠다고 하신 하나님의 약속을 결코 과소평가해서는 안 된다는 것이다.

당신이 이교도 사회와 연결된, 양심적으로 할 수 있는 일도 많지만, 우리가 멀리해야 할 것이 많다. 그 선은 모든 사람에게 다 같은 위치에 있지 않을 수도 있다. 하나님이 우리를 위해 어디에 선을 그어야 할지 알 수 있는 지혜를 주시기를 바란다.

분명히 말씀드리겠다.

므로닥은 결코, 승리하지 않았다.

주님은 우리가 소외된 것처럼 보일 때도 다스리신다.

우리는 그것을 믿는가?

3. 토론 문제

다니엘과 그의 친구들은 당신이 성숙하고 선을 긋는 곳을 안다면 악한 사람을 섬길 수도 있다고 우리에게 가르쳐 준다.

이것이 가능하다고 생각하는가?
어떻게?
당신은 이런 경험이 있는가?

- 루처 박사는 또한 "그 선이 모든 사람에게 다 같은 위치에 있지 않을 수도 있다"라고 한다.
  당신의 선은 어디에 있는가?
  그리스도를 따르는 사람이 참여해서는 안 되는 일이 있다고 생각하는가?
  회색 지대는 어디인가?

- 반대로 그리스도를 따르는 사람들은 직장에서 어떤 행동을 해야 하는가?

- 동성 결혼식에 케이크와 꽃을 제공하지 않는 제빵사 및 꽃집의 예는 잘 알려져 있다.
  그들의 행동에 대해 어떻게 생각하는가?
  당신은 어떻게 하겠는가?

- 그는 설정이 어려울 수도 있지만, 하나님이 당신을 당신의 위치에 두었다는 생각을 반영한다.
  이것을 경험한 적이 있는가?

4. 기도를 위한 격려의 말씀

원수는 우리를 유혹하고, 침묵시키고, 두려워하게 만들려고 노력한다. 이 점을 알고 일어설 수 있는 힘을 위해 기도하자.

> 끝으로 너희가 주 안에서와 그 힘의 능력으로 강건하여지고, 마귀의 간계를 능히 대적하기 위하여 하나님의 전신 갑주를 입으라(엡 6:10-11).

제3강

국가가 하나님이 될 때

※ 이 책의 제4장을 읽으시기를 바랍니다.

1. 요약

지난 2,000년의 교회 역사를 통틀어 '교회와 국가'는 불편한 관계였다. 초기 기독교인들이 황제 숭배를 거부하고 사자에게 던져졌을 때, 그들은 때때로 로마 제국에 정반대로 행동했다. 중세 시대에 교회는 통치 체제의 일부가 되어 부유하고 강력해졌다.

그러나 20세기 나치 독일로 넘어가 보자.

거기서 무슨 일이 있었는가?

국가가 신이 되었다. 히틀러는 독일 목사들에게 그들이 순수한 복음을 전할 수 있으나 그를 반대하거나 그의 정책에 반대하는 설교를 해서는 안 된다고 말했다.

그들이 침묵하고 정부에 공개적으로 반대하지 않았을 때만 총통의 허용으로 교회는 살아남았다. 그러나 디트리히 본회퍼와 그와 같은 일부 용감한 신자들은 용기를 가지고 반대했기 때문에 순교했다.

미국에서는 최근 정부가 과도하게 간섭하고 종교의 자유를 위협한다. 우리는 자유가 위협받을 때 확실히 경계해야 한다.

몇백 년 전부터 몇 명의 용감한 성도들이 국가에 대항했던 때를 되돌아 보도록 하자.

우리는 자유를 위해 싸우는가?
내가 반대하는 세력에 대항해서 싸우는가?
무엇을 위해 싸우는가?
목적과 목표가 있는가?

2. 우리를 향한 하나님의 말씀

다음 이야기는 다니엘서에 나온다.

느부갓네살왕은 어느 날 금 머리를 가진 신상 꿈을 꾸었다. 다니엘은 꿈을 해석하라는 요청을 받았다. 그는 느부갓네살왕이 그 금 머리라고 말했다. 다른 신체 부위, 그의 가슴, 몸통, 다리, 발은 아직 일어나야 할 다른 왕국을 대표했다. 이것은 역사상 가장 위대한 예몽 중 하나이며 사실로 입증되었다(다니엘 2장 참조).

느부갓네살은 그 신상을 마음에서 지울 수 없었다. 그는 두라 평야에 높이가 27.5미터, 지름이 2.75미터 되는 신상(거의 확실히 느부갓네살의 상)을 세우기로 했다.

그리고 이제 긴박한 상황이 왔다. 바벨론의 모든 주민이 높은 신상 아래 소집되고, 왕은 새로운 법을 반포했다.

> 너희는 나팔과 피리와 수금과 삼현금과 양금과 생황과 및 모든 악기 소리를 들을 때에 엎드리어 느부갓네살왕이 세운 금 신상에게 절하라. 누구든지 엎드려 절하지 아니하는 자는 즉시 맹렬히 타는 풀무불에 던져 넣으리라 하였더라(단 3:4-5).

느부갓네살은 '신의 입법자'가 되었고 이 새로운 법으로 불복종에 대한 처벌이 강화되었다.

우상 앞에 절하지 않는 자들은 활활 타는 용광로 속으로 던져져야 했다!

바벨론에 있는 1만여 명의 유대인들은 의심의 여지 없이 대부분 신상이 세워진 두라 평야에 나왔다. 어김없이 그들 대부분은 황제의 명령을 따라 신상에 절했다. 세 명만 빼고.

사드락, 메삭, 아벳느고는 절하지 않았다.

느부갓네살은 그들을 불러들였고, 이렇게 말했을 것이다. 요즘 말로.

"너희는 메모를 전달받지 못했는가?

다시 한번 명하는데, 이번에도 절하지 않으면 너희는 불타는 용광로에 던져질 것이다."

나는 그들의 답변이 모든 성경에 대한 믿음의 가장 큰 증거 중 하나라고 믿는다. 실제로 그들은 이렇게 말했을 것이다.

"오 왕이시여! 우리는 그것에 대해 이미 알고 있었습니다."

여기에 거래가 있다

"왕이시여!

우리는 우리 하나님이 우리를 구원하실 수 있다고 믿습니다. 그러나 그가 그렇게 하지 않으시더라도 우리는 그 신상에 절하거나 숭배하지 않을 것입니다."

즉, 뜨거운 용광로에서 타더라도 신상에 절하지 않겠다.

우리도 "구출받든 안 받든 하나님의 말씀과 증언에 충실할 것"이라고 말할 수 있어야 한다. 우리는 이 이야기가 어떤 결말인지 잘 알고 있다. 세 사람은 불타는 용광로에 던져졌지만 타지 않았다. 그리고 하나님은 영광을 받으셨다.

그들은 불에 타지 않았다. 그리고 우리에게 중요한 것은 그들은 홀로 서 있었다는 것이다. 생각해 보라. 바벨론에는 약 만여 명의 유대인이 있었 다. 대부분은 황제의 칙령을 따랐던 것 같다. 단 세 사람만이 절하는 것을 거부했다. 나는 국가나 문화적 압력에 저항하지 않은 신자들을 알고 있다. 그들은 '영합'의 안전성을 선호했다.

우리는 어떤가?

우리 자신의 믿음을 타협하라는 압력은 여기에 있다.

하나님은 그분이 약속하신 것에 충실하신가?

그분이 결코 우리를 떠나거나 버리지 않으신다는 것이 사실인가? (히 13:5 참조).

문제는 우리가 불을 피할 것인가가 아니라 그분이 우리와 함께 불 속을 걸으실 것인가 아닌가 하는 것이다.

여기에 추가하고 싶다. 성경은 자신의 군대가 유대인 아기들을 바위에 던진 이 악한 느부갓네살이 결국 참 하나님을 믿게 되었다고 말한다!

나는 느부갓네살이 천국에 있을 것 같다.

우리는 하나님이 누구를 구원하실지 결코 모른다. 가장 반항적인 사람을 하나님은 느부갓네살처럼 겸손하게 만드실 수 있다. 그리고 느부갓네살은 결국 하늘의 하나님을 찬양했다.

나는 장벽이 무너진 후 독일 동부에 있었는데 한 목사가 나에게 말했다.

"여기 너무 많은 기독교인이 공산주의 국가에 갇혔습니다. 공산주의자들은 우리가 공산당과 함께 가지 않으면, 우리 자녀들은 소외당하고 좋은 직업을 얻지 못하며 학교에 다닐 수 없다고 말했습니다. 많은 독일인이 복종하고 타협했습니다. 그러나 일부는 그렇지 않았습니다."

백 년 동안 누가 최선의 결정을 내렸을까?

3. 토론 문제

- 퓨리서치 연구에 따르면, 밀레니얼 세대의 40퍼센트가 소수 집단이 불쾌감을 느낀다면 정부는 불쾌감을 일으키는 문제를 사람들이 공개적으로 말하지 못하게 해야 한다고 생각한다.
  당신은 '언론의 자유'에 한계를 가지고 있다고 믿는가?
  그렇다면 그 이유는 무엇인가?
  아니라면 왜 그렇게 생각하는가?

- 루처 박사는 '미국에서 종교의 자유는 예전과는 다르다!'라고 말한다. 그 진술을 어떻게 생각하는가?

- 신앙에 대한 극단적인 도전에 직면했을 때 우리 중 누구라도 무엇을 해야 하는지 아는 것은 어렵다.
  믿음에 굳건히 서려면 무엇이 필요하다고 생각하는가?

- 그런 반대에 직면한 다른 나라의 성도들을 알고 있는가?
  그들의 반응은 어떠했으며, 미국은 그들에게서 무엇을 배울 수 있었는가?

- 루처 박사는 "우리는 하나님이 누구를 구원하실지 결코 알지 못한다"라고 말한다.
  당신은 하나님이 아직 구원하실 가능성이 없다고 생각하는 사람이 있는가?
  그들을 위해 기도하겠는가?

4. 기도를 위한 격려의 말씀

사드락, 메삭, 아벳느고가 받은 것과 같은 용기를 주시라고 기도하자. 구원의 여부와 관계없이 그들은 신상에 절하지 않았다. 그들은 기도했다.

> 왕이여 우리가 섬기는 하나님이 계시다면 우리를 맹렬히 타는 풀무불 가운데에서 능히 건져내시겠고 왕의 손에서도 건져내시리이다. 그렇게 하지 아니하실지라도 왕이여 우리가 왕의 신들을 섬기지도 아니하고 왕이 세우신 금 신상에게 절하지도 아니할 줄을 아옵소서(단 3:17-18).

제4강

교회, 기술 그리고 정화

※ 이 책의 제5장을 읽으시기를 바랍니다.

1. 요약

어느 날 아침 당신이 잠에서 깨어 보니, 어떤 사람이 당신이 잠든 사이 당신의 자녀들을 데려갔다는 사실을 알게 되었다고 가정해 보자. 그들은 너무 은밀하게 납치되어 당신은 깨어나지 못했다. 경찰에 신고하고 정신없이 아이들을 찾을 것이다. 다행히 아이들을 무사히 찾는다면, 당신은 최대한의 예방 조치를 하고, 문의 자물쇠를 두 배로 늘리고, 방범창을 설치하고, 첨단 기술의 초민감 보안시스템을 설치할 것이다.

하지만 우리 집에 아이의 몸은 훔치지 않지만 더 가치 있는 뭔가를 훔치는 괴물이 있다면?

그것이 당신 자녀들의 영혼이라면?

물론 기술에 관한 이야기다. 텔레비전, 컴퓨터. 스마트폰이나 태블릿 같은 장치를 통한 소셜 미디어, 게임, 문자, 비디오, 개인 업데이트 같은 것들이다.

최근에 나는 청소년 회의에 참석했었다. 강당 뒤쪽에서 참석자들을 살펴보니 사실상 모든 아이가 스마트폰을 보고 있는 것이 눈에 띄었다. 연사는 아직 설교를 시작하지 않았기 때문에 나는 그들이 성경 구절을 찾고 있었다고 생각하지 않았다. 그들은 문자를 보내거나 동영상을 보고 있었을 것이다.

기술은 반드시 나쁜 것인가?

당연히 아니다. 나는 전에는 이메일 없이 어떻게 살았는지 궁금하다. 스마트폰은 엄청난 편의다. 페이스북이나 메신저 같은 소셜 미디어를 통해 가족과 연락할 수 있다. 교회 홈페이지는 교회를 찾는 사람들을 도울 수 있다. 모니터에서 전자책을 읽거나 성경 구절을 찾아보거나 비행기를 예약할 수 있다. 우리는 우리가 어디에 있든지 그날의 뉴스에 접근할 수 있다(복이 될 수 있다!).

더할 나위 없이 기술은 선과 악을 위한 잠재력이 크다.

기술과 관련해 우리가 받아들인 세 가지 신화가 있다고 생각한다.

첫째, 기술은 중립적이라는 것이다.

우리는 "사용 방법에 따라 다르다"라고 말한다. 글쎄, 어느 정도는 맞다. 하지만 기술이 우리에게 부담이 되는 것도 사실이다. 연구마다 기술은 거의 즉각적인 중독성이 있다고 한다.

둘째, "내가 보는 것은 나에게 영향을 주지 않는다"라고 말한다. 그건 사실이 아니다. 눈을 통해 들어오는 것은 무엇이든, 특히 욕망을 자극하는 것은 우리에게 큰 영향을 미친다.

셋째, 기술을 실제로 통제할 수 있다고 믿는다. 아니다, 할 수 없다. 그 유혹은 매우 강력하다.

덧붙여서 나는 인터넷, 포르노, 비디오 게임에 관련된 아이들에 관해 이야기를 하나 더 하고자 한다. 이 영역들에서 악마주의를 비롯한 온갖 끔찍한 일들이 일어나곤 한다. 소셜 미디어에서 독설이 폭발적으로 터져 나오고, 개인 공격에 가담하는 익명의 '괴물들'이 등장한다. 사이버 폭력으로 일부 젊은이들의 삶이 비참해진다. 정치적(그리고 종교적) 논의에서 독설이 난무한다. 좀 더 교묘하게, 그런 것에 지속해서 노출되면 대중 담론을 받아들이는 우리의 감각을 서서히 무너뜨린다. 이 모든 것은 성경에서 서로 격려하고 세워 주는 방식으로 말하라고 명령받은 우리 그리스도인들에게 엄청난 유혹을 안겨준다!

나는 우리가 기술에 대항할 때 악마와 싸운다고 믿는다. 그것은 강한 진술이다. 하지만 기술과 유혹에는 너무나 많은 것이 있어서, 나는 사탄이 "여기에 있다. 여기가 내 영역이다"라고 선언하는 것을 상상한다.

2. 우리를 향한 하나님의 말씀

아마도 당신은 악마가 삼킬 사람을 찾아 포효하는 사자처럼 돌아다닌다고 한 베드로의 경고를 알고 있을 것이다. 사자는 사냥할 때 포효하지 않는다. 사자가 포효할 때는 자신의 영역을 표시할 때다. 여기는 내 영역이라고 하는 것이다.

당신이 인터넷과 소셜 미디어를 오용하고, 즉각적인 의사소통, 정보, '연결'이라는 호소력에 노출될 때, 나는 사탄이 거기에서 '이건 내 것'이라고 말하는 것을 상상한다.

성경은 기술에 대해 어떻게 언급하고 있는가?

성적인 죄에 안일한 두아디라 교회에 전하는 예수님의 말씀을 들어 보자. 예수님은 교회가 행하고 있는 모든 선한 일을 칭찬하시지만, 다음과 같이 말씀하신다.

> 그러나 네게 책망할 일이 있노라 자칭 선지자라 하는 여자 이세벨을 네가 용납함이니 그가 내 종들을 가르쳐 꾀어 행음하게 하고 우상의 제물을 먹게 하는도다(계 2:20).

우리는 '이세벨'을 음란물과 기술을 통해 얻을 수 있는 모든 유혹이라고 생각할 수 있다. 예수님은 계속 말씀하신다.

> 또 내가 사망으로 그의 자녀를 죽이리니 모든 교회가 나는 사람의 뜻과 마음을 살피는 자인 줄 알지라 내가 너희 각 사람의 행위대로 갚아 주리라(계 2:23).

예수님은 우리를 청결(순결)하라고 부르신다.

> 마음이 청결한 자는 복이 있나니 그들이 하나님을 볼 것임이요(마 5:8).

그리고 마지막으로 베드로를 통한 하나님의 약속이다.

> 그의 신기한 능력으로 생명과 경건에 속한 모든 것을 우리에게 주셨으니 이는 자기의 영광과 덕으로써 우리를 부르신 이를 앎으로 말미암음이라.이로써 그 보배롭고 지극히 큰 약속을 우리에게 주사 이 약속으로 말미암아 너희가 정욕 때문에 세상에서 썩어질 것을 피하여 신성한 성품에 참여하는 자가 되게 하려 하셨느니라(벧후 1:3-4).

기술이 당신에게 어떤 영향을 미쳤는지 생각해 보기 바란다.

만약 당신이 부모로서, 기술은 당신의 자녀들과 손주들에게 어떤 영향을 미쳤는가?

그러고 나서 다음과 같이 물어본다.

어떤 안전장치를 설치해야 기술에 의해 파괴되지 않고 기술을 사용할 수 있을까?

우리는 여기서 하나님께 지혜를 구해야 한다. 전투에 참여하고 있지만, 예수님이 그분의 교회를 도우러 오셨기 때문에 그 전투는 이길 수 있는 전투다.

3. 토론 문제

- 루처 박사는 "이 장을 읽은 많은 사람이 지금 말하려는 내용에 완전히 동의해도 아무것도 하지 않을 것이다"라고 썼다.
  당신은 루처 박사의 의견에 동의하는가, 아니면 동의하지 않는가?
  이유는 무엇인가?

- 집에 자녀가 있는 부모라면 자녀의 기술 사용에 대해 어떻게 접근하고 있는가?

- 균형적으로 인터넷, 소셜 미디어 및 휴대전화기와 같은 장치가 사회에 더 해롭거나 유익하다고 생각하는가?

- 자신의 기술 사용에 관해 이야기해 보자.
  기술을 더욱더 효과적으로 사용할 수 있는 방법이 있는가?

- "순종과 하나님과의 교제 가운데 걷는 것은 항상 공동체의 일이며, 사람들이 반복적이고 파괴적인 죄의 영향을 극복하도록 돕기 위해, 교회는 필요할 때 항상 이용할 수 있도록 개방되고 도울 준비가 되어 있어야 한다."
  당신의 교회는 파괴적인 목적을 위해 기술을 사용하는 사람들을 어떻게 도울 수 있는가?
  이 문제로 당신의 교회에 이야기하는 것은 무엇인가?

4. 기도를 위한 격려의 말씀

당신 자신과 가족, 교회의 순결을 기도하라.

> 마음이 청결한 자는 복이 있나니 그들이 하나님을 볼 것임이요(마 5:8).

베드로는 이렇게 썼다.

> 사랑하는 자들아 거류민과 나그네 같은 너희를 권하노니 영혼을 거슬러 싸우는 육체의 정욕을 제어하라(벧전 2:11).

제5강

성전환, 성 정체성 그리고 교회

※ 이 책의 제6장을 읽으시기를 바랍니다.

1. 요약

동성 결혼이 정당화되고 공립학교에서 성전환이 기념되는 문화인 성에 대한 이해에서 길을 잃은 나라를 위해 울자.

> 내 머리가 우물이 되고 내 눈이 눈물의 샘이 된다면 죽임을 당한 내 백성들을 위하여 내가 밤낮 울 수 있을텐데(렘 9:1).

이런 말을 한 예레미야와 동일시되는 것 같다.
감수성과 제정신, 도움과 치유를 위해 기도하자.
조지 오웰은 "보편적인 속임수의 시대에 진실을 말하는 것은 혁명적인 행위"라고 말했다. 이 세대에게 진실을 전하는 데 함께 참여하자.
그러나 우리가 자신의 마음을 지키지 않으면 동성애와 성전환자 논쟁에서 그런 성향이나 욕망을 경험한 적이 없는 우리는 쉽게 독선적인 태도를 보일 수 있다.

성 정체성 장애(또는 출생시 부여된 성의 반대 성으로 인식)에 시달리는 사람들을 어떻게든 '저 밖에' 속한 우리와 상관없는 사람들로 묘사하기 쉽고, 우리는 모두 타락한 인간의 일원이라는 사실을 그리고 하나님이 우리에게 부당한 자비를 베풀어 주심에 대한 겸손한 감사를 잊는다.

나는 비판적 정신이 아니라 슬픈 마음으로 이 글을 쓴다. 성적 장애의 문제는 이론적이다. 소녀가 되고 싶다고 말하는 어떤 소년이나, 자신은 여자의 몸에 갇힌 소년이라고 말하는 어떤 소녀가 당신의 자녀가 아니라면 말이다. 그러나 이런 일은 우리가 생각하는 것보다 더 자주 일어나고 있으며, 기독교 가정들에서도 일어나고 있다.

우리 교회는 부서진 세상에서 희망의 등대로 빛을 비춰야 한다. 우리는 공허함, 고통, 외로움과 싸우는 사람들에게 동정심을 가져야 한다. 우리 중 누구처럼 그들은 삶의 의미를 찾고 평화로운 모습을 되찾을 길을 찾고 있다. 그리고 그들은 그것을 찾기 위해 많은 노력을 할 것이다.

나는 성전환자와 동성애자들이 교회 안이 아니라 교회 밖에 존재한다고 생각하기 때문에 이런 문제에 대해 논의하기를 거부하는 목회자들에게 동의하지 않는다.

복음이 모든 사람을 위한 것이라고 주장하고 삶 전체에 관해 이야기한다면, 나는 우리 주변에 소용돌이치는 이런 문화 흐름에 대해 할 말이 있다. 다양한 형태의 성적 표현으로 어려움을 겪고 있다고 말하는 사람들과 함께 가자.

나는 그런 싸움을 하는 사람들을 경험했다. 분명한 것은, 그들은 교회 안에 있고 우리 기독교 가정 안에 있다. 그리고 그들은 우리의 도움이 필요하다.

교회에 있는 우리는 이 '성적 투쟁자'들에게 그들의 고통을 솔직하게 털어놓을 수 있는 안전한 장소를 제공해야 한다. 사랑과 존경을 담아 들어주는 곳 말이다. 우리가 부모로서 하는 모든 일이 우리 아이들에게 성경 구절을 쌓아 놓고 정죄하는 것이라면, 그들은 더욱더 그 생활방식으로 나아갈 것이다.

우리는 성경을 고수하지만, 또한 비판 없이 듣고 소통하고 말하는 것도 매우 중요하다는 생각을 가져야 한다.

2. 우리를 향한 하나님의 말씀

목사인 나는 어떤 가족들이 성별을 창조주가 아니라 개인의 마음에 따라 결정한다고 할 때 경험하는 현실적인 갈등을 경험했다. 현대인은 "내가 여자라고 생각하면 나는 여자다"라고 말한다. 그리고 한 여자가 말한다.

"내가 남자라고 생각하면 나는 남자다."

우리 세대의 많은 사람이 반항하는 투로 이렇게 말한다.

"하나님은 내가 누구인지 결정하지 않으셨다. 내가 누구인지는 내가 결정한다."

정말?

돌아가서 처음부터 시작하겠다.

> 하나님이 이르시되 우리의 형상을 따라 우리의 모양대로 우리가 사람을 만들고 그들로 바다의 물고기와 하늘의 새와 가축과 온 땅과 땅에 기는 모든 것을 다스리게 하자 하시고, 하나님이 자기 형상 곧 하나님의 형상대로 사람을 창조하시되 남자와 여자를 창조하시고(창 1:26-27).

하나님은 결혼을 통해 사랑으로 서로를 보완할 남자와 여자를 창조하셨고, 그 결과 이 세상에 거주하는 가족이 나타났다. 당신이 남자라면 항상 남성 염색체를 가질 것이다. 당신이 여자라면 항상 여성 염색체를 가질 것이다. 극히 드문 경우를 제외하고는 신체의 모든 세포가 남성 또는 여성으로 프로그래밍이 되어 있다. 모든 사람은 성적 지향에 상관없이 모두 어머니와 아버지를 가지고 있다. 그렇지 않으면 존재하지 않을 것이다.

우리는 교회 내에서 성행위와 음란물 문제와 관련한, 순결에 대한 예수님의 부르심을 보았다(계 2장). 우리는 사랑과 연민으로 하나님이 한 남자와 한 여자 사이의 결혼을 원하신다는 진리를 나눠야 한다. 그리고 그것을 바꿀 수 없다면, 우리는 그들을 부드럽게 예수님을 위해 금욕함으로 순결함을 지켰던 사람들의 삶으로 인도해야 한다. 동시에 주님의 교회인 우리는 외로운 투쟁을 하는 그들과 함께 기꺼이 걸어야 한다.

많은 사람이 반대하고 '불공정' 문제를 제기할 것이다. 동성애에 이끌리는 사람이 평생 파트너의 사랑을 거부해야 하는 이유는 무엇인가?

공정한 질문이다. 교회에서 동성 관계를 받아들이게 하는 질문이다. 그러나 우리는 더 큰 질문을 해야 한다.

예수님이 우리를 위해 죽으시려고 십자가로 가야 하신 것은 불공정하지 않은가?

사회는 온갖 불공정함으로 가득 차 있다. 나는 끔찍한 피부병으로 고통받는 아이를 알고 있다.

공정한가?

아니다. 삶은 공정하지 않다. 그러나 하나님은 궁극적으로 우리의 고통을 보상해 주시는 분이다. 바울이 이렇게 말했다.

> 생각하건대 현재의 고난은 장차 우리에게 나타날 영광과 비교할 수 없도다(롬 8:18).

성적 문제에서 우리는 하나님께 복종해야 한다. 우리는 모두 어느 정도 부서졌다는 것을 인식해야 한다. 동시에 하나님의 자비와 은혜와 인도를 받아야 한다. 그리고 우리가 이 사회에서 어둠 속에서 빛이 되는 특권을 가지고 있다는 것에 주님께 감사하자.

3. 토론 문제

• 교회와 그리스도를 따르는 개개인이 동성애로 어려움을 겪는 사람들과 함께 가는 방법은 무엇인가?
'성 문제로 싸우는 사람들'이 자신의 고통에 대해 솔직하게 말할 수 있는 '안전한 장소'를 어떻게 제공할 수 있을까?

• 당신이 동성 결혼이나 성전환 수술에 반대하기 때문에 편견으로 고발 당했다면 어떻게 대답하겠는가?

• 당신은 루쳐 박사의 "인생은 공정하지 않다"라는 진술에 대해 어떻게 생각하는가?

• 십 대가 자신의 친구가 '성전환자'라고 말하면 어떻게 하겠는가?

• 우리는 모두 어느 정도 부서졌다는 것을 인식해야 한다.
망가진 것이 성이든 다른 것이든, 우리 교회나 동료 신자들이 망가진 사람들을 어떻게 다루어야 한다고 생각하는가?

4. 기도를 위한 격려의 말씀

성 정체성 문제로 고군분투하는 사람들에게 우리가 모두 민감하기를 기도하라. 우리가 기꺼이 그들의 말을 경청할 수 있도록 그리고 그들이 하나님이 육체도 소중하게 여기신다는 것을 기꺼이 들을 수 있도록 기도하라.

> 너희 몸은 너희가 하나님께로부터 받은 바 너희 가운데 계신 성령의 전인 줄을 알지 못하느냐 너희는 너희 자신의 것이 아니라, 값으로 산 것이 되었으니 그런즉 너희 몸으로 하나님께 영광을 돌리라(고전 6:19-20).

제6강

이슬람, 이민 그리고 교회

※ 이 책의 제7장을 읽으시기를 바랍니다.

1. 요약

우리는 모두 서구의 새로운 삶을 찾아 전쟁, 빈곤, 테러에서 탈출하는 난민들의 가슴 아픈 모습을 보았다. 우리는 이민자들이 고국에서 폭력을 피해 북미로 온다는 이야기를 듣는다. 우리 중 몇몇은 이민자들에게 다양한 종류의 원조를 제공하는 교회와 기독교 단체에 참여하고 있다. 그리고 우리 대부분은 이곳으로 이주해 미국 사회에 생산적인 기여자가 된 모범적인 남녀를 알고 있다.

동시에 우리는 다음과 같이 물어봐야 한다.

이민은 항상 우리 사회에 도움이 되지 않는 것인가?

나는 이 문제에 대해 많은 혼란이 있음을 발견했다. 나는 목사들도 "복음은 모든 사람에게 열려 있으므로 미국에 오고자 하는 사람들을 항상 환영해야 한다"라고 말하는 것을 들었다.

나는 이와 같은 진술에 동의하지 않는다. 선의의 많은 사람이 저지른 실수는 교회의 역할을 정부의 역할로 옮기는 것이다. 그러나 국가의 가장 중요한 역할은 현재뿐만 아니라 가능한 한 미래 세대의 시민을 보호하는 것이다. 교회는 "누구든지 올 수 있다"라고 할 수 있지만, 국가는 그렇지 않다.

성경은 "예수님과 그분의 가족은 이집트에서 난민이었다"라고 말하며 국경 개방 정책에 이를 반영할 수 있다고 주장하는 사람들이 있다. 또 어떤 사람들은 "하나님께는 이주 허가증이 없다", "우리는 예수를 외면하고 있다"라고 말하고, 한 블로거는 국경을 개방하는 것이 지상대명령을 성취한다고 주장한다. 하지만 나는 이에 정중하게 동의하지 않는다

오늘날 우리는 이민을 제한하는 것이 "비미국적"이라고 들었다. 그러나 역사적으로 미국은 이 나라에 입국하려는 사람들을 항상 신중하게 선별해 왔으며, 나는 오늘날도 그렇게 해야 한다고 믿는다. 우리는 사람들이 이 나라에서 환영받기 위한 기준이 무엇인지 논의해야 한다.

2. 우리를 향한 하나님의 말씀

성경 어디에도 국가가 국경을 통제하거나 그 사회 안에서 살 사람을 결정할 권리가 없다는 말씀이 없다. 아브라함은 약속의 땅을 떠나 이집트로 갈 때 파라오의 인지와 허락을 받았다. 야곱과 그의 친척이 이집트로 갔을 때도 마찬가지다. 그렇다. 요셉과 마리아는 이집트로 피난했지만, 분명히 국경을 지키는 사람들의 허락을 받아 그렇게 했을 것이며, 무엇보다 위기가 끝났을 때 고향으로 돌아왔다. 이런 사례는 미국 이민 정책의 모델이 아니다.

구약성경에는 이스라엘에 낯선 사람과 외국인을 환영하라고 권고하는 구절이 여러 개 있지만(레 19:34 참조), 이 규정은 확실히 오늘날 이민 정책에 적용되지 않는다. 이스라엘은 신권 아래 살았기 때문에 그들과 합류한 모든 사람은 이스라엘의 문화와 종교를 받아들임으로써 동화되었을 것으로 생각된다. 이 신권은 미국과 미국의 자유와 동일시되어서는 안 된다. 이런 구절은 교회에 유익하지만, 정부의 이민 정책의 기초가 될 수는 없다.

국가는 가능한 한 분명히 동정심을 가져야 하지만, 이것이 이민에 있어 첫 번째 고려 사항은 아니다. 국가는 시민을 보호하고 질서를 유지하며 처벌을 감당해야 한다.

신약성경의 명령에 따라 교회 안에서 그리스도인에게 적용되는 것이 적용되는 국가를 상상할 수 있는가?
비유적으로 말하면 외국 세력이 국가를 때릴 때 국가가 다른 쪽 뺨을 돌려대야 할까?
국가는 그것을 저주하는 국가를 축복해야 하는가?

누군가 질문했다.
정부는 가해자를 70번씩 7번 자비롭게 용서해야 하는가?
신약에는 정부에 대한 몇 가지 언급이 있다. 아마도 가장 잘 알려진 것은 로마서 13:1-4일 것이다. 우리 대부분은 여러 번 읽었지만 새로운 눈으로 다시 읽어야 하다. 바울은 자이하고 불결건한 네로 황제의 통치 기간에 이렇게 썼다.

> 각 사람은 위에 있는 권세들에게 복종하라 권세는 하나님으로부터 나지 않음이 없나니 모든 권세는 다 하나님께서 정하신 바라, 그러므로 권세를 거스르는 자는 하나님의 명을 거스름이니 거스르는 자들은 심판을 자취하리라, 다스리는 자들은 선한 일에 대하여 두려움이 되지 않고 악한 일에 대하여 되나니 네가 권세를 두려워하지 아니하려느냐 선을 행하라 그리하면 그에게 칭찬을 받으리라, 그는 하나님의 사역자가 되어 네게 선을 베푸는 자니라 그러나 네가 악을 행하거든 두려워하라 그가 공연히 칼을 가지지 아니하였으니 곧 하나님의 사역자가 되어 악을 행하는 자에게 진노하심을 따라 보응하는 자니라 그러므로 복종하지 아니할 수 없으니 진노 때문에 할 것이 아니라 양심을 따라 할 것이라 (롬 13:1-5).

하지만 여기에 여러분이 더 명확하게 이해하기를 바란다. 우리는 사적인 기독교 도덕으로 국가를 운영할 수 없다. 산상수훈에서 예수님은 사실상 누군가가 당신에게 뭔가를 요구하면 그들에게 두 배를 주라고 말씀하셨다.

은행에 그 기준이 있다면 어떨까?

그리고 이민에는 어두운 면이 있다. 모든 이민자가 우리를 좋아하는 것은 아니다. 그리고 국가는 그들에게서 우리를 보호해야 한다. 2003년 미 연방수사국은 모든 문화권을 이슬람 지배 아래 두려고 전념하는 무슬림형제단 조직의 문서를 발견했다. 이 문서는 이민이 이슬람 지배를 위한 전략적인 방법임을 보여 준다.

이는 테러보다 훨씬 더 교활한 전략이다. 물론 대다수 무슬림은 법을 준수하고 품위 있는 사람들이다. 시리아 난민들이 이곳에 와서 기독교인들에게서 사랑과 친절을 받았다는 이야기를 들었다. 그 시리아인은 이에 보답하며 복음의 길을 닦고 있다. 그래서 교회는 "누구든지 올 수 있다"라고 말하고 장벽이 무너지고 그리스도는 영광을 받는다. 그러나 이민은 교회에서 존중하고 건설적 대화에 참여해야 하는 문제 중 하나다. 다시 말하지만, 그리스도의 십자가와 국가의 검은 매우 다르다.

3. 토론 문제

- 이민과 같은 문제에 관해서는 국가와 교회가 매우 다른 두 기관이라는 루쳐 박사의 의견에 동의하는가?

- 정부가 이민 정책과 관련해 어떤 조처를 하기를 바라는가?

- 당신이 교회 지도자라고 상상해 보자. 다른 나라에서 온 가족이 추방되어 안전한 성역을 찾기 위해 교회에 온다면 어떻게 하겠는가?
  (이것은 모든 의견을 존중해야 하는 민감한 질문이다!)

- '국가 대 교회' 질문 외에도 교회가 이민자들을 도울 수 있는 다른 실용적인 방법은 무엇인가?
  그들이 직면한 장애물은 무엇인가?

- 루쳐 박사에 따르면 신정 국가 이스라엘을 미국과 동일시하는 것과 같이 특정 입장을 지지하기 위해 성경을 오용할 위험이 있다. 이 주제를 토론하자.
  그 함정을 어떻게 피할 수 있는가?

- 개인적으로 타 종교 및 문화권 사람들과 연결할 기회가 있는가?
  친구가 될 수 있는 사람을 생각할 수 있는가?

4. 기도를 위한 격려의 말씀

우리의 정치 지도자들을 위해 기도하자.

> 그러므로 내가 첫째로 권하노니 모든 사람을 위하여 간구와 기도와 도고와 감사를 하되, 임금들과 높은 지위에 있는 모든 사람을 위하여 하라 이는 우리가 모든 경건과 단정함으로 고요하고 평안한 생활을 하려 함이라(딤전 2:1-2).

여러분의 교회에서 모든 사람이 환영받을 수 있도록 기도하자.

> 베드로가 입을 열어 말하되 내가 참으로 하나님은 사람의 외모를 보지 아니하시고, 각 나라 중 하나님을 경외하며 의를 행하는 사람은 다 받으시는 줄 깨달았도다(행 10:34-35).

제7강

성도들에게 단번에 주신 믿음 수호

※ 이 책의 제8장을 읽으시기를 바랍니다.

1. 요약

우리는 이미 교회가 세상에서 우리의 증언를 타협하려는 유혹, 즉 바벨론에서 감당 못 할 유혹을 살펴보았다. 따라서 우리는 그런 타협의 기초가 되어 우리의 가장 큰 보물인 예수 그리스도의 참된 복음을 약화하려는 몇 가지 '거짓 복음'을 더 자세히 살펴보자.

"뭐라고?

5가지?

농담하는 거야?"

이렇게 말할 수 있다. 물론 교회에는 다른 거짓 복음이 있다.

하지만 여기서 설명하는 내용은 많은 관심을 받지 못한다. 그리고 그들은 사람들이 눈치채지 못한 사이 우리 교회에 들어올 수 있다. 바로 여기에 있다.

1) 영원한 은혜의 복음

많은 교회에서 은혜가 회중의 유익을 위해 강조되고 있음을 하나님께 감사하는 것으로 시작하겠다. 많은 사람이 우리가 은혜로 구원을 받았을 뿐만 아니라 매일 새롭게 은혜로 받아들여진다는 사실을 알게 되었을 때, 무모하고, 기쁨 없고, 수행에 기반한 기독교에서 구조되었다. 그러나 오늘 우리는 은혜 운동이라고 부를 수 있는 은혜의 왜곡을 목격하고 있다. 오늘날 교사와 설교자들은 사람들이 은혜가 필요하다고 확신하기 전에 미리 은혜를 제공한다.

과거에 우리는 율법을 전파했다. 사람들이 죄를 깨닫고 하나님 은혜의 경이로움을 설명했다. 그러나 오늘날 많은 설교자가 이렇게 말한다.

"하나님은 당신을 무조건 사랑하신다."

"하나님은 당신을 있는 그대로 사랑하신다."

이 말은 듣는 사람에 따라 "나는 내 여자친구와 죄책감 없이 계속 잘 수 있다. 나는 계속해서 중독에 빠질 수 있지만, 감사하다. 예수님 때문에 하나님은 나를 기뻐하신다."

즉, 조건 없는 사랑은 자신의 생활방식에 대한 조건 없는 수용으로 해석된다.

2) 사회 정의의 복음

당연히 우리는 젊은 세대가 사회적 양심을 갖고 지역 사회에 참여해 복음대로 생활하며 가난하고, 억압받으며, 궁핍한 사람을 돕는 것을 칭찬해야 한다. 그리스도인들은 항상 인간의 비참함과 불의가 발견되는 곳 어디에서나 이를 해소하겠다는 강한 의지가 있었으며 그래야만 한다.

그러나 보수 정치와 복음주의의 로맨스에 맞지 않다고 느끼는 많은 밀레니엄 세대가 사회 정의에 헌신할 것을 선택했다. 슬프게도 그들 중 많은 사람이 개인적 회개 교리를 버리고, 가난하고 궁핍한 사람들을 돕는 '사회 정의의 복음'이 더 실용적인 복음이라고 보고 그것을 선택했다.

우리는 그리스도처럼 본질적으로 살면서 다른 사람들의 영과 혼과 육의 필요에 따라 헌신하라는 명령을 받았다. 복음은 말로만 전해지는 것이 아니라, 다른 사람들을 위해 모든 것을 기꺼이 희생하려는 진정성을 가지고 헌신하는 그리스도인을 통해 전해진다. 따라서 우리는 항상 그들을 영생으로 이끄는 다리를 건설할 기회를 찾고 구속적(redemptive) 사고방식으로 봉사해야 한다. 그러나 만약 우리가 복음의 메시지가 절대적으로 중요하다는 것을 알지 못하면, 우리는 영원한 영혼을 현세의 임시적인 육신으로 대체하게 된다.

3) 신시대 영성의 복음

많은 젊은 복음주의자들은 교회에서 편안함을 느끼지 못한다. 그들은 정직한 공유와 가난한 이들을 돌보고 지속적인 관계에 개인적으로 참여할 수 있는 그룹에 끌린다. 그들은 더 개방적이고, 그래서 더 취약하고, '조직화 된 종교'의 지시를 따르는 경향이 적다. 그들은 "추구하는" 세대이고, 자신이 무엇을 믿어야 하는지 듣는 것에 대해 불편함을 느끼지만, 자신에게 맞는 신앙을 찾는 데 전념한다.

존경할 만한 많은 자질에도 불구하고, 이 세대는 성경 교리와는 다른 영적 경험을 추구할 수도 있다. 따라서 이들과 더 많은 관련성을 높이기 위해 우리 문화에서 널리 받아들여지는 뉴에이지 영성이 종종 복음주의 교회와 신학교에서 성경적 가르침과 함께 가르쳐진다.

우리는 교회, 신학교, 기독교 대학에서 영성 수업을 하고 있다는 사실에 우리는 용기를 얻을 수 있다. 그러나 대부분 사용되는 교과서에는 성경보다는 하나님에 대한 신비로운 경험에 근거한 뉴에이지 가르침이 포함되어 있다.

성경과 함께 사용되는 텍스트는 앤 라모트(Anne Lamott)의 『자비의 여행』(Traveling Mercies) 그리고 바바라 브라운 테일러(Barbara Brown Taylor)의 『세계의 제단: 신앙 지리학』(An Altarin the World: A Geography of Faith)과 같은 책이다.

이런 수필과 반성은 매우 경험적이다. 그런 책들과 그와 같은 다른 책들은 특정한 성경 교리가 없이 더 접근하기 쉽고 쉽게 경험할 수 있는 신을 제시하므로 인기가 있다. 그러나 우리는 우리 사람들에게 우리가 하나님에 대해 가지고 있는 유일하고 확실한 지식은 우리가 하나님을 경험하든 그렇지 않든 성경에 근거해 믿어야만 하는 것이라는 것을 가르쳐야 한다.

보름스 회의에서 대결하기 전날 저녁 마틴 루터에게 하나님 경험은 전혀 없었다. 그는 하나님께 도와달라고 간청했지만, 침묵만 있었다. 다음날, 하나님의 계시 말씀인 성경 외에는 그를 인도할 아무것도 없는 상황에서 루터는 철회를 거부했으며, 우리는 여전히 그 사건을 교회 역사의 중요한 전환점으로 언급한

나의 요점: 우리는 세상의 경험을 통해 하나님에 대해 몇 가지를 배울 수 있겠지만, 오직 성경에만 하나님을 만나고 구원을 얻도록 이끄는 믿을 만한 가이드가 있다. 때때로 우리는 하나님을 전혀 경험하지 않더라도 "우리는 보는 것이 아니라 믿음으로 걷는다"(고후 5:7)

명상 기도는 많은 그리스도인 사이에서 인기 있는 훈련이 되었다. 그렇다, 묵상은 오늘날 스트레스가 많은 세상에서 절실히 필요한 훈련이다. 그러나 일부 그리스도인들은 '명상'을 통해 자신의 영혼 안에서 하나님과 연결할 수 있다고 확신한다. 그래서 그들은 "센터링"으로 시작한다.

어떤 사람들은 '센터링'으로 시작한다. 즉, 그들 안에 있는 신과 연결되도록 돕는 단어나 문구에 마음을 집중하는 것이다. 그들이 모르는 사이, 그들은 신학에서 분리된 영적 경험을 가지고, 그들이 하나님이라고 생각하는 그들의 신비로운 존재를 만나고 있을 수 있다. 그들은 놀랍게도 곧 동양 종교의 일반적인 어조와 기법에 빠져들고 있다.

사람들은 영성을 원하지만, 종교가 아닌 '자신의 조건'을 원한다. 사람들이 스스로 신을 찾을 수 있도록 돕는 권위자로 자주 언급되는 지도자 중 일부는 동양 종교의 영향을 많이 받은 가톨릭교인 토마스 머튼(Thomas Merton)과 같은 교사로 그를 잘 아는 일부 사람들은 그가 기독교인보다 불교도에 더 가깝다고 말했다.

리처드 로어(Richard Rohr)신부는 자신의 절충주의적 영적 가르침을 되찾기 위해 상상력으로 삼위일체 언어를 사용하는 또 다른 인기 작가다. 그의 가장 최근 저서 『신성한 춤』(The Divine Dance)은 모든 사람이 참여하는 '신성한 흐름'을 설명하는 구실로 삼위일체의 언어를 사용한다.

이 책과 그와 유사한 다른 책들은 인간의 본성, 우리의 '신성' 그리고 교리나 종교의 가르침 없이 하나님을 만날 수 있는 능력을 고취한다. 죄를 회개하거나 거룩하신 하나님 앞에서 우리가 누구인지를 보는 것은 강조하지 않는다. 하나님 아버지께 나아가는 유일한 길은 결코 예수 그리스도만이 아니라고 한다. 결국, 종교나 영적 여정 중 어디에 있든 "당신은 이미 그 흐름에 있다"라고 말한다.

뉴에이지 영성의 매력은 무엇인가?

마침내 사람들은 모든 것에 동의하는 신을 갖게 된다!

그들은 자신들을 부끄럽게 여기지 않는 신을 원한다. 그들처럼 생각하는 신. 그들은 죄의 공포를 줄이고 인간으로서 우리가 실제로 얼마나 좋은지 확대하는 신학을 원한다!

자기 구원은 다양한 형태를 가지고 있으며 매우 매력적이다.

사도 바울은 우리에게 다음과 같은 말을 했다.

> 때가 이르리니 사람이 바른 교훈을 받지 아니하며 귀가 가려워서 자기의 사욕을 따를 스승을 많이 두고, 또 그 귀를 진리에서 돌이켜 허탄한 이야기를 따르리라(딤후 4:3-4).

4) 성적 취향에 관한 복음

점점 더 많은 교회가 생활방식에서 성경적 가르침을 무시하는 회원들을 환영하고 있다. 그렇다. 교회의 문은 모두에게 열려 있지만, 회원 자격(그리고 다양한 능력으로 봉사)은 교회의 일원이 되고자 더욱더 많은 것을 찾는 사람에게 주어져야 한다. 동성 상대와 결혼한 교인을 징계하는 교회의 사례가 있는데, 이는 항의와 '증오'를 초래한다.

그와 같은 사람들의 기본 메시지는 다음과 같다.

교회는 누군가의 성생활에 연민으로 도전해서는 안 된다. 동성애에 대한 성경적 가르침을 제쳐 놓을 수 있다. 예수님은 증오가 아니라 사랑이시다. 그분을 따르는 길은 상처와 수치심을 주지 않고 사람들을 돕는 것이다.

우리는 동성애 성향과 행동을 구별해야 한다. 우리는 또한 모든 사람에 대한 존중과 그들의 행동에 동의하는 것을 구별해야 한다.

또한 LGBTQ 생활양식을 수용하는 사람들이 도덕적으로 높은 선택을 했다는, 널리 퍼진 잘못된 개념에 대응해야 한다. 결국, 그것들은 '배제'가 아니라 '포용'에 관한 것이다. 그들은 '증오'가 아니라 '사랑'을 나타낸다. 복음주의자로서 우리는 이런 기본 전제가 매우 잘못되었다는 것을 보여 주어야 한다. 계속된 부정적 결과 없이는 자연법을 공격할 수 없다. 하나님은 이 논의에서 중립적인 방관자가 아니시다.

5) 종교 간 대화의 복음

나는 먼저 강단 밖에서 두 종교의 차이에 관한 대화의 장에 무슬림들을 참여시키는 사람들을 반대하지 않는다고 밝힌다. 나도 그런 교류를 즐겼다. 그러나 관용, 사랑 그리고 심지어 복음주의를 말하는 일부 사람들은 이슬람교도들을 교회에 초대해 특별히 수정된 이슬람 버전을 발표하도록 하고 있다.

앞 장에서 강조했듯이, 무슬림들과 친구가 되는 것은 주님이 우리에게 주신 특권이다. 그리고 나는 보여 주기 위해 논쟁하고 누가 옳은지 증명하려고 애쓰며 비난하는 것에 반대한다. 우리는 논쟁에서 이기려고 시도할 것이 아니라 존중과 배려를 보여 주고 신뢰를 얻으려고 노력해야 한다.

내가 경고하고 있는 것은 '종교 간 대화'다. 이 장의 목적은 일부 이슬람교도나 이슬람 단체가 사람들에게 입맛에 맞는 이슬람의 버전을 제시하기 위해 채택하는 계획적이고 조직적인 포럼인 '종교 간 대화'와 관련이 있다.

종교 간 대화에 참여한 무슬림들은 꾸란의 바람직하지 않은 언급이나 이슬람의 자국민, 특히 그 가르침에 동의하지 않는 사람들에 대한 학대에 관한 토론이 없이 수정된 이슬람의 버전을 제시하는 데 논란의 여지가 없는 플랫폼을 원한다. 겉으로 보기에 그런 대화는 '좋은 것'처럼 들린다. 그러나 그렇지 않다.

2. 우리를 향한 하나님의 말씀

모든 사람에게 구원을 주시는 하나님의 은혜가 나타나, 우리를 양육하시되 경건하지 않은 것과 이 세상 정욕을 다 버리고 신중함과 의로움과 경건함으로 이 세상에 살고, 복스러운 소망과 우리의 크신 하나님 구주 예수 그리스도의 영광이 나타나심을 기다리게 하셨으니, 그가 우리를 대신하여 자신을 주심은 모든 불법에서 우리를 속량하시고 우리를 깨끗하게 하사 선한 일을 열심히 하는 자기 백성이 되게 하려 하심이라(딛 2:11-14).

형제들아 너희가 자유를 위하여 부르심을 입었으나 그러나 그 자유로 육체의 기회를 삼지 말고 오직 사랑으로 서로 종 노릇 하라(갈 5:13).

환난을 받는 너희에게는 우리와 함께 안식으로 갚으시는 것이 하나님의 공의시니 주 예수께서 자기의 능력의 천사들과 함께 하늘로부터 불꽃 가운데에 나타나실 때에, 하나님을 모르는 자들과 우리 주 예수의 복음에 복종하지 않는 자들에게 형벌을 내리시리니, 이런 자들은 주의 얼굴과 그의 힘의 영광을 떠나 영원한 멸망의 형벌을 받으리로다 (살후 1:7-9).

그러므로 우리가 흔들리지 않는 나라를 받았은즉 은혜를 받자 이로 말미암아 경건함과 두려움으로 하나님을 기쁘시게 섬길지니, 우리 하나님은 소멸하는 불이심이라 (히 12:28-29).

때가 이르리니 사람이 바른 교훈을 받지 아니하며 귀가 가려워서 자기의 사욕을 따를 스승을 많이 두고, 또 그 귀를 진리에서 돌이켜 허탄한 이야기를 따르리라 (딤후 4:3-4).

나의 친구여!
우리가 성경의 하나님, 성경이 가르치는 것을 믿는다면 우리가 좋아하는 말씀이 아니더라도 믿어야 한다. 빛이 많은 사람은 적은 사람보다 더 가혹하게 심판을 받는다. 그러나 성경이 그렇게 말한다면 우리는 그것을 믿어야 한다.

3. 토론 문제

- 이 장에는 다섯 가지 거짓 복음이 포함되어 있으므로 제기된 문제 중 일부는 다른 문제보다 더 많은 논의가 필요할 수 있다. 시작하려면 그룹 일부가 알고 있을 수 있는 거짓 복음을 주제로 토론하자.

- 일반 교회 신자는 어떻게 거짓 가르침을 분별할 수 있는가?

- 하나님을 '경험'한다는 것이 무엇을 의미하는지 이야기해 보자. 그런 접근 방식의 함정과 이점은 무엇인가?

- 루처 박사가 지적했듯이, LGBT 커뮤니티와 그 동맹들은 자신을 더 '사랑스럽게' 그리고 교회를 더 증오하거나 최소한 비판적인 것으로 만드는 데 성공한 것처럼 보인다.
교회와 하나님의 백성은 어떻게 대응해야 하는가?

- '진리'와 '사랑'이 서로 반대되어야 하는가?
우리는 커뮤니티 외부의 다른 사람들을 대할 때 어떻게 두 가지를 모두 구현하는가?

4. 기도를 위한 격려의 말씀

때가 이르리니 사람이 바른 교훈을 받지 아니하며 귀가 가려워서 자기의 사욕을 따를 스승을 많이 두고, 또 그 귀를 진리에서 돌이켜 허탄한 이야기를 따르리라(딤후 4:3-4).

제8강

십자가를 지고 세상으로

※ 이 책의 제9장을 읽으시기를 바랍니다.

1. 요약

"십자가를 진다"라는 말은 실제로 무엇을 의미하는가? 우리는 사람들이 신체적인 병약함, 재정적 역경, 또는 다른 어려움 등을 그들의 '십자가'라고 말하는 것을 듣는다. 성경을 보면서 알게 된 가장 냉정한 현실 중 하나는 예수님이 우리에게 십자가를 지라고 하실 때, 그분은 암과 다른 불행에 관해 이야기하지 않으셨다. 나는 예수님이 말씀하신 것이 바로 이것이라고 생각한다. 십자가를 진다는 것은 십자가의 복음에 충실하므로 겪는 수고를 받아들인다는 것을 의미한다.

우리가 다섯 가지 거짓 복음을 탐구하면서 보았듯이, 오늘날 우리 기독교인들은 아무도 불쾌하게 만들고 싶지 않은 시대에 살고 있다. 그래서 우리는 십자가의 걸림돌을 제거할 수 있는 모든 종류의 방법을 가지고 있다. 예를 들어 우리는 십자가의 걸림돌을 제거하기 위해 구원에 행위를 더한다. 자신을 구하기 위해 아무것도 할 수 없다는 것을 깨닫는 순간 불쾌하기 때문이다.

또는 그것을 좀 더 쉽게 받아들일 수 있게 하고 싶으므로 예수님이 하나님의 진노를 떠맡지 못하셨다고 말한다. 그것은 십자가를 약화한다. 아니면 우리는 '포용적'이기를 원하기 때문에 모든 종교가 우리를 하나님께 인도한다고 말한다. 그것은 십자가의 걸림돌을 제거한다.

하지만 생각해 보라. 누군가를 어느 정도 불쾌하게 하지 않는 한 실제로 증인이 될 수 없다.

불쾌감을 주는 것과 받는 것 사이에는 차이가 있다는 점에 유의하라. 기독교인들이 불쾌한 모습을 보였는데, 이는 그리스도의 대의에 해를 끼쳤다. 그래서 우리는 십자가를 공격하게 놔둬야 한다.

어떻게 해야 할까?

먼저 성경에 뭐라고 쓰여 있는지 살펴 보자.

2. 우리를 향한 하나님의 말씀

오해하면 안 된다. 초기 기독교인들은 십자가를 최악의 범죄자들에 대한 끔찍한 현실로 보았다. 십자가형은 단순히 그들의 생명을 끊기 위한 것이 아니라 가능한 한 많은 고문을 가하기 위한 것이었다. 그리고, 모든 사람에게 교훈이 되도록, 십자가 처형은 항상 군중이 가장 많이 모이는 장소에서 거행되었다. 사람을 벌거벗겨 매달아 지나가는 사람들이 보고 그를 조롱했다. 그 사람의 인권은 유린당했다.

히브리서의 저자는 예수님이 "부끄러움을 개의치 않으시고 십자가를 견디셨다"(히 12:2)라고 말하면서 이것을 포착한다.

십자가가 "유대인에게는 거리끼는 것이요 이방인에게는 미련한 것"(고전 1:23)이라고 바울이 쓴 것은 당연하다(헬라어 '스칸달로스'는 "스캔들"이다). 유대인들은 구약성경이 십자가에 매달린 사람들은 저주를 받았다고 선언한 것을 알고 있었다. 바울은 갈라디아서 3:13-14에서 이것을 인용한다.

헬라인과 로마인은 십자가를 패배라고 생각했다. 누구도 패자를 따르고 싶지 않았을 것이다

심지어 베드로는 예수님이 십자가에 못 박히시기 위해 예루살렘으로 가시는 길이라고 하자 강력하게 항변했다(마 16:22-23).

그러나 바울은 또한 이렇게 말한다.

> 그러나 내게는 우리 주 예수 그리스도의 십자가 외에 결코 자랑할 것이 없으니 그리스도로 말미암아 세상이 나를 대하여 십자가에 못 박히고 내가 또한 세상을 대하여 그러하니라(갈 6:14).

바울은 또한 보복 없이 거절을 받아들이는 것에 대해 다음과 같이 말한다.

> 바로 이 시각까지 우리가 주리고 목마르며 헐벗고 매맞으며 정처가 없고, 또 수고하여 친히 손으로 일을 하며 모욕을 당한즉 축복하고 박해를 받은즉 참고, 비방을 받은즉 권면하니 우리가 지금까지 세상의 더러운 것과 만물의 찌꺼기 같이 되었도다(고전 4:11-13).

예수님은 고난받는 방법에 대한 모범을 남겨주셨다.

> 욕을 당하시되 맞대어 욕하지 아니하시고 고난을 당하시되 위협하지 아니하시고 오직 공의로 심판하시는 이에게 부탁하시며(벧전 2:23).

우리는 섬길 때 … 우리가 다른 사람의 말에 귀 기울일 때 … 우리가 환영하고 겸손하고 존중하며 격렬한 분열에 굴복하지 않을 때 우리의 십자가를 지고 세상으로 들어간다.

우리는 십자가를 정치적 성향보다 높임으로써 십자가를 지고 세상으로 간다. 그리고 우리가 주 예수 그리스도를 부끄러워하지 않고 우리의 믿음을 증거할 때 우리는 십자가를 지고 세상으로 간다. 나는 예수님의 한 말

씀에 정신이 번쩍 들었다.

> 누구든지 이 음란하고 죄 많은 세대에서 나와 내 말을 부끄러워하면 인자도 아버지의 영광으로 거룩한 천사들과 함께 올 때에 그 사람을 부끄러워하리라(막 8:38).

그러므로 우리는 그리스도의 십자가를 영화롭게 해야 한다. 그것은 '가장 비참한 죄인'에게도 좋은 소식이다. 보호해야 할 좋은 소식이다. 실행되어야 하는 좋은 소식이다.

3. 토론 문제

- 디트리히 본회퍼는 "그리스도께서 사람을 부르실 때 그에게 와서 죽으라고 명하셨다"라는 유명한 말을 했다. 그것은 개인적으로 무엇을 의미하는가?

- 우리 사회에서 십자가를 어떻게 표현하는가?
  우리는 그 범죄를 피하고 싶은 유혹을 어떻게 받는가?

- "우리는 당신보다 낫다"라는 메시지를 보내지 않고 어떻게 그리스도의 우월성을 고수할 수 있는가?

- 당신은 누군가 당신에게 증언하는 것 때문에 불쾌한 적이 있는가?
  어떻게 된 건가?

- 바울은 "세상의 더러운 것과 만물의 찌꺼기같이 되었다"라고 말한다. 성공과 지위를 추구하는 오늘날의 세상에서 여러분과 여러분의 교회

는 어떤 모습인가?

- 우리의 빛이 어둠이라고 인식하는 문화를 배경으로 그리스도인으로서 우리가 복음을 좋은 소식이라고 진정으로 나눌 방법을 주제로 토론해 보자.

4. 기도를 위한 격려의 말씀

어떤 대가를 치르더라도 이 세상에 대한 분명한 증거가 되도록 기도해 주기 바란다.

> 무리와 제자들을 불러 이르시되 누구든지 나를 따라오려거든 자기를 부인하고 자기 십자가를 지고 나를 따를 것이니라. 누구든지 자기 목숨을 구원하고자 하면 잃을 것이요 누구든지 나와 복음을 위하여 자기 목숨을 잃으면 구원하리라. 사람이 만일 온 천하를 얻고도 자기 목숨을 잃으면 무엇이 유익하리요. 사람이 무엇을 주고 자기 목숨과 바꾸겠느냐? 누구든지 이 음란하고 죄 많은 세대에서 나와 내 말을 부끄러워하면 인자도 아버지의 영광으로 거룩한 천사들과 함께 올 때에 그 사람을 부끄러워하리라(막 8:34-38).

제9강

교회 문밖에 서 계신 예수님

※ 이 책의 제10장을 읽으시기를 바랍니다.

1. 요약

우리가 함께 공부한 모든 장 중 내가 가장 좋아하는 장이다. 이 내용은 내 마음을 나타낸다. 예수님은 라오디게아 교회에 말씀하고 계시다. 그분은 문밖에 계신다.

이제 여러분이 나처럼 기독교 가정에서 자랐다면 이 성경 구절이 사람들을 그리스도께로 인도하는 데 자주 사용된다는 것을 알 것이다. 나는 이런 말을 들었다.

"예수님은 네 마음의 문 앞에서 노크하고 계신다. 그리고 네가 해야 할 일은 문을 열고 그분을 들여보내는 것이다. 왜냐하면, 바깥에는 걸쇠가 없고 안쪽에만 있기 때문이다."

많은 사람이 그 가르침 덕분에 예수 그리스도를 믿는 구원의 신앙을 갖게 되었다. 하지만 실제로 문맥상 이 구절이 의미하는 것은 그것이 아니다. 예수님은 교회 밖에서 다시 초대하라고 요청하고 계신다. 라오디게아 교회의 문이다.

내가 그것을 깨달았을 때, 나는 우리에게 너무나 친숙한 이 편지에 대한 나의 모든 태도를 바꾸었다. 왜냐하면, 나는 자신에게 다음과 같은 질문을 던졌기 때문이다.

예수님이 왜 교회 문밖에 서 계셨던 걸까 그리고 어떻게 그분을 다시 초대할까?

사실 라오디게아 교회는 현실적인 방법으로 자신을 보았고 예수님은 그것을 완전히 다른 시각으로 보셨다는 것이다. 라오디게아 교회는 "우리는 상품이 늘어나고 있다"라고 말했는데, 무역로의 교차로에 있었기 때문에 그들은 부유했다. 또한 "우리는 멋진 옷을 가지고 있고, 연고를 가지고 있다"라고 했는데, 이 특별한 연고는 황반변성을 앓는 사람들을 도울 수 있을 것으로 추정되어 "우리는 아무것도 필요 없다"라고 말한 것이다.

그리고 이 편지에서 가장 놀라운 진술은 다음과 같다.

> 네 곤고한 것과 가련한 것과 가난한 것과 눈 먼 것과 벌거벗은 것을 알지 못하는도다 (계 3:17).

우리는 모른다!

그래서 우리가 교회로서 해야 할 일은 우리의 삶을 하나님께 개방하고 이렇게 말하는 것이다.

"하나님, 하나님이 여기 오신 것을 확실히 환영하도록 저를 수색하고 이 교회를 수색해 주세요."

우리가 속지 않도록 확실히 해야 한다.

우리는 모두 어느 정도 자기 기만을 하고 있을 것이다.

우리는 우리 자신이 실제보다 훨씬 더 잘하고 있다고 생각할지도 모른다. 하지만 사실은 교회 전체가 속아 넘어갈 수 있다는 것이다.

그들의 지도자는 그들이 자신에 대해 스스로 건강하고 잘하고 있다고 생각하기 때문에 속는다.

예수님은 청진기를 들고 오시는데, 그는 우리의 심장 박동도 들을 수 없다.

2. 우리를 향한 하나님의 말씀

> 라오디게아 교회의 사자에게 편지하라 아멘이시요 충성되고 참된 증인이시요 하나님의 창조의 근본이신 이가 이르시되 내가 네 행위를 아노니 네가 차지도 아니하고 뜨겁지도 아니하도다 네가 차든지 뜨겁든지 하기를 원하노라 네가 이같이 미지근하여 뜨겁지도 아니하고 차지도 아니하니 내 입에서 너를 토하여 버리리라 네가 말하기를 나는 부자라 부요하여 부족한 것이 없다 하나 네 곤고한 것과 가련한 것과 가난한 것과 눈 먼 것과 벌거벗은 것을 알지 못하는도다 내가 너를 권하노니 내게서 불로 연단한 금을 사서 부요하게 하고 흰 옷을 사서 입어 벌거벗은 수치를 보이지 않게 하고 안약을 사서 눈에 발라 보게 하라 무릇 내가 사랑하는 자를 책망하여 징계하노니 그러므로 네가 열심을 내라 회개하라 볼지어다 내가 문 밖에 서서 두드리노니 누구든지 내 음성을 듣고 문을 열면 내가 그에게로 들어가 그와 더불어 먹고 그는 나와 더불어 먹으리라 이기는 그에게는 내가 내 보좌에 함께 앉게 하여 주기를 내가 이기고 아버지 보좌에 함께 앉은 것과 같이 하리라 귀 있는 자는 성령이 교회들에게 하시는 말씀을 들을지어다(계 3:14-22).

예수님은 각 편지에 "교회의 사자(천사)에게 …"라는 말로 시작한다
"이 사자들은 누군가?"
이것은 실제 천사에 대한 언급이 아니라 메신저를 의미할 가능성이 크다. 분명히 각 교회에는 예수님의 편지를 신자들에게 보내는 전령이 있었다. 우리는 목사로서, 예수님에게서 우리 교회에 전달된 이 편지를 가장 먼저 생각해야 한다. 우리 목회자들은 현상을 유지하기보다, 즐겁고 희생적인 사역으로 교회가 잠재력을 발휘하도록 도와야 하는 소명이 있다. 속담에 있듯이 설교단의 상태는 교회의 상태다.

우리는 예수님이 이 교회에 주는 진단을 주의 깊게 듣는 것이 좋다. 그는 "아멘이시요 충성되고 참된 증인이시요 하나님의 창조의 근본이신 이"(계 3:14)로 시작한다. "아멘"이란 말은 충실함, 진실함을 의미한다.

> 나는 너희가 누구인지에 대해 진정한 분석을 해 줄 것이다. 내 진단은 100퍼센트 정확하다. 너희 자신에 대한 진실을 말할 것이다. 특히 너희가 보지 못하는 것들, 생각하지 못한 것들, 그러나 그것들은 나에게는 큰 의미가 있다.

예수님의 말씀을 좀 더 자세히 들여다보고 우리 자신의 상황에 적용해 보면, 나는 예수님이 라오디게아 교회가 너무 자기 만족과 지나친 편안함과 지배적인 문화에 너무 가깝고, 기도에 열의가 부족하다고 비난하고 계신다고 믿는다.

그러나 기억하자. 교회는 예수 그리스도의 것이고, 우리는 그것을 예수 그리스도께 돌려드려야 한다. "예수님, 우리는 예수님을 다시 초대해서 우리 가운데서 주님의 집에 계신 것처럼 편안함을 느끼시도록 우리는 회개합니다"라고 말해야만 한다.

3. 토론 문제

루처 박사는 교회가 '라오디게아'처럼 되지 않고 예수님께 더 가까이 나아가도록 몇 가지 제안을 한다. 그룹에서 이것을 주제로 토론하고 이런 아이디어가 개인적으로 그리고 교회에 적용할 것을 권한다.

- 개인 예배와 말씀 묵상을 위해 정기적으로 소음을 끄도록 하자.

- 상처받은 사람, 가난한 사람, 외로운 사람의 삶에 의도적으로 참여하자.

- 우리 교회 안팎에서 우리와 다른 사람들, 배우고 경청하는 사람들과 의도적으로 우정을 쌓자.

- "주는 것이 받는 것보다 복이 있다"라는 예수님의 말씀을 증명하자.

- 우리 자신의 결혼생활을 우선시하자. 그리고 상처받은 사람들, 즉 이혼한 사람, 편부모, 외로운 자녀와 친구가 되자.

그러나 기억하자. 교회는 예수 그리스도의 것이므로 우리는 그것을 그분께 돌려드려야 한다. 그리고 우리는 "예수님, 우리는 회개하는 마음으로 예수님을 다시 초대해 예수님이 우리 가운데서 주님의 집에 계신 것처럼 편안함을 느끼시기를 원합니다"라고 말해야 한다.

4. 기도를 위한 격려의 말씀

하나님이 우리에게 진정한 회개의 의미를 가르쳐 주시도록 기도하자.

> 무릇 내가 사랑하는 자를 책망하여 징계하노니 그러므로 네가 열심을 내라 회개하라 (계 3:19).

제10강

바벨론에서 살아남을 교회

※ 이 책의 제11장을 읽으시기를 바랍니다.

1. 요약

우리의 최악의 적은 우리 자신일 수 있다.

존 디커슨(John S. Dickerson)은 그의 저서 『위대한 복음주의 퇴보』(*The Great Evangelical Recession*)에서 다음과 같이 썼다.

> 미국의 복음주의 나무는 수세기 전에 심겼다. 미국 복음주의는 뿌리가 깊은 참나무다. 교육, 개혁, 자유, 발명, 직업윤리, 지략, 부와 과학의 나무들이 복음주의 안에서 자라났다.

그러나 그는 우리에게 두 개의 힘이 오래되고 강한 나무를 죽인다는 것을 상기시킨다. 그 안에 있는 생기는 질병으로 시들어진다. 그리고 물론 폭풍과 산불이 있다.

거기에는 생기를 잃게 하는 많은 질병이 있다.

성경 교리의 공동화, 교인들 사이의 갈등 그리고 우리가 우리에게 주어진 중요한 책무를 느끼지 못하는 긴급성과 실패. 이 모든 것은 많은 그리스도인이 안일하고, 기부에 인색하며, 자신 너머는 보지 못한다는 증거이다. 게다가 독선적이고 투명성이 부족해서 우리가 해야 할 일에 영향력을 미치지 못한다

어떤 교회가 끊임없는 폭풍, 홍수, 화재에 맞서서 서 있을 수 있을까?

살아남은 교회는 건물이 아니라 사람들에게 투자해야 한다. 7세기에 이슬람 군대가 사실상 기독교를 무너뜨리고 북아프리카를 휩쓸었을 때, 교회는 건물, 사제 의식 그리고 지도자 계층 구조로 인식되고 있었다. 기독교 상징을 파괴했을 때 남겨진 몇 안 되는 기독교인들은 살아남을 수 없다는 것을 알게 되었다. 교회는 흔적도 없이 사라졌다.

교회는 건물 없이도 살아남을 수 있지만, 헌신적인 성도 없이는 살아남을 수 없다.

헬무트 틸리케는 제2차 세계대전 당시 그의 집과 교회가 잔해로 전락하는 동안 지켜본 이야기를 한 적이 있다. 그의 손에는 폐허가 된 건물의 열쇠가 남아 있었다. 건물은 사라졌지만 살아남은 그의 성도들은 진정한 교회를 구성했다. 즉, 하나님이 그분의 이름을 위해 증인으로 부르시는 사람들이다. 진정한 교회는 건물을 파괴한 폭탄으로도 파괴되지 않았다

어려운 시기에 살아남을 교회는 소셜 미디어가 아닌 순수한 우정과 타인을 서로 배려하는 이타적인 공동체에 함께 묶여 있는 교회이다. 회원들은 좋은 시기나 어려운 시기나 서로 함께한다. 그들은 책임과 사역과 기도를 위해 함께한다. 신약성경에 기록된 '서로'라는 단어는, 하나님은 우리가 바벨론을 홀로 헤쳐나갈 것이라고 절대로 기대하지 않으신다는 증거다. 그런 헌신은 일주일에 한 번 교회에 참석한 다음 자신의 의무를 다했다고 믿고 집에 가는 것 이상이다.

오늘날 우리 교회 예배를 문화적으로, 특히 회심하지 않은 사람들에게 더 배려하여 만드는 방법에 대해 많은 이야기가 있다. 이것이 '구도자'를 끌어들이는 데 효과적일지 모르지만, 초기 교회에서는 그렇게 하지 않았다. 그들의 헌신은 성도들 자신이 있는 곳 어디에서나 증인이 될 수 있게

했다. 주일에 전체적으로 한번 모이는 교회 모임은 세상을 이기지 못할 것이며 교회 성장에 관한 세미나도 더는 효과가 없을 것이다.

오히려 우리에게 필요한 것은 병원, 은행, 공장, 창고, 사무실 건물이나 이웃에 대한 믿음을 공유하는 더 많은 장비를 갖춘 개인이다.

우리는 교회 철학을 '말하는 것'에서 '훈련'으로 바꿔야 한다. 최근에 나는 한 목사에게서 그의 설교가 그가 바라던 효과를 얻지 못하고 있다는 것과 그것이 사실이라는 결론을 내리고 있다는 것을 인정하는 편지를 받았다. 그리고 그 진실하고 지속적인 영향은 예수님이 12명의 제자(물론 그분이 가르쳐 주신 것을 모두 이해했거나 행하지 않았던 사람들)와 함께 만든 일종의 '생명을 나누는 삶'의 상호 작용에서 비롯된다는 것이다.

우리는 '매력적' 모델을 강조하는 것을 멈추고 교회 철학의 훈련과 전달 모델을 채택해야 한다. 그 '훈련'은 시간과 인내, 타인과의 교감, 도전 의지, 경청할 준비, 격렬한 논의 등이 필요하다. 물리적 참여, 큰 은혜의 분량 그리고 임무 수행을 위한 준비와 보내는 헌신이 필요하다.

제자도는 단지 아는 것만이 아니라, 실천하는 생활방식이다.

어려운 시기에 살아남고 번성하는 교회는 프로그램이 아니라 기도를 강조한다. 기도 콘서트가 전 세계적으로 행해졌듯이, 하나님이 원하시는 일들을 위한 연합된 몸으로 기도하는 것은 성경을 사용하는 다양한 중보기도 방식과 함께, 영적 필요를 강조하는 연합기도가 어떻게 우리의 시간을 의미 있고 즐거운 시간으로 만들 수 있는지를 보여 준다.

우리는 긍정적인 제안이 아닌 견고한 진리를 공유해야 한다. 우리는 앞장에서 살펴본 것처럼 회개하라는 예수님의 부르심을 진지하게 받아들여야 한다. 우리는 고난과 박해에 관해 성경이 말씀하는 것을 주목할 필요가 있다. 오늘날 우리는 초기 교회와 전 세계 교회에서 배워야 한다.

그리고 바벨론에서 살아남은 교회는 회원들이 슬픔과 함께 형언할 수 없는 기쁨으로 자신의 역할을 받아들이는 교회다. 그것은 다른 사람들에 대한 진실성과 헌신으로 비판자들을 침묵시키는 교회, 교회가 없는 것처럼 보이는 교회, 단지 안에만 머무르는 교회가 아니다. 예수님을 따라 십자가를 지고 기꺼이 따르는 교회다.

2. 우리를 향한 하나님의 말씀

두려워하지 마라!
예수님은 이렇게 말씀하셨다.

> 적은 무리여 무서워 말라 너희 아버지께서 그 나라를 너희에게 주시기를 기뻐하시느니라 (눅 12:32).

예수님은 또 말씀하셨다.

> 내가 너희를 이리 가운데 양으로 보내리라 (마 10:16).

그러나 우리에게는 그분의 교회를 돌보는 목자가 있다.
예수님은 이렇게 말씀하셨다.

> 너는 세상의 빛이다 (마 5:14).

물론 예수님이 빛이시지만 우리는 세상의 빛이다. 그리고 빛은 어둠의 시간이 아니면 보이지 않는다. 그러므로 우리의 빛을 비추어 사람들이 우리의 선한 일과 우리가 믿는 것을 보고 현대 상황 속에서 하나님께 영광을 돌릴 수 있도록 하자. 그것이 교회를 향한 그리스도의 뜻이다.
그리고 내가 당신의 영혼을 불태우고 싶어 하는, 당신에게 남기려는 생각이 있다면 그것은 이것이다.

교회를 위해 그분의 목숨을 바친 예수님은 결코 우리를 버리지 않으실 것이다. 그분은 결코 우리를 떠나지 않으실 것이다. 그분은 우리가 박해를 받을 때 보호 없이 남겨 두지 않으실 것이다. 그분은 우리가 필요할 때 오실 것이다.

사랑하는 친구 여러분!

그것은 우리 교회가 아니라 그분의 교회다.

그러니 용기를 내라!

3. 토론 문제

바벨론에서 생존하고 심지어 번성하는 교회가 되기 위한 루처 박사의 아이디어에 관해 이야기해 보자.

- 군중이 아닌 공동체(Community, not crowds)

- 말이 아닌 훈련(Training, not telling)

- 프로그램이 아닌 기도(Prayer, not programs)

- 긍정적 제안이 아닌 견고한 진리(Hard truths, not positive suggestions)

- 안쪽만 보지 말고 바깥쪽도 보라(Look without, not within)

4. 기도를 위한 격려의 말씀

비록 우리가 '성공'하지 못하더라도 충실하도록 기도하자. 교회가 그분의 것이라고 선언하신 예수님을 신뢰하고 그분이 세우실 것이 무엇인지 하나님이 보여 주시도록 기도하자.

> 또 내가 네게 이르노니 너는 베드로라 내가 이 반석 위에 내 교회를 세우리니 음부의 권세가 이기지 못하리라(마 16:18).

이미 오고 있는 폭풍우에서 살아남을 준비가 되도록 기도하자.